真账超简单

房地产会计

代义国 编著

中国宇航出版社

·北京·

真账超简单房地产会计 / 代义国编著 . -- 北京：中国宇航出版社，2014.6
ISBN 978-7-5159-0664-5

Ⅰ . ①真… Ⅱ . ①代… Ⅲ . ①房地产业－会计 Ⅳ . ① F293.33

中国版本图书馆 CIP 数据核字 (2014) 第 092017 号

策划编辑　董　琳　　封面设计　文道思
责任编辑　董　琳　　责任校对　许　磊

出版发行　中国宇航出版社

社　址　北京市阜成路 8 号　邮　编　100830
(010)68768548
网　址　www.caphbook.com
发行部　新华书店
发行部　(010)68371900　(010)88530478(传真)
(010)68768541　(010)68767294(传真)
零售店　读者服务部　北京宇航文苑
(010)68371105　(010)62529336
承　印　北京中新伟业印刷有限公司

版　次　2014 年 6 月第 1 版
2014 年 6 月第 1 次印刷
规　格　787×1092
开　本　1/16
印　张　19.5
字　数　437 千字
书　号　ISBN 978-7-5159-0664-5
定　价　38.00 元

前　言

会计是一门实践性和实用性非常强的学科，但会计理论晦涩难懂，初学者往往难以快速入门；会计理论教学的高度浓缩性，又使所学与所用存在一定程度的脱节；会计工作的原则性与会计资料的保密性又使专业学生难以得到真正的实习演练；会计学习的通用性则使学生入职具体行业时，缺乏系统的、针对性的行业会计指导。对于会计学习者和会计工作者来说，熟练掌握并灵活运用所学知识、尽快满足岗位要求并非易事。

其实，会计并没有那么可怕。在看似烦琐的细枝末节背后是一片广阔的天地，只要你能够端正心态，正确学习，就会发现会计学习和会计实操其实很简单。本书编写的目的就是为了抽丝剥茧、条分缕析、化繁为简，给初学者和实操者营造一个轻松学习、快速学习、即学即会、熟练掌握、学以致用的氛围和路径。

眼过千遍，不如手过一遍。读再多书、做再多题，都是为了能够把账做好。真账实操和演练是提高实践技能的有效捷径。本书以实账操练为核心，结合房地产会计的具体特点，精心挑选房地产会计典型经济业务，系统地介绍经济业务的处理，会计分录的编制，原始凭证的填写，记账凭证的填制，明细账、总账的登记，会计报表的编制等各个环节，真实再现会计工作全流程，且各个环节一脉相承，前后关联。旨在为读者提供一本实用的会计实务范本，保证读者能够看得懂、用得上。希望读者通过阅读本书，可以从容掌握房地产会计账务处理方法，遇到难题亦可随时查阅得到解决之道。精读此书，您无需专业人士指点，便可轻松成为房地产会计实战高手。

由于时间有限，书中难免会出现不当和疏漏之处，恳请广大读者批评指正。另外，本书为贴近实际，虚构了会计信息中的企业名称、银行账号、纳税人识别号等，如有雷同，纯属巧合，敬请谅解。

编　者

2014 年 6 月

目　　录

第四章 开发建设业务的核算

第五章 转让销售业务的核算

第六章 利润形成与分配业务的核算

第七章 登记会计凭证与账簿

第八章 会计报表

第一章　会计基础

一、会计核算的基本前提

会计核算的基本前提又称会计基本假设，是指企业会计确认、计量和报告的前提，是对会计核算所处时间、空间环境等所做的合理设定。会计核算基本前提包括会计主体、持续经营、会计分期和货币计量。会计核算的基本前提如表 1–1 所示。

表 1–1　会计核算的基本前提

<table>
<tr><th>名称</th><th>内容</th><th>内涵</th><th>具体说明</th></tr>
<tr><td rowspan="5">会计核算的基本前提</td><td rowspan="5">会计主体</td><td rowspan="5">会计主体是指会计工作所服务的特定单位或组织。进行会计核算，必须明确会计主体，也就是要界定会计核算的空间范围。换言之，会计的确认，计量和报告应限定在一个特定主体的范围内。会计所要提供的是这一主体的财务状况和经营成果方面的信息</td><td>在会计核算中要将特定主体的经济活动与其所有者的经济活动区别开来</td></tr>
<tr><td>与其他主体的经济活动区别</td></tr>
<tr><td>会计主体与法律主体（法人）并不是对等的概念。法人可作为会计主体，但是会计主体不一定是法人。任何企业，不论是独资、合伙，还是合资均为会计主体</td></tr>
<tr><td>对于较大规模的企业，为了了解各分支机构的经营情况，也可将每一分支机构作为一个会计主体，并要求其定期编制会计报表，反映财务状况和经营成果</td></tr>
<tr><td>对于企业集团来说，它是由若干个独立法律主体的企业组成，各个企业也都是独立的会计主体，可将该集团视为一个会计主体，编制该集团的合并会计报表</td></tr>
</table>

（续表）

名称	内容	内涵	具体说明
会计核算的基本前提	持续经营	持续经营是指会计主体的生产经营活动在可预见的未来，将无限期地延续下去，即会计主体在可预见的未来不会破产清算，它所拥有的资产，将按既定的目标投入正常的营运，所承担的债务责任，将按期履行	持续经营这一基本前提的主要意义在于：它将一系列会计原则、方法和程序建立在企业持续经营的基础之上，也即建立在非清算的基础之上
			根据持续经营这一前提的要求，会计核算应当以会计主体正常、持续经营为前提，在此条件下选择会计处理方法和程序，并保持其稳定性
			需要说明的是，任何企业都存在破产、清算的风险，如果判断企业不会持续经营下去，就应当改变会计核算原则和方法，并在企业会计报告中做相应披露
	会计分期	会计分期是指对会计主体持续不断的经营活动，应当合理地划分会计期间。所谓会计期间也就是若干个首尾相接、间隔相等的时间单位、它是对企业持续不断的经营活动进行人为地划分而形成的	会计分期这一基本前提的主要意义在于：它使会计在立足持续经营的前提下，通过划分会计期间，可以及时地确认每一期间的经营成果及截止期末的财务状况，使各有关方面能及时地获取会计信息。正是在这一前提下，形成了一系列会计核算原则、会计处理方法及程序，也导致会计估计的产生
			根据会计分期这一基本前提的要求，会计核算应当按会计期间进行，分期结算项目和编制会计报表
			在我国，会计期间分为年度、季度和月份，起讫日期采用公历日期，其中会计年度是最重要的会计期间，它与国家财政年度是一致的
	货币计量	货币计量是指在会计核算中以货币作为计量单位，记录、反映会计主体的经营情况。会计核算以货币作为计量单位，这是由会计核算对象的复杂性决定的	企业的生产经营活动不仅经营业务繁多，而且总伴随着各种各样物资的运动，它们的实物形态各异，计量单位无法统一，因此以货币作为统一的计量尺度是会计核算手段上的客观需要，同时，以货币为计量单位可以全面地、完整地反映企业的生产经营活动，这对于提高会计信息的质量也是十分重要的

（续表）

名称	内容	内涵	具体说明
会计核算的基本前提	货币计量	货币计量是指在会计核算中以货币作为计量单位，记录、反映会计主体的经营情况。会计核算以货币作为计量单位，这是由会计核算对象的复杂性决定的	在我国，会计核算是以人民币为记账本位币的。对于业务收支以外币为主的企业，也可以选择某种外币作为记账本位币，但编制会计报表应当折算成人民币
			货币计量是会计核算的手段，因此它是以币值相对稳定为条件的。然而，币值并非总是稳定的，有时它还会发生急剧的变动，引发严重的通货膨胀。如何消除币值变动对会计信息的影响，已成为当今会计界研究的重要课题

二、会计信息的质量要求

会计信息的质量要求是对企业财务报告中所提供的会计信息的基本要求，只有符合质量要求的会计信息，才能满足信息使用者决策的需要。我国企业会计基本准则对会计信息提出了八项质量要求，即可靠性、相关性、可理解性、可比性、实质重于形式、重要性、谨慎性和及时性。会计信息质量要求的具体内容如表 1–2 所示。

表 1–2　会计信息的质量要求

名称	内涵	具体内容
可靠性	可靠性要求企业应当以实际发生的交易或者事项为依据进行会计确认、计量和报告，如实反映符合确认和计量要求的各项会计要素及其他相关信息，保证会计信息真实可靠、内容完整	企业应当以实际发生的交易或者事项而不是以虚拟的交易或者事项为依据进行会计确认、计量和报告
		企业应当如实反映其所应反映的交易或者事项，将符合会计要素定义及其确认条件的各项会计要素及其他相关信息如实反映在财务报表中
		企业应当在符合重要性和成本效益的原则下，保证会计信息的完整性
相关性	相关性是指企业提供的会计信息应当与财务报告使用者的经济决策需要相关，有助于财务报告使用者对企业过去、现在或者未来的情况做出评价或者预测	相关的会计信息应当能够有助于使用者评价企业过去的决策，证实或者修正过去的有关预测，因而具有反馈价值
		相关的会计信息具有预测价值，有助于使用者根据财务报告所提供的会计信息预测企业未来的财务状况、经营成果或现金流量

（续表）

名称	内涵	具体内容
可理解性	可理解性是指企业提供的会计信息应当清晰明了，即要求会计核算所提供的信息简明、易懂，能够简单明了地反映企业的财务状况和经营成果，便于财务报告使用者理解和使用	会计信息是一种专业性较强的信息产品，因此在强调会计信息可理解性的同时，还应假定使用者具有一定的有关企业经营管理和会计核算方面的知识，企业不能以会计信息会使某些使用者难以理解而将其排除在财务报告所应披露的信息之外
可比性	可比性是指企业的会计核算应当按照规定的会计处理方法进行，会计指标应当口径一致，相互可比	为了便于信息使用者了解企业财务状况和经营成果的变化趋势，比较企业在不同时期的财务报告信息，从而全面、客观地评价过去、预测未来，要求同一企业不同时期发生的相同或者相似的交易或者事项，应当采用一致的会计政策，不得随意变更。确需变更的，应当在会计报表附注中予以说明
		为了便于使用者评价不同企业的财务状况、经营成果的水平及其变动情况，要求不同企业发生的相同或者相似的交易或者事项，应当采用规定的会计政策，确保会计信息口径一致、相互可比
		会计核算也应满足国民经济宏观管理和调控的需要，使其所提供的会计核算资料和数据建立在相互可比的基础上，能够相互比较，便于分析、汇总
实质重于形式	实质重于形式是指企业应当按照交易或者事项的经济实质进行会计确认、计量和报告，不应仅以交易或事项的法律形式为依据	实质重于形式要求企业要真实反映所需反映的交易或事项，就必须根据它们所反映的经济现实，不应根据它们的法律形式进行核算和反映。实质重于形式要求在对会计要素进行确认和计量时，应重视交易的实质，而不管其他何种形式
重要性	重要性要求企业提供的会计信息应当反映与企业财务状况、经营成果和现金流量等有关的所有重要交易事项	企业会计信息的省略或者错报会影响使用者据此做出的经济决策，该信息就具有重要性。重要性的应用需要依据职业判断，企业应当根据其所处的环境和实际情况，从项目的性质和金额大小两方面来判断其重要性

（续表）

名称	内涵	具体内容
谨慎性	谨慎性是指企业对交易或事项进行会计确认、计量和报告应当保持应有的谨慎，不应高估资产或者收益、低估负债或者费用	谨慎性不允许企业设置秘密准备，如果企业故意低估资产或者收益，或者故意高估负债或者费用，将不符合会计信息的可靠性和相关性要求，会损害会计信息质量，扭曲企业实际的财务状况和经营成果，从而对使用者的决策产生误导
及时性	及时性是指企业会计核算应当及时进行，及时性原则要求会计事项的处理必须于经济业务发生时及时进行，不得拖延和积压，以便于会计信息的及时利用	及时性包括两个方面：一是会计事项的账务处理应当在当期内进行，不得拖延；二是会计报表应当在会计期间结束后按规定的日期内报送有关部门

三、会计要素

会计要素是对会计核算对象按交易或事项的经济特征所做的基本分类，是会计核算对象的具体化。它既是会计确认和计量的依据，也是确定财务报表结构和内容的基础。

我国企业会计要素，按照其性质分为资产、负债、所有者权益、收入、费用和利润六类。会计要素的具体内容如表 1–3 所示。

表 1–3　会计要素的具体内容

名称	要素	定义	特征	分类
会计要素的具体内容	资产	资产是指由企业过去的交易或者事项形成的、由企业拥有或者控制的、预期会给企业带来经济利益的资源	资产是由企业过去的交易或事项所形成的。只有过去发生的交易或者事项才能产生资产，企业预期在未来发生的交易或者事项不形成资产	流动资产，是指可以在一年或者超过一年的一个营业周期内变现、销售或耗用的资产。主要包括库存现金、银行存款、交易性金融资产、应收及预付款、存货等
			资产是由企业拥有或控制的，即企业享有某项资产的所有权，或者虽然不享有某项资产的所有权，但能够排他性地从资产中获取经济利益	
			预期会给企业带来经济利益。如果某一项资源不能给企业带来经济利益，就不能将其确认为企业的资产。已经确认为企业资产的一项资源，如果不能再为企业带来经济利益，就不能再确认为企业的资产	非流动资产，除流动资产以外的其他资产，都属于非流动资产，如长期股权投资、持有至到期投资、投资性房地产、固定资产、无形资产等

（续表）

名称	要素	定义	特征	分类
会计要素的具体内容	负债	负债是指企业过去的交易或者事项形成的、预期会导致经济利益流出企业的现时义务。负债反映的是企业的一种类型的资金来源，即债务资本	负债是由过去的交易或事项形成的。负债是企业现实的义务，是由过去已经发生的交易或事项形成的、现已承担的义务。如银行借款是因为企业接受了银行贷款而形成的，如果企业没有接受贷款，则不会发生银行借款这项负债；应付账款是因为企业采用信用方式购买商品或接受劳务而形成的，在购买商品或接受劳务发生之前，相应的应付账款并不存在	流动负债，预计在一个正常营业周期中清偿；主要为交易目的而持有；自资产负债表日起一年内到期应予以清偿；企业无权自主地将清偿推迟至资产负债表日后一年以上。如短期借款、交易性金融负债、应付票据、应付账款、预收账款、应付职工薪酬、应付利息、应付股利、应交税费等
			负债的清偿预期会导致经济利益流出企业。清偿负债导致经济利益流出企业的形式多种多样，如用现金偿还或以实物资产偿还；以提供劳务偿还；部分转移资产部分提供劳务偿还；将负债转为所有者权益，如我国目前试行的国有企业债转股业务	非流动负债，包括长期借款、应付债券、长期应付款等
	所有者权益	所有者权益是指企业资产扣除负债后由所有者享有的剩余权益	除非发生减资、清算，企业不需要偿还所有者权益	所有者投入的资本，称为实收资本
			企业清算时，只有在清偿所有的负债后，所有者权益才返还给所有者	直接计入所有者权益的利得和损失。直接计入所有者权益的利得和损失，是指不应计入当期损益、会导致所有者权益发生增减变动的、与所有者投入资本或者向所有者分配利润无关的利得或者损失

（续表）

名称	要素	定义	特征	分类
会计要素的具体内容	所有者权益	所有者权益是指企业资产扣除负债后由所有者享有的剩余权益	所有者凭借所有者权益能够参与利润的分配	各期利润中留存的资金额，称为留存收益。留存收益，是指由企业利润转化而形成、归所有者共有的所有者权益，主要包括盈余公积和未分配利润
				盈余公积，是企业按规定以一定比例从净利润中提取的各种积累资金，一般分为法定盈余公积和任意盈余公积
				未分配利润，是指企业进行各种分配以后，留在企业的未指定用途的那部分净利润
	收入	收入是指企业在日常活动中形成的、会导致所有者权益增加的、与所有者投入资本无关的经济利益的总流入	收入是企业在日常活动中形成的。日常活动是指企业为完成其经营目标所从事的经常性活动以及与之相关的活动	主营业务收入，是指企业完成其经营目标而从事的日常活动中的主要项目取得的收入
			收入会导致所有者权益增加。与收入相关的经济利益应当导致企业所有者权益的增加，但又不是所有者的投入。不会导致企业所有者权益增加的经济利益流入不符合收入的定义，不能确认为收入	
			收入是与所有者投入资本无关的经济利益的总流入。收入应当导致经济利益流入企业，从而导致企业资产的增加。但是，并非所有的经济利益流入都是收入，比如投资者投入资本也会导致经济利益流入企业，但它只会增加所有者权益，而不能确认为收入	其他业务收入，是指主营业务以外的其他日常经营活动取得的收入

（续表）

名称	要素	定义	特征	分类
会计要素的具体内容	费用	费用是指企业在日常活动中发生的会导致所有者权益减少的与向所有者分配利润无关的经济利益的总流出	费用应当是企业在其日常活动中所发生的，这些日常活动的界定与收入定义中涉及的日常活动相一致。日常活动中所产生的费用通常包括销售成本、职工薪酬、折旧费、无形资产摊销费等	营业成本，是指所销售商品或提供劳务的成本。营业成本按照其所销售商品或提供劳务在企业日常经营活动中所处的地位分为主营业务成本和其他业务成本
			费用应当会导致经济利益的流出（该流出不包括向所有者分配的利润）从而导致资产的减少或者负债的增加（最终也会导致资产的减少）。其表现形式包括，现金或者现金等价物的流出，存货、固定资产和无形资产等的流出或者消耗等	
			费用应当最终会导致所有者权益的减少。与费用相关的经济利益的流出最终应当会导致所有者权益的减少，会导致所有者权益减少的经济利益的流出不符合费用定义的，不应确认为费用	期间费用，包括管理费用、财务费用和销售费用
	利润	利润是指企业在一定会计期间的经营成果	利润的大小代表了企业的经济效益高低。通常情况下，企业实现了利润，表明企业的所有者权益将增加，业绩得到了提升；反之，企业发生了亏损（利润为负），表明企业的所有者权益将减少，业绩滑坡	营业利润，是指营业收入减去营业成本、营业税金及附加、期间费用、资产减值损失，加上公允价值变动净收益、投资收益后的金额
				利润总额，是指营业利润加上营业外收入，减去营业外支出后的金额
				净利润，是指利润总额减去所得税费用后的金额

四、会计等式

会计等式，是指会计要素之间存在的等式关系，是反映会计要素之间平衡关系的计算公式。

（一）会计等式的内容

会计等式的具体内容如表 1–4 所示。

表 1–4　会计等式的内容

会计等式	具体内容
资产 = 负债 + 所有者权益	这一等式是从静态角度反映某一特定时点企业拥有或者控制的资产都有其一定来源，企业的资产或者是所有者投入或者是举债所形成的。它体现了会计“主体理论”的思想。这一等式反映了市场经济中企业最基本的产权关系，是基本的会计等式
资产 – 负债 = 所有者权益	这一等式反映了企业所有者对企业净资产的要求权，揭示了债权人对企业资产的要求权优先于所有者，它体现了会计“所有权理论”的思想
收入 – 费用 = 利润	这一等式是从动态角度反映某一期间企业的日常经营活动对于所有者权益的增减变动影响，它反映了企业在一定期间经营活动的最终成果
资产 = 负债 + 所有者权益 +（收入 – 费用）	这一等式是资产 = 负债 + 所有者权益的扩展，它既从静态反映了企业资产、负债和所有者权益的关系，也从动态反映了企业日常经济活动对企业资产、负债的影响

（二）会计恒等关系

会计恒等关系的内容如图 1–1 所示。

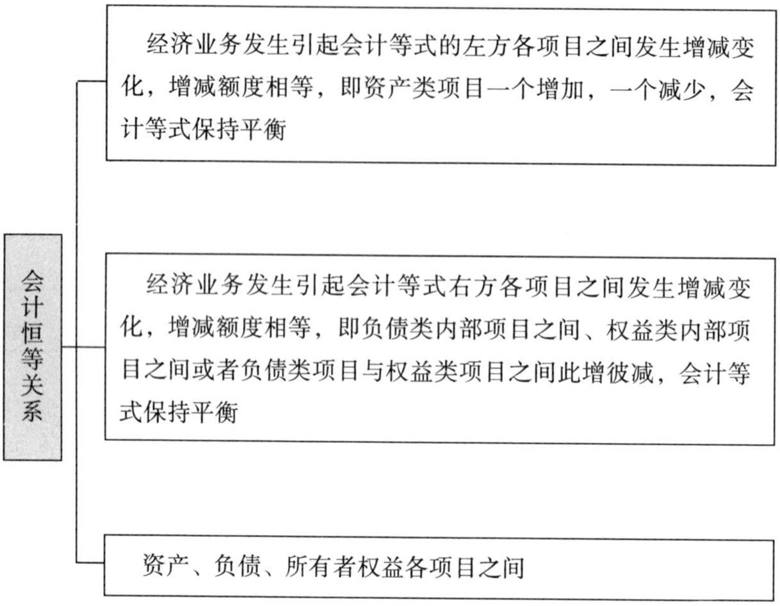

图 1-1　会计恒等关系

五、会计科目与账户

（一）会计科目

会计科目是指对会计要素的具体内容进行分类核算的项目。会计要素是对会计对象的基本分类，即资产、负债、所有者权益、收入、费用和利润这六个会计要素进行会计核算和监督的内容。而这六个会计要素对于纷繁复杂的企业经济业务的反映又显得过于粗略。因此，为满足经济管理及有关各方对会计信息的质量要求，必须对会计要素进行细化。也就是采用一定的形式，对每一个会计要素所反映的具体内容进一步进行分门别类的划分，也就是设置会计科目。

1. 会计科目的意义

会计科目是进行各项会计记录和提供各项会计信息的基础，在会计核算中具有重要意义。会计科目的意义如图 1-2 所示。

会计科目的意义

- 会计科目是复式记账的基础。复式记账要求每一笔经济业务在两个或两个以上相互联系的账户中进行登记，以反映资金运动的来龙去脉
- 会计科目是编制记账凭证的基础。会计凭证是确定所发生的经济业务应记入何种科目以及分门别类登记账簿的凭据
- 会计科目为成本计算与财产清查提供了前提条件。通过会计科目的设置，有助于成本核算，使各种成本计算成为可能；而通过账面记录与实际结存的核对，又为财产清查、保证账实相符提供了必备的条件
- 会计科目为编制财务报表提供了方便。财务报表是提供会计信息的主要手段。为了保证会计信息的质量及其提供的及时性，财务报表中的许多项目与会计科目是一致的，并根据会计科目的本期发生额或余额填列

图 1–2　会计科目的意义

2. 会计科目的分类

按照不同的标准可以将会计科目分为以下几类，具体内容如表 1–5 所示。

表 1–5　会计科目的分类

分类标准	类别	具体内容
按照反映的经济内容分类	资产类科目	流动资产包括“库存现金”“银行存款”“可供出售金融资产”“应收账款”“预付账款”和“存货”等科目
		非流动资产包括“长期股权投资”“固定资产”和“无形资产”等科目
	负债类科目	流动负债包括“短期借款”“应付账款”“预收账款”“应付职工薪酬”“应交税费”和“应付股利”等科目

（续表）

分类标准	类别	具体内容
按照反映的经济内容分类	负债类科目	非流动负债包括“长期借款”“长期应付款”和“专项应付款”等
	所有者权益类科目	所有者权益类科目包括“实收资本”“资本公积”“盈余公积”“本年利润”和“利润分配”等
	损益类科目	损益类科目包括“主营业务收入”“主营业务成本”“管理费用”“其他业务收入”“其他业务成本”等
	成本类科目	成本类科目包括“生产成本”“制造费用”等
按照隶属关系分类	总分类科目	总分类科目是对会计要素具体内容进行总括分类、提供总括核算指标的会计科目，又称为总账科目、一级科目，总分类科目的名称、编号和核算内容由国家统一会计制度规定
	明细分类科目	明细分类科目是对总分类科目做进一步分类，提供更详细、更具体的核算指标的会计科目。对于明细科目较多的总账科目，可在总分类科目与明细分类科目之间设置二级科目或多级科目。例如，在“原材料”总分类科目下，可以按照材料的类别、品种或规格设置明细分类科目，如“原材料——甲材料”，“甲材料”就是“原材料”（总分类）的明细分类科目

3. 会计科目的设置原则

会计科目分类的正确与否决定着会计信息的科学性、系统性，从而决定管理的科学性。设置会计科目时，必须根据一定的原则来设定。会计科目设置原则如表 1–6 所示。

表 1–6 会计科目的设置原则

设置原则	具体内容
设置会计科目必须结合会计对象的特点	所谓结合会计对象的特点，就是根据不同单位经济业务的特点，本着全面核算其经济业务的全过程及结果的目的来确定应该设置哪些会计科目。这里所说的要结合会计对象的特点，首先是根据不同的行业特点，并在此基础上考虑各自企业的特点

（续表）

设置原则	具体内容
设置会计科目必须符合经济管理的要求	所谓设置会计科目要符合经济管理的要求，一是要符合国家宏观经济管理的要求，根据宏观经济管理要求来划分经济业务的类别，设定分类的标志；二是要符合企业自身经济管理的要求，为企业的经营预测、决策及管理提供会计信息设置分类的项目；三是要符合包括投资者在内的有关各方面对企业生产经营情况的要求
设置会计科目要将统一性与灵活性结合起来	所谓统一性，就是在设置会计科目时，要根据《企业会计准则应用指南》的要求对一些主要会计科目的设置进行统一的规定，对于核算指标的计算标准、口径都要统一
	所谓灵活性，就是在能够提供统一核算指标的前提下，各个单位根据自己的具体情况及投资者的要求，设置或者增补会计科目
设置会计科目的名称要简单明确、字义相符、通俗易懂	简单明确是指根据经济业务的特点尽可能简洁明确地规定科目名称；字义相符是指按照中文习惯，能够望文生义，不至于产生误解；通俗易懂是指要尽量避免使用晦涩难懂的文字，便于大多数人正确理解。会计科目的名称除了要求简单明确、字义相符、通俗易懂之外，还要尽量采用在经济生活中习惯使用的名称，以避免不必要的误解
设置会计科目要保持相对稳定性	为了便于在不同时期分析比较会计核算指标并在一定范围内汇总核算指标，应保持会计科目相对稳定，不能经常变动会计科目的名称、内容、数量，使核算指标保持可比性

4. 会计科目表

房地产企业的会计科目表如表 1–7 所示。

表 1–7　会计科目表

序号	编码	会计科目名称	序号	编码	会计科目名称
		一、资产类	6	1122	应收账款
1	1001	库存现金	7	1123	预付账款
2	1002	银行存款	8	1131	应收股利
3	1012	其他货币资金	9	1132	应收利息
4	1101	交易性金融资产	10	1221	其他应收款
5	1121	应收票据	11	1231	坏账准备

（续表）

序号	编码	会计科目名称	序号	编码	会计科目名称
12	1321	代理业务资产	44	2001	短期借款
13	1401	材料采购	45	2101	交易性金融负债
14	1402	在途物资	46	2201	应付票据
15	1403	原材料	47	2202	应付账款
16	1404	材料成本差异	48	2203	预收账款
17	1405	库存商品	49	2211	应付职工薪酬
18	1406	发出商品	50	2221	应交税费
19	1407	商品进销差价	51	2231	应付利息
20	1408	委托加工物资	52	2232	应付股利
21	1411	周转材料	53	2241	其他应付款
22	1471	存货跌价准备	54	2314	代理业务负债
23	1501	持有至到期投资	55	2401	递延收益
24	1502	持有至到期投资减值准备	56	2501	长期借款
25	1503	可供出售金融资产	57	2502	应付债券
26	1511	长期股权投资	58	2701	长期应付款
27	1512	长期股权投资减值准备	59	2702	未确认融资费用
28	1521	投资性房地产	60	2711	专项应付款
29	1531	长期应收款	61	2801	预计负债
30	1532	未实现融资收益	62	2901	递延所得税负债
31	1601	固定资产			三、共同类
32	1602	累计折旧	63	3101	衍生工具
33	1603	固定资产减值准备	64	3201	套期工具
34	1604	在建工程	65	3202	被套期项目
35	1605	工程物资			四、所有者权益类
36	1606	固定资产清理	66	4001	实收资本
37	1701	无形资产	67	4002	资本公积
38	1702	累计摊销	68	4101	盈余公积
39	1703	无形资产减值准备	69	4103	本年利润
40	1711	商誉	70	4104	利润分配
41	1801	长期待摊费用	71	4201	库存股
42	1811	递延所得税资产			五、成本类
43	1901	待处理财产损溢	72	5001	生产成本
		二、负债类	73	5101	制造费用

（续表）

序号	编码	会计科目名称	序号	编码	会计科目名称
74	5201	劳务成本	82	6402	其他业务成本
75	5301	研发支出	83	6403	营业税金及附加
		六、损益类	84	6601	销售费用
76	6001	主营业务收入	85	6602	管理费用
77	6051	其他业务收入	86	6603	财务费用
78	6101	公允价值变动损益	87	6701	资产减值损失
79	6111	投资收益	88	6711	营业外支出
80	6301	营业外收入	89	6801	所得税费用
81	6401	主营业务成本	90	6901	以前年度损益调整

（二）账户

账户是在会计内容划分会计要素的基础上，按会计要素的具体内容进一步分类，以分门别类地记录经济业务的工具。所以账户除了有名称外，还必须有一定的结构，以便在账户中登记经济业务数据，分类、连续地反映经济业务的增减变动情况，再通过整理和汇总等方法，反映会计要素的增减变动及结果，从而提供各种有用的数据和信息。

1. 账户的内容

账户的内容如图 1-3 所示。

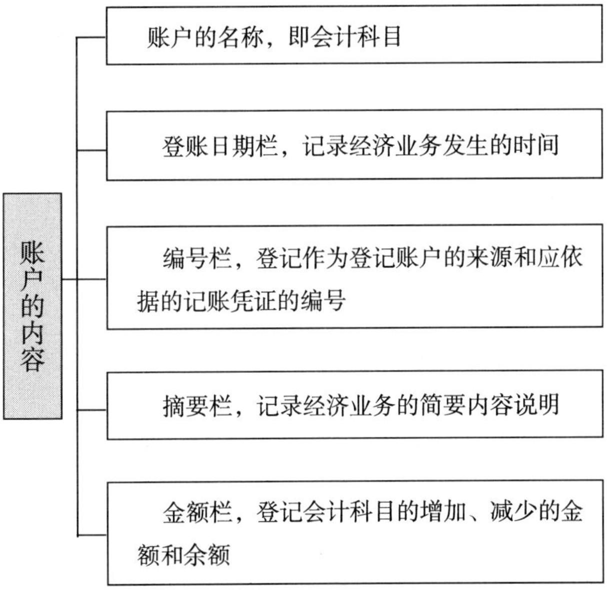

图 1-3　账户的内容

2. 账户的基本结构

在账户的金额栏，通常分为左、右两方，用来分别登记该账户所对应的会计科目金额增加和减少变动的结果。在借贷记账法下，账户的左方称为“借方”，右方称为“贷方”。账户的借方、贷方和账户的名称形成了账户的基本结构。通常用简化的格式“T”形账来表示账户的结构。其格式如图 1–4 所示。

借方　　账户名称（会计科目）　　贷方

借方	贷方

图 1–4　账户的基本结构

账户分为借方与贷方，其中一方用来登记增加的金额，另一方用来登记减少的金额；期初余额、期末余额往往存在于登记增加额的一方。究竟哪一方登记增加额、哪一方登记减少额取决于账户的性质。

（1）资产类账户的结构。

资产类账户的借方登记资产的增加额，贷方登记资产的减少额，期末余额一般在借方，表示资产的余额。资产类账户的结构如图 1–5 所示。

借方　　资产类账户　　贷方

借方	贷方
期初余额 本期资产增加额	本期资产减少额
本期发生额合计	本期发生额合计
期末余额	

图 1–5　资产类账户的结构

（2）权益类账户的结构。

负债和所有者权益账户统称为权益类账户，权益类账户的结构和资产类账户的结构相反。权益类账户借方登记权益的减少额，贷方登记权益的增加额，期末余额一般在贷方，表示权益的结余额。权益类账户的结构如图 1–6 所示。

借方　　权益类账户　　贷方

借方	贷方
本期权益减少额	期初余额 本期权益增加额
本期发生额合计	本期发生额合计
	期末余额

图 1–6　权益类账户的结构

（3）成本类账户的结构。

成本类账户的结构与资产类账户的结构基本相同，其借方登记成本的增加额，贷方登记成本的减少额（或转销额），期末余额一般在借方，表示资产的运用。成本类账户的结构如图 1–7 所示。

借方	成本类账户　　贷方
期初余额 本期成本增加额	本期成本减少额
本期发生额合计	本期发生额合计
期末余额	

图 1–7　成本类账户的结构

（4）费用类账户的结构。

费用类账户的结构同资产类和成本类账户，借方登记费用的增加额，贷方登记费用的减少额。费用类账户属于损益类账户，期末无余额。费用类账户的结构如图 1–8 所示。

借方	费用类账户　　贷方
本期费用增加额	本期费用减少额
本期发生额合计	本期发生额合计

图 1–8　费用类账户的结构

（5）收入类账户。

收入类账户的结构同负债和所有者权益类账户的结构，借方登记收入的减少额，贷方登记收入的增加额。收入类账户属于损益类账户，期末无余额。收入类账户的结构如图 1–9 所示。

借方	收入类账户　　贷方
本期收入减少额	本期收入增加额
本期发生额合计	本期发生额合计

图 1–9　收入类账户的结构

3. 账户的分类

账户的分类如表 1-8 所示。

表 1-8 账户的分类

分类标准	分类	具体内容
按照账户反映的经济内容不同划分	资产类账户	资产类账户，是用于反映企业拥有或控制的各种资产价值增减变化及其结果的账户，如库存现金、交易性金融资产、应收账款、原材料、固定资产、无形资产等
	负债类账户	负债类账户，是用于反映企业承担的各种债务增减变化及其结果的账户，如应付账款、应付债券、短期借款、长期借款、长期应付款等
	所有者权益类账户	所有者权益类账户，是用于反映由企业所有者享有的企业权益增减变化及其结果的账户，如实收资本、资本公积、盈余公积、利润分配、本年利润等
	成本类账户	成本类账户，是用于反映企业产品生产或劳务提供过程中消耗的各种费用，以便于计算产品的生产成本或者劳务的消耗成本的账户，如生产成本、制造费用、劳务成本等
	损益类账户	损益类账户，是用于反映一定期间企业经营成果的账户，它包括：收入类账户，如主营业务收入、其他业务收入、营业外收入、投资收益等；费用类账户，如主营业务成本、营业税金及附加、其他业务成本、营业外支出、财务费用、管理费用、销售费用、所得税费用等
按照账户提供指标的详细程度不同划分	总分类账户	总分类账户，是按照总分类会计科目设置的账户，是对会计核算对象的具体内容所做的总括的分类，它提供的会计信息比较概括
	明细分类账户	明细分类账户，是按照明细分类会计科目设置的账户，是对某一总分类账户核算内容所做的、进一步的详细分类，它提供的会计信息更加具体、详细。明细分类账户按照提供指标信息的详细程度，进一步划分为二级明细账户、三级明细账户，必要时可以设置四级、五级明细账户

六、借贷记账法

所谓借贷记账法，就是用“借”“贷”作为记账符号，以“有借必有贷，借贷必相等”为记账原则，在账户中记录项目增减变动情况和结果的一种复式记账法。

（一）借贷记账法的内容

借贷记账法的具体内容如图 1–10 所示。

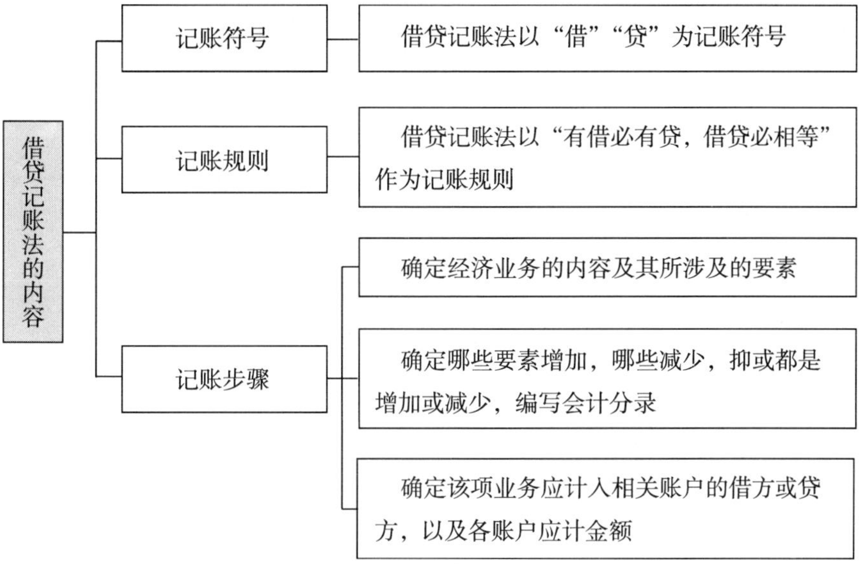

图 1–10　借贷记账法的内容

（二）借贷记账法的试算平衡

试算平衡是检查各类账户的记录是否正确的一种方法。因借贷记账法对每一项经济业务都以相等的金额，同时在相应账户的借方和贷方中进行登记，所以，各账户期初借方余额总额应等于各账户期初贷方余额总额；各账户本期借方发生额总计，应等于各账户本期贷方发生额总计；各账户期末借方余额总计，应等于各账户期末贷方余额总计。试算平衡的方法如表 1–9 所示。

表 1–9　试算平衡的方法

方法	内容	公式描述
账户发生额试算平衡法	在借贷记账法下，按照其记账规则，对每一笔经济业务编制的会计分录都是有借必有贷，借贷必相等。这样，不仅每一笔会计分录中借贷方金额相等，而且因等量加等量其和也相等，使其在将一定时期内全部经济业务的会计分录都记入有关账户后，所有账户的借方本期发生额合计与贷方本期发生额合计也必然相等	全部账户借方本期发生额合计 = 全部账户贷方本期发生额合计

（续表）

方法	内容	公式描述
余额试算平衡法	在借贷记账法下，由于资产账户余额表现在账户的借方，负债和所有者权益类账户的余额表现在账户的贷方。因此，所有账户的借方余额合计数，即为资产总额；所有账户贷方余额合计数，即为负债和所有者权益总额。根据会计恒等式两者必然相等	全部账户借方期末余额合计（资产总额）= 全部账户贷方期末余额合计（负债及所有者权益总额）

七、会计凭证

会计凭证是记录经济业务、明确经济责任的书面证明，也是登记账簿的依据。填制和审核会计凭证，不仅是会计核算的基本方法之一，也是会计核算工作的起点，是会计核算的一项基础性工作。

（一）会计凭证的作用

认真填制和严格审核会计凭证，对于完成会计工作任务，实现会计的职能，充分发挥会计的作用，具有重要意义。会计凭证的作用如表 1–10 所示。

表 1–10　会计凭证的作用

作用	具体内容
记录经济业务，提供记账依据	会计凭证是经济业务的载体，对于每一项经济业务的发生、完成或执行情况，都必须按照规定的程序和要求，由经办人员及时取得或填制相应的会计凭证，如实加以记录。这样，就可以将发生的每一项经济业务的实际情况及时、如实地反映出来，为经济管理提供有用的会计信息
	会计凭证是登记账簿的依据，会计凭证所记录的有关信息是否真实、可靠、及时，对于能否保证会计信息质量具有至关重要的影响。记账必须以经过审核无误的会计凭证为依据，没有凭证，不能记账。这就保证了会计记录的客观性和真实性，从而防止会计核算的主观臆断和弄虚作假等行为
明确经济责任制，强化内部控制	由于各项经济业务都要填制或取得会计凭证，而且经办单位和有关人员必须在凭证上盖章、签字，办理凭证手续；对会计凭证进行审核后，审核人员也必须签字、盖章，以示对该程序负责。这样，通过填制和审核会计凭证可以明确经济责任，促使有关人员在自己的职责范围内严格按规章和制度办事。一旦出现经济纠纷等有关问题，便于检查和分清责任，从而加强经济责任制，强化内部控制

（续表）

作用	具体内容
监督经济活动，控制经济运行	通过会计凭证的审核，可以查明每一项经济业务是否符合国家有关法律、法规和制度规定，是否符合计划、预算进度，是否有违法乱纪、铺张浪费行为等。因此，填制和审核会计凭证，对于单位加强管理、提高经济效益也有重要作用

（二）会计凭证的分类

会计凭证按不同的标志有不同的分类，但最基本的是按照其填制程序和用途的分类。会计凭证，可以分为原始凭证和记账凭证两大类。

1. 原始凭证

（1）原始凭证及其分类。

原始凭证，又称原始单据，是在经济业务发生或完成时取得或填制的，用以记录、证明经济业务发生或完成情况，具有法律效力的书面证明。因此，原始凭证是进行会计核算的原始资料和重要依据，一切经济业务发生时都必须填制原始凭证。

原始凭证的种类繁多，按不同的标志对其进行分类，可分为以下几类，如表 1–11 所示。

表 1–11 原始凭证的分类

分类标准	类别	具体内容
按其来源不同	外来原始凭证	外来原始凭证是指在经济业务发生或完成时，从外单位或个人直接取得的原始凭证，如购买货物取得的增值税专用发票及铁路运单、购货时取得的发货票、对外单位支付款项时取得的收据、银行收款通知、职工出差取得的飞机票、火车票等都是外来原始凭证
	自制原始凭证	自制原始凭证是由本单位经办业务部门和人员在执行或完成某项经济业务时所填制的凭证
按照填制手续及内容不同	一次凭证	一次凭证是指一次填制完成、只记录一笔经济业务的原始凭证。所有的外来原始凭证和大部分的自制原始凭证都属于一次凭证。如购货发票、销货发票、收据、领料单、收料单、借款单、银行结算凭证等。一次凭证是一次有效的凭证
	累计凭证	累计凭证是指在一定时期内多次记录发生的同类型经济业务的原始凭证。其特点是，在一张凭证内可以连续登记相同性质的经济业务，随时结出累计数及结余数，并按照费用限额进行费用控制，期末按实际发生额记账。累计凭证是多次有效的原始凭证。这类凭证的填制手续是多次进行才能完成的。它一般为自制原始凭证，最具有代表性的累计凭证是“限额领料单”

（续表）

分类标准	类别	具体内容
按照填制手续及内容不同	汇总凭证	汇总凭证也称原始凭证汇总表，是指对一定时期内反映经济业务内容相同的若干张原始凭证，按照一定标准综合填制的原始凭证。它合并了同类型经济业务，简化了记账工作量。常用的汇总原始凭证有：发出材料汇总表、工资结算汇总表、销售日报、差旅费报销单等
按照格式不同	通用凭证	通用凭证是指由有关部门统一印制、在一定范围内使用的具有统一格式和使用方法的原始凭证。通用凭证的使用范围，因制作部门不同而异。可以是某一地区、某一行业，也可以是全国通用。如某省（市）印制的发货票、收据等，在该省（市）通用；由人民银行制作的银行转账结算凭证，在全国通用等
	专用凭证	专用凭证是指由单位自行印制、仅在本单位内部使用的原始凭证。如领料单、差旅费报销单、折旧计算表、工资费用分配表等

（2）原始凭证的基本内容。

经济业务的内容是多种多样的，记录经济业务的原始凭证所包括的具体内容也各不相同，各有其不同的要求和特点。但每一种原始凭证都必须客观地、真实地记录和反映经济业务的发生、完成情况，都必须明确有关单位、部门及人员的经济责任。这些共同的要求，决定了每种原始凭证都必须具备以下几方面的基本内容，原始凭证的内容如图 1–11 所示。

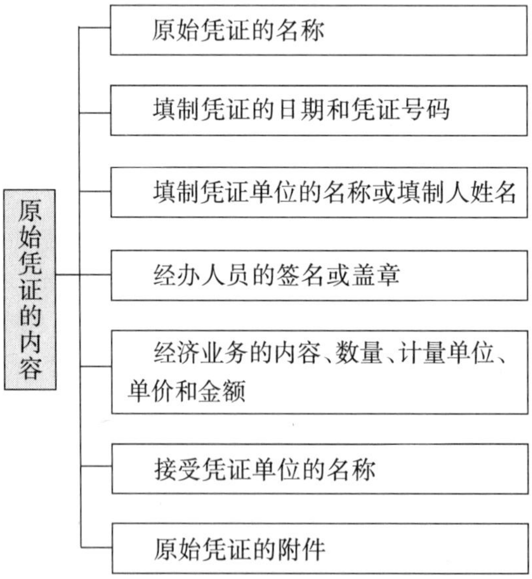

图 1–11　原始凭证的内容

（3）原始凭证的填制要求。

为了保证原始凭证能够正确、及时、清晰地反映各项经济业务活动的真实情况，提高会计核算的质量，并真正具备法律效力，原始凭证的填写必须严格按如下要求进行。原始凭证的填制要求如图 1–12 所示。

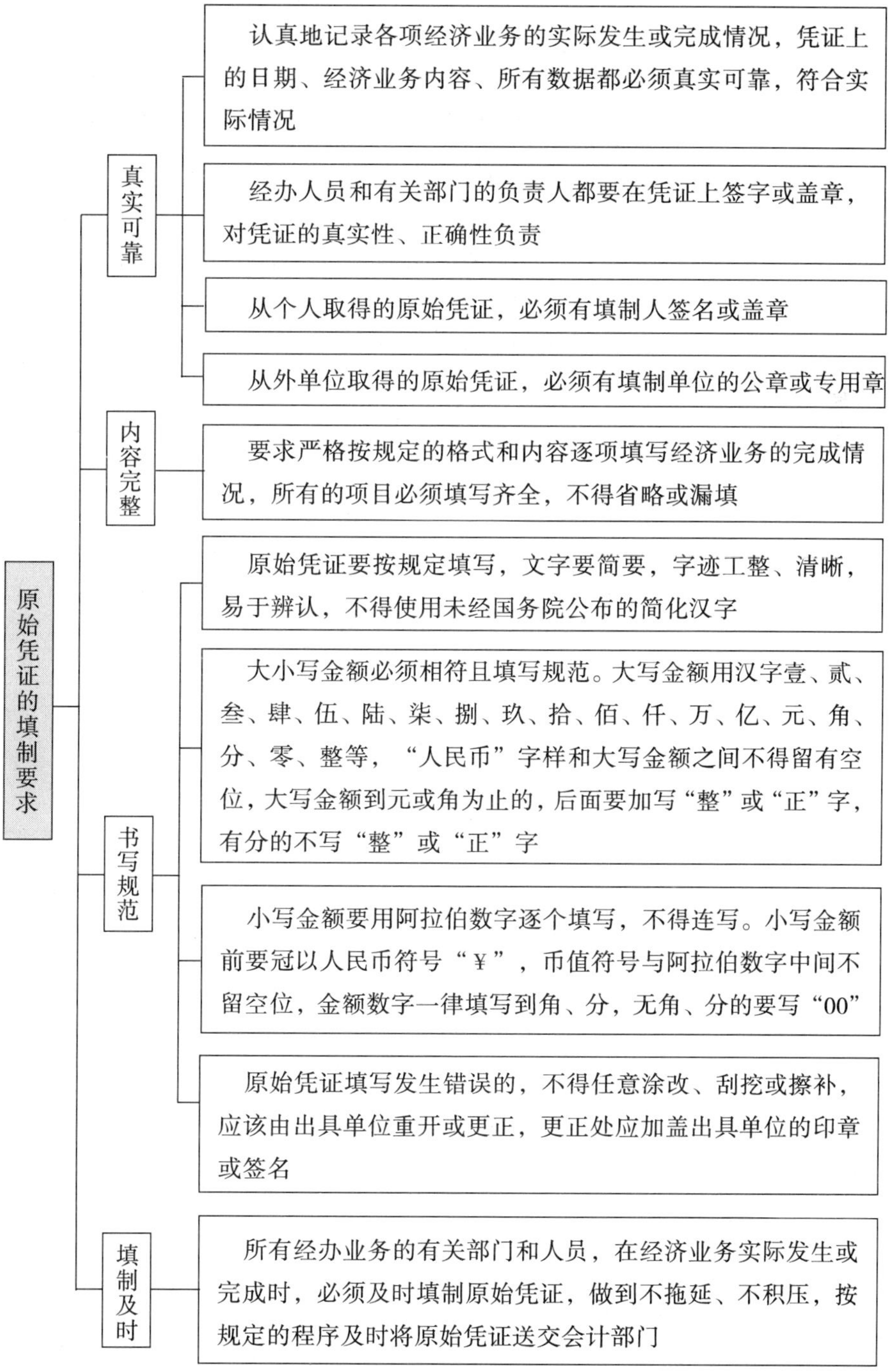

图 1–12　原始凭证的填制要求

（4）原始凭证的审核。

为了正确反映经济业务的发生或完成情况，充分发挥会计的监督作用，保证原始凭证的合理性、合法性和真实性，会计负责人或经其指定的审核人员必须认真地、严格地审核原始凭证。原始凭证的审核一般应包括两个方面，原始凭证的审核如图 1–13 所示。

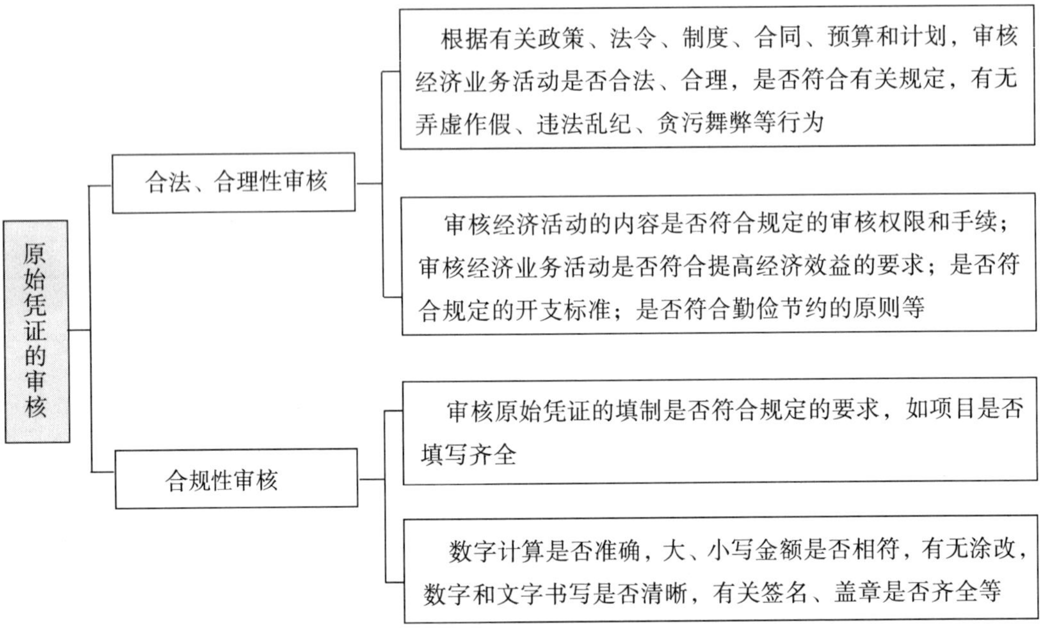

图 1–13 原始凭证的审核

2. 记账凭证

（1）记账凭证及其分类。

记账凭证是会计人员根据审核无误的原始凭证及有关资料为依据，对企业的经济业务按性质分类，确定会计分录，并据此登记账簿的会计凭证，是登记账簿的直接依据。

记账凭证按不同的标准可以分为以下几类，记账凭证的分类如表 1–12 所示。

表 1–12 记账凭证的分类

分类标准	类别	具体内容
按用途分类	收款凭证	收款凭证是用以反映货币资金收入业务的记账凭证，根据货币资金收入业务的原始凭证填制而成
	付款凭证	付款凭证是用以反映货币资金支出的记账凭证，根据货币资金支出业务的原始凭证填制而成

（续表）

分类标准	类别	具体内容
按用途分类	转账凭证	转账凭证是用来反映非货币资金业务的凭证。非货币资金业务亦称转账业务，是指不涉及货币资金增减变动的业务，如向仓库领料、产成品交库、分配费用等
按填列会计科目的数目分类	单式记账凭证	单式记账凭证是在一张记账凭证上只填列每笔会计分录中的一方科目，其对应科目只作参考，不据以记账。填列借方科目的称为借项记账凭证，填列贷方科目的称为贷项记账凭证
		每笔会计分录至少要填制两张单式记账凭证，用编号将其联系起来，以便查对。设置单式记账凭证的目的，一是便于汇总，即每张凭证只汇总一次，并且可减少差错；二是为了实行会计部门内部的岗位责任制，即每个岗位人员都应对与其有关的账户负责；三是利于贯彻内部控制制度，防止差错和舞弊
	复式记账凭证	复式记账凭证是在一张凭证上完整地列出每笔会计分录所涉及的全部科目。复式记账凭证的优点是在一张凭证上就能完整地反映一笔经济业务的全貌，且填写方便，附件集中，便于凭证的分析及审核。其缺点是不便于分工记账及科目汇总

（2）记账凭证的基本内容。

由于记账凭证所反映的经济业务内容不同，因而在具体格式上也有一些差异。但所有的记账凭证都必须满足记账的要求，具备下列一些共同的基本内容，如图 1–14 所示。

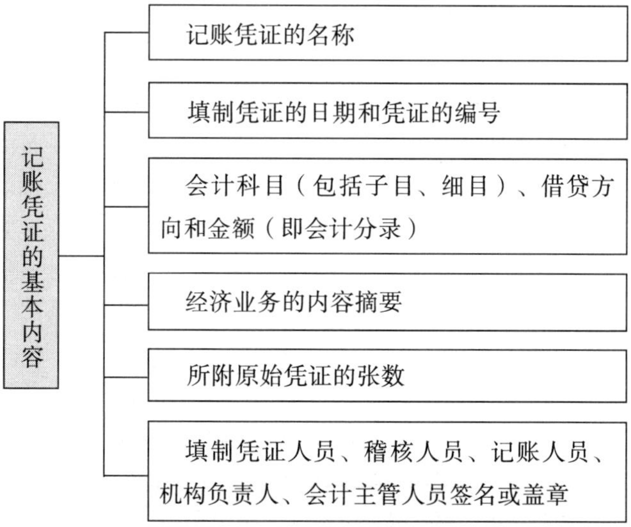

图 1–14　记账凭证的基本内容

（3）记账凭证的填制要求。

记账凭证是进行会计处理的直接依据，记账凭证的填制除了做到“真实可靠、内容完整、填写及时、书写清楚”外，还必须注意遵守一些基本要求。记账凭证填制的要求包括以下几点，如表 1–13 所示。

表 1–13　记账凭证的填制要求

要求	具体内容
准确填写会计分录	准确填写会计分录。必须按会计制度统一规定的会计科目填写，不得任意简化或改动，不得只写科目编号、不写科目名称；同时注明记账方向，以便于记账
摘要简明扼要	记账凭证的摘要应简明扼要，字迹清晰，正确表达经济业务的主要内容。既要防止简而不明，又要防止过于繁琐
格式相对稳定	各种记账凭证的使用格式应相对稳定，特别是在同一会计年度内，不应随意更换，以免引起编号、装订、保管方面的不便与混乱
附有原始凭证，并注明张数	除期末转账和更正错误的记账凭证可以没有原始凭证外，其他记账凭证都必须有原始凭证。如果两张或两张以上的记账凭证依据同一原始凭证，则应在未附原始凭证的记账凭证上注明：原始凭证 × 张，附于第 ×× 号凭证之后
手续齐全	记账凭证上必须有填制人员、审核人员、记账人员和会计主管签章。对收款凭证和付款凭证，必须先审核后办理收付款业务。出纳人员应在有关凭证上签章，以明确经济责任。对已办妥收款或付款的凭证和所附的原始凭证，出纳人员要当即加盖“收讫”或“付讫”戳记，以免重收、重付
连续编号，不能漏号、重号	如果企业采用的是三种格式的记账凭证，其编号应区分收款凭证、付款凭证和转账凭证三个序列，分别连续编号；如果企业采用的是五种格式的记账凭证，则应分别按照现收字 × 号、银收字 × 号、现付字 × 号、银付字 × 号、转字 × 号分别按顺序编号
	如果一笔业务比较复杂，一个记账凭证涉及的会计科目较多，需填制两张或两张以上的，可以采用分数编号法编号。例如 2 号记账凭证需要填制三张，正确的编号应该是 $2^{1}/_{3}$（表示 2 号凭证中的第一张）、$2^{2}/_{3}$（表示 2 号凭证中的第二张）、$2^{3}/_{3}$（表示 2 号凭证中的第三张）

（4）记账凭证的审核。

记账凭证是根据审核无误的原始凭证填制的，是登记账簿的依据。为了保证账簿记录的准确性，记账前必须对已编制的记账凭证由专人进行认真、严格的审核。记账凭证的审核如图 1–15 所示。

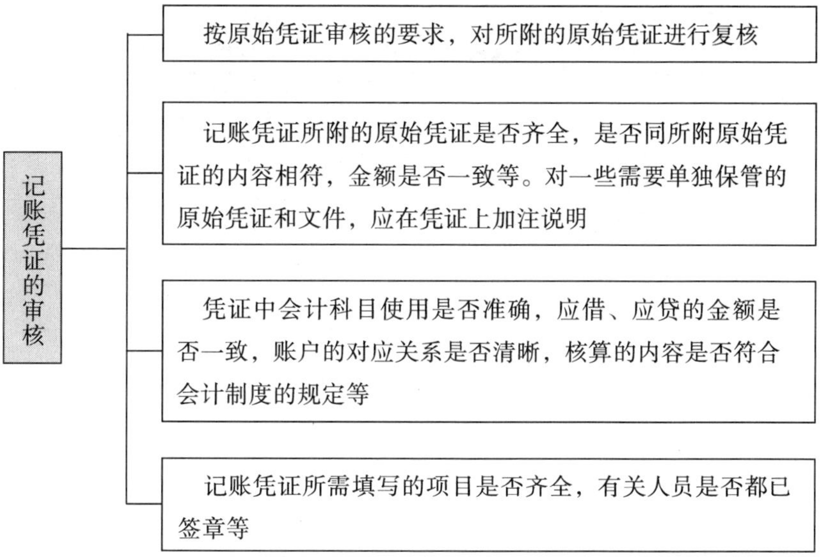

图 1–15　记账凭证的审核

在审核中如发现记账凭证有记录不全或错误时，应重新填制或按规定办理更正手续。只有经过审核无误的记账凭证，才能据以登记账簿。

八、会计账簿

会计账簿是由具有一定格式而又相互联结的账页组成的，用来分类、连续、系统和全面记录各项经济业务的簿籍。

（一）账簿的基本内容

由于管理的要求不同，所设置的账簿也不同，各种账簿所记录的经济业务也不同，其形式也多种多样，但所有账簿一般都应具备以下基本内容，如图 1–16 所示。

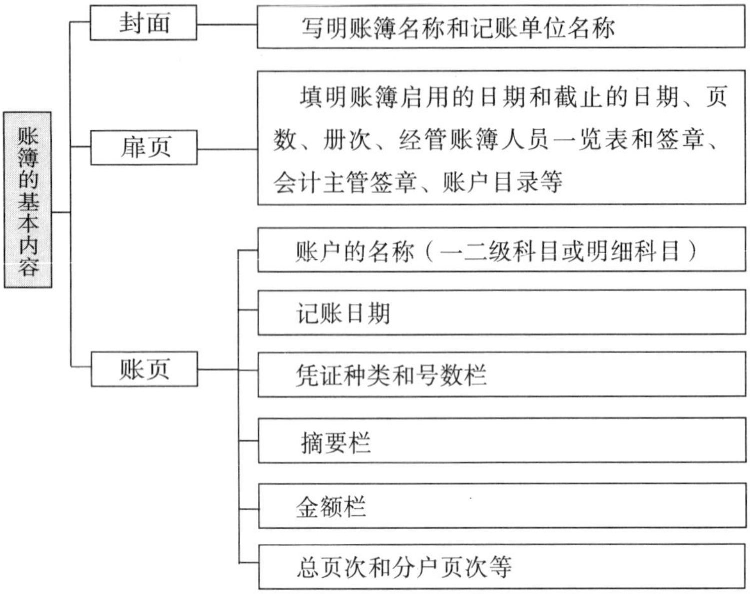

图 1–16　账簿的基本内容

（二）设置会计账簿的意义

设置会计账簿是会计工作的重要环节，登记账簿则是会计核算的一种专门方法。科学的设置账簿和正确的登记账簿对于全面完成会计核算工作具有重要意义。设置会计账簿的意义如表 1–14 所示。

表 1–14　设置会计账簿的意义

意义	具体内容
通过账簿的设置和登记，系统记载、积累会计资料	在账簿中可以对发生的所有经济业务按照不同的性质进行归类和汇总，使反映在会计凭证上的比较分散的资料进一步系统化。通过对经济业务进行分类、系统、全面的核算，能够提供企业有关成本费用、财务状况和经营成果等方面的总括的和明细的核算资料，为会计信息使用者提供系统而完整的会计信息
通过账簿的设置和登记，可以提供企业经营成果、提供进行会计监督的重要依据	通过登记账簿可以了解和掌握企业资产、负债和所有者权益等会计要素的增减变化及结果，可以提供资金、成本和利润等经济指标，利用这些指标可以考核企业预算和计划等的执行情况，分析企业成本费用水平的高低，评价企业财务状况和经营成果的好坏，进而总结经验，揭露问题，采取对策，促使企业不断提高经济效益和管理水平

（续表）

意义	具体内容
通过账簿的设置和登记，可以为编制会计报表提供资料	通过账簿的登记所反映的一定会计期间的会计核算资料，经过加工整理和一定的计算汇总，就构成了会计报表项目的组成内容。可见，会计报表指标是否真实，会计报表的编制能否及时，都与账簿的设置和登记质量有着密切关系

（三）会计账簿的分类

为全面、系统、分类和连续的记录经济业务，一个会计主体必须设置各种不同的账簿，这些账簿的用途、形式和登记的方法等也各不相同。会计账簿的分类如表 1–15 所示。

表 1–15　会计账簿的分类

分类		内涵
按用途的不同	序时账簿	序时账簿也称日记账，它是指按照经济业务发生时间的先后顺序逐日逐笔登记的账簿。序时账簿按其记录内容的不同，又可分为普通日记账和特种日记账
	分类账簿	分类账簿是指对发生的全部经济业务按照会计科目进行分类分别登记的账簿。分类账簿按其反映内容的详细程度不同，又可分为总分类账簿和明细分类账簿
	备查账簿	备查账簿也称辅助账簿，它不是根据会计凭证登记的账簿，同时它也没有固定的格式，如租入的固定资产登记簿、委托加工材料登记簿等
按账页格式的不同	两栏式账簿	两栏式账簿是指只有借方和贷方两个基本金额栏目的账簿，各种收入、费用类账户都可以采用两栏式账簿
	三栏式账簿	三栏式账簿是指采用借方、贷方、余额三个主要栏目的账簿。一般适用于各种日记账、总分类账以及资本、债权债务明细账
	多栏式账簿	多栏式账簿是指在借方栏或贷方栏下设置多个栏目用以反映经济业务不同内容的账簿。一般适用于成本、费用的明细账，如管理费用明细账、生产成本明细账、制造费用明细账等
	数量金额式账簿	数量金额式账簿是指采用在借方（收入）、贷方（发出）、余额（结存）三个主要栏目的基础上，需要反映数量与金额双重指标的账簿。一般适用于具有实物形态的财产物资的明细账，如原材料明细账，库存商品、产成品等明细账

（续表）

分类		内涵
按外表形式的不同	订本式账簿	订本式账簿简称订本账，是指在未启用前就已经按顺序编号并固定装订成册的账簿。总分类账、库存现金日记账和银行存款日记账必须采用订本账
	活页式账簿	活页式账簿称活页账，是指年度内账页不固定装订成册，而置于活页账夹中，可以根据需要随时增加或抽减账页的账簿。明细账多采用活页账
	卡片式账簿	卡片是账簿简称卡片账，是指由若干具有相同格式的卡片作为账页组成的账簿。一般情况下，固定资产的明细账采用卡片账

（四）会计账簿的记账规则

会计账簿的登记应该遵循以下记账规则，如图 1–17 所示。

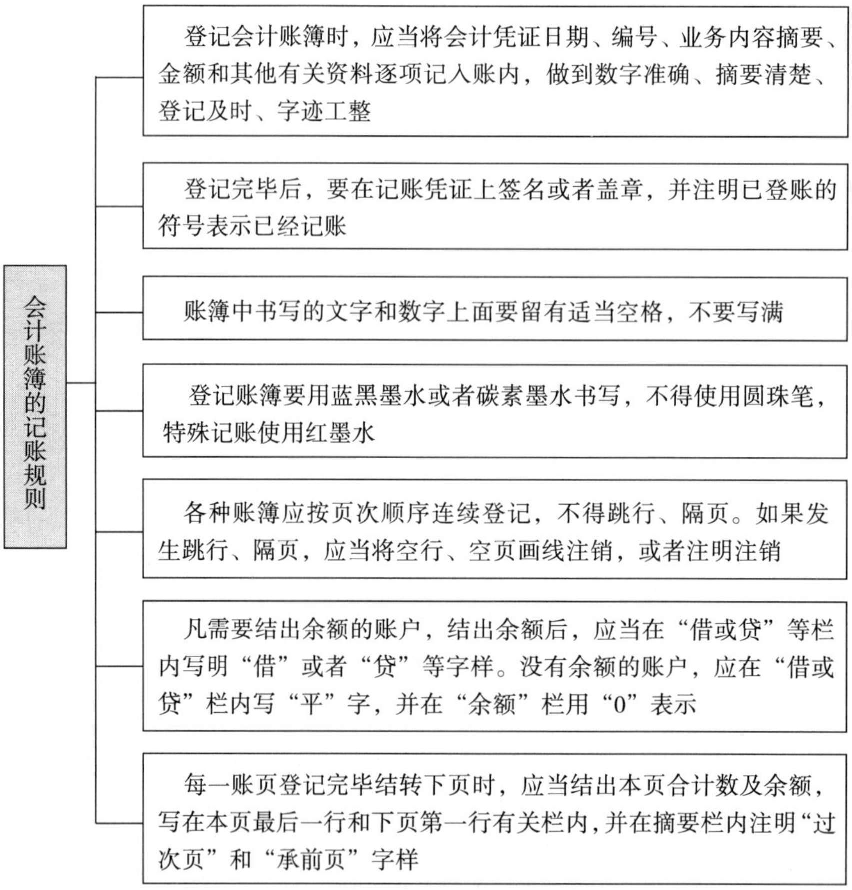

图 1–17　会计账簿的记账规则

（五）账簿格式和登记方法

1. 库存现金日记账的格式和登记方法

（1）库存现金日记账的格式。

库存现金日记账是用来核算和监督库存现金每天的收入、支出和结存情况的账簿，其格式有三栏式和多栏式两种。

无论采用三栏式还是多栏式库存现金日记账，都必须使用订本账。三栏式库存现金日记账设借方、贷方和余额三个基本栏目。在“金额”栏与“摘要”栏之间常常插入“对方科目”，以便记账时标明库存现金收入的来源科目和库存现金支出的用途科目。

三栏式库存现金日记账的格式如表 1-16 所示。

表 1-16　三栏式现金日记账的格式

现金日记账

年		凭证		摘要	对方科目	借方									核对	贷方									核对	借或贷	余额									核对
月	日	种类	号数			百	十	万	千	百	十	元	角	分		百	十	万	千	百	十	元	角	分			百	十	万	千	百	十	元	角	分	
				过次页																																

（2）库存现金日记账的登记方法。

库存现金日记账由出纳人员根据同库存现金收付有关的记账凭证，按时间顺序逐日逐笔进行登记，并根据“上日余额 + 本日收入 – 本日支出 = 本日余额”的公式，逐日结出库存现金余额，与库存现金实存数核对，以检查每日库存现金收付是否有误。库存现金日记账的登记方法如图 1–18 所示。

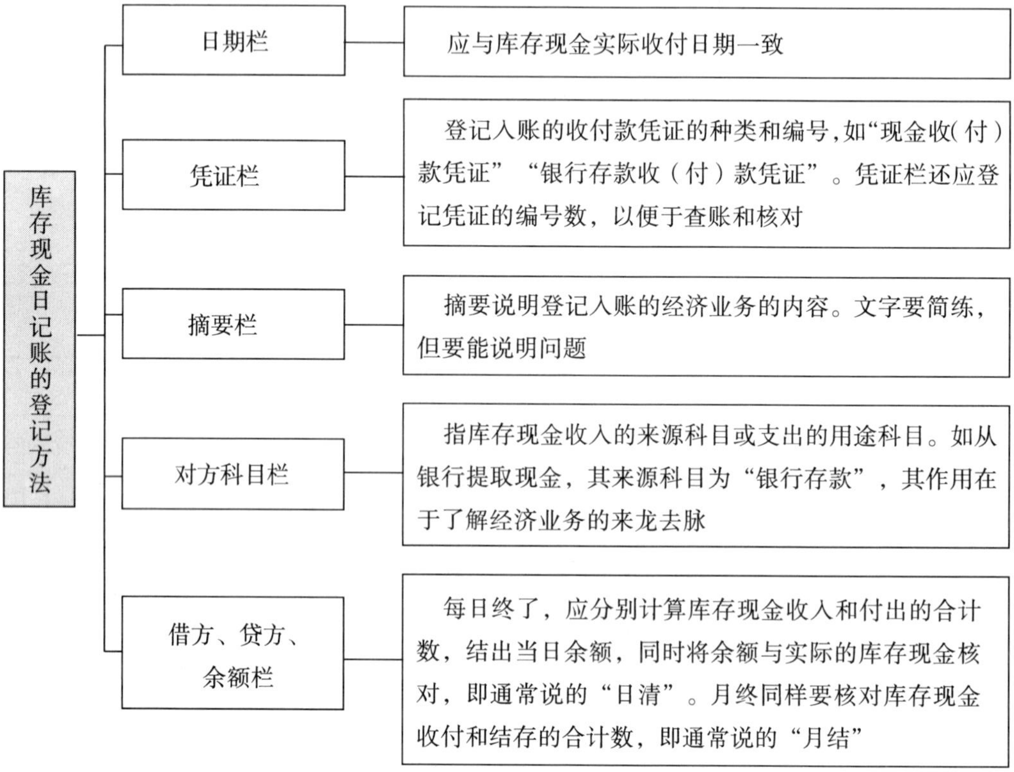

图 1–18　库存现金日记账的登记方法

2. 银行存款日记账的格式和登记方法

（1）银行存款日记账的格式。

银行存款日记账是用来序时反映企业银行存款的增加、减少和结存情况的账簿。该账簿由出纳人员根据银行存款的收款和付款凭证序时逐日逐笔登记，每日终了结出该账户全日的银行存款收入、支出合计数和余额，并定期与银行对账单对账。银行存款日记账的格式一般为三栏式，但也可以采用多栏式。三栏式银行存款日记账的格式如表 1–17 所示。

表 1-17　银行存款日记账的格式

银行存款日记账

年		凭证		摘要	对方科目	借方									核对	贷方									核对	借或贷	余额									核对
月	日	种类	号数			百	十	万	千	百	十	元	角	分		百	十	万	千	百	十	元	角	分			百	十	万	千	百	十	元	角	分	
				过次页																																

（2）银行存款日记账的登记方法。

银行存款日记账的登记方法与库存现金日记账的登记方法基本相同。银行存款日记账的登记方法如图 1–19 所示。

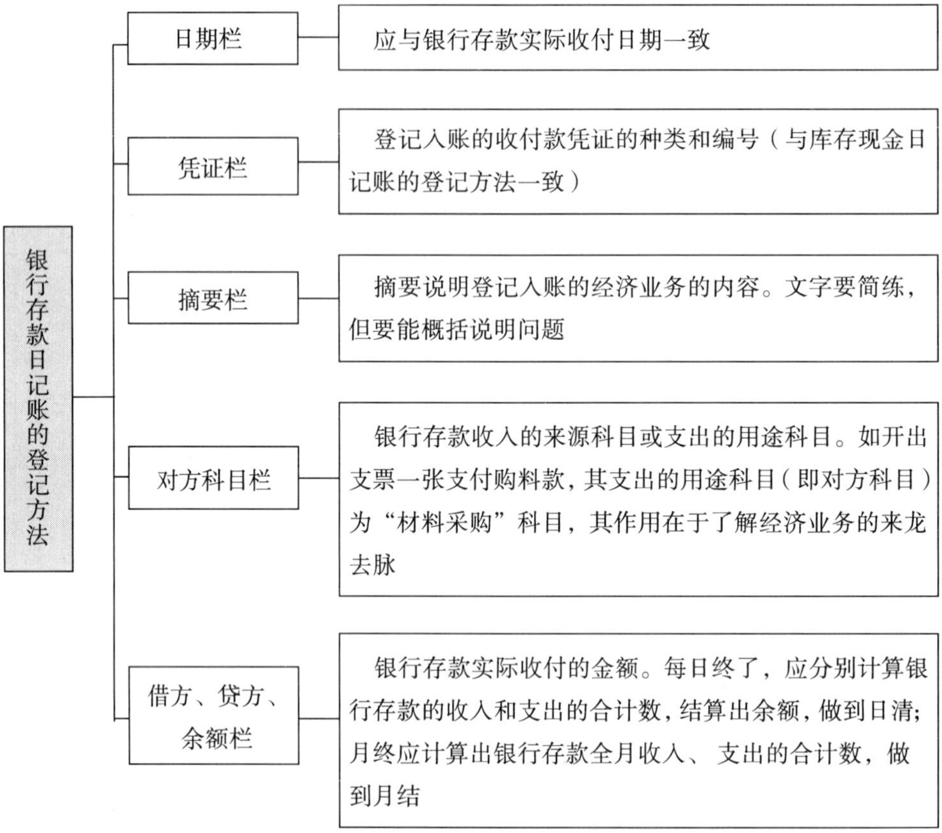

图 1–19　银行存款日记账的登记方法

3. 总分类账的格式和登记方法

（1）总分类账的格式。

总分类账简称总账，它是按照总分类账户分类登记以提供总括会计信息的账簿。总账中的账页是按总账科目（一级科目）开设的总分类账户。应用总分类账，可以全面、系统综合地反映企业所有的经济活动情况和财务收支情况，可以为编制会计报表提供所需的资料，因此每一单位都应设置总分类账。

总分类账最常用的格式为三栏式，设置借方、贷方和余额三个基本金额栏目，总分类账的格式如表 1–18 所示。

表 1–18　总分类账的格式

总　分　类　账

科目名称＿＿＿＿＿＿

年		记账凭证号数	摘要	借方										贷方										借或贷	余额									
月	日			千	百	十	万	千	百	十	元	角	分	千	百	十	万	千	百	十	元	角	分		千	百	十	万	千	百	十	元	角	分

（2）总分类账的登记方法。

总分类账可以根据记账凭证逐笔登记，也可以根据经过汇总的科目汇总表或汇总记账凭证登记，先把各种记账凭证汇总编制成科目汇总表或汇总记账凭证，再据以登记。月终，在全部经济业务登记入账后，结出各账户的本期发生额和期末余额。

4. 明细分类账的格式和登记方法

（1）明细分类账的格式。

明细分类账是根据二级账户或明细账户开设账页，分类、连续地登记经济业务以提供明细核算资料的账簿。明细分类账是总分类账的明细记录，它是对总分类账的核算内容，按照更加详细的分类，反映某一具体类别经济活动的财务收入情况。它对总分类账起补充说明的作用，它所提供的资料也是编制会计报表的重要依据。其格式有三栏式、多栏式、数量金额式和横线登记式（或称平行式）等。三栏式明细账的格式如表 1–19 所示。

表 1–19　三栏式明细分类账

明 细 分 类 账

总账科目 ＿＿＿＿＿

明细科目 ＿＿＿＿＿

年		记账凭证号数	摘要	借方										贷方										借或贷	余额									
月	日			千	百	十	万	千	百	十	元	角	分	千	百	十	万	千	百	十	元	角	分		千	百	十	万	千	百	十	元	角	分

（2）明细分类账的登记方法。

明细分类账的登记通常有几种方法：一是根据原始凭证直接登记明细分类账，二是根据汇总原始凭证登记明细分类账，三是根据记账凭证登记明细分类账。

不同类型经济业务的明细分类账，可根据管理需要，依据记账凭证、原始凭证或汇总原始凭证逐日逐笔或定期汇总登记。固定资产、债权、债务等明细账应逐日逐笔登记；库存商品、原材料、产成品收发明细账以及收入、费用明细账可以逐笔登记，也可定期汇总登记。

5. 对账与结账

（1）对账的内容。

对账即核对账目。企业应当定期将会计账簿记录的有关数字与货币资金、有价证券、往来单位或者个人、库存实物等进行相互核对，保证账证相符、账账相符、账实相符。对账的内容如表 1-20 所示。

表 1-20　对账的内容

对账	具体内容
账证核对	核对会计账簿记录与原始凭证、记账凭证的时间、凭证字号、内容、金额是否一致，记账方向是否相符
账账核对	核对不同会计账簿之间的账簿记录是否相符，包括：总账有关账户的余额核对；总账与明细账核对；总账与日记账核对；会计部门的财产物资明细账与财产物资保管和使用部门的有关明细账核对等
账实核对	核对会计账簿记录与财产物资实有数额是否相符。包括：现金日记账账面余额与现金实际库存数相核对；银行存款日记账账面余额定期与银行对账单相核对；各种财产物资明细账账面余额与产品、物资实存数额相核对；各种应收、应付款明细账账面余额与有关债务、债权单位或者个人相核对等

（2）结账的内容。

结账是会计期末结束账簿记录的会计工作。结账的内容如表 1-21 所示。

表 1-21　结账的内容

结账内容	具体内涵
检查本期内所发生的各项经济业务是否已全部登记入账	结账前必须将本期内应该办理会计凭证手续的经济业务，全部填制记账凭证，并登记入账。本期的记账凭证要全部编号、装订、汇总，登记账簿时，要一笔不漏地进行，并将发生额与有关对应科目的发生额核对无误后才能结账

（续表）

结账内容	具体内涵
期末账项调整和结转	由于日常会计核算是建立在权责发生制基础上的，各个会计期间可能存在应计收入或应计费用以及预收款项或预付费用。在日常经济业务记录的基础上，结账前应编制调整分录，对有关账项进行调整，将属于本期但尚未确认记录的收入和费用确认并登记入账。当期费用全部得到确认后，有关成本结转才能依次进行
结算本期的收入、费用以及直接计入本期损益的利得和损失账户的发生额合计和期末余额	编制结账分录，将收入、费用及直接计入本期损益的利得和损失账户的余额结转入“本年利润”账户；“本年利润”账户余额应在年末结账时转入“利润分配——未分配利润”账户中。结账分录也应登记到分类账簿中
结算资产、负债、所有者权益类账户的发生额合计和期末余额	凡需结出余额的账户，结出余额后，应在借或贷等栏内写明“借”或“贷”的字样，没有余额的账户，应在借或贷栏内写“平”字，并在余额栏“元”位用“0”表示
划线结束本期账簿记录	需要结出当月发生额的，应当在摘要栏内注明“本月合计”字样，并在下面通栏画单红线。需要结出本年累计发生额的，应当在摘要栏内注明“本年累计”字样，并在下面通栏画单红线；12 月末的“本年累计”就是全年累计发生额。全年累计发生额下面应当通栏画双红线。年度终了结账时，所有总账账户都应当结出全年发生额和年末余额
结转下年	年度终了，要把凡是有余额的账户上面的金额结转到下一会计年度，并在摘要栏注明“结转下年”字样；在下一会计年度新建有关会计账簿的第一行余额栏内填写上年结转的余额，在摘要栏注明“上年结转”字样

6. 会计账簿的启用、保管和更换

（1）会计账簿的启用。

会计账簿启用的具体内容如表 1-22 所示。

表 1-22　会计账簿的启用

名称	内容
会计账簿的启用	为了确保账簿记录的规范和完整，明确记账责任，在启用账簿时，应在账簿封面上写明单位名称和账簿名称
	在账簿扉页上应附“账簿使用登记表”或“账簿启用表”，其内容包括：启用日期、账簿页数、记账人员和会计主管人员姓名，并加盖负责人名章和单位公章。记账人员或会计人员调动工作时，应注明交接日期、接办人员和临交人员姓名，由交接双方签名或盖章
	用订本式账簿，对于未印制顺序号的账簿，应从第一页到最后一页按顺序编定页数，不得跳页、缺号。使用活页式账页，应按账页顺序编号，并须定期装订成册，装订后再按实际使用的账页顺序编定页数，另加目录，记明每个账户的名称和页次

（2）会计账簿的保管。

会计账簿是企业重要的经济档案和历史资料，必须妥善保管，不得任意丢失和销毁。会计账簿保管的具体内容如表 1-23 所示。

表 1-23　会计账簿的保管

名称	具体内容
会计账簿的日常管理	各种会计账簿要分工明确，并指定专人管理，一般是谁负责登记，谁负责管理
	会计账簿未经本单位领导或会计部门负责人允许，非经管人员不得翻阅查看会计账簿
	会计账簿除需要与外单位核对账目外，一律不准携带外出
	对需要携带外出的账簿，必须经单位领导和会计部门负责人批准，并指定专人负责，不准交给他人管理，以保证账簿安全和防止任意涂改账簿等现象发生
会计账簿的归档保管	年度结账后，对需要更换新账的，应将旧账按规定程序整理并装订成册，归档保管
	活页账装订时，一般按账户分类装订，一个账户装订一册或数册。某些账户账页较少，也可以将账户合并装订成一册，但应分别按资产、负债及所有者权益账户分别装订
	装订时应检查账簿扉页的内容是否填列齐全，要将账簿经管人员一览表及账户目录附在账页前面，并具封面封底
	装订时，应将账页整齐牢固地装订在一起，并将装订线用纸封口，由经办人员及装订人员、会计主管人员在封口处签章

（3）会计账簿的更换。

为了保持会计账簿资料的连续性，在每一会计年度结束，新的会计年度开始时，应按会计制度规定，进行账簿的更换。会计账簿更换的具体内容如表 1–24 所示。

表 1–24　会计账簿的更换

名称	具体内容
会计账簿的更换	现金日记账、银行存款日记账、总分类账及明细分类账都要每年更换新账，但固定资产明细账或固定资产卡片可以继续使用，不必每年更换新账
	年终结账后，有期末余额的账户，应将其余额结转至下年相对应账户中去，结转时，将有余额的账户的余额直接转入新账簿中相对应的账户中的余额栏内
	下年度新开账户的第一行，填写的日期是 1 月 1 日，摘要栏注明“上年结转”字样，并将上年的余额记入新账余额栏内并标明余额方向
	上年度为借方余额的，仍为借方余额；上年度为贷方余额的，仍为贷方余额

7. 错账更正方法

账簿若发生错误，不准涂改、挖补、刮擦或用药水消除字迹，不准重新抄写，必须按照下列方法更正。错账更正方法如表 1–25 所示。

1–25　错账更正方法

更正方法	具体内容
划线更正法	在结账前，如果发现账簿记录有错误，而记账凭证并无错误，只是过账不慎，纯属记录中的文字或数字的笔误，应采用划线更正法予以更正。划线更正法，又叫作红线更正法
	更正的方法是，先在错误的文字或数字上划一条红色横线，表示注销；然后将正确的文字或数字用蓝字或黑字写在被注销的文字或数字的上方，并由记账人员在更正处盖章，以明确责任。但必须注意，对于错误数字应当全部划销，不是只划销写错的个别数字，并对划销的数字，不许全部涂抹，应当使原有字迹仍能辨认，以备日后查考。对于文字错误，可只划去错误的部分
红字更正法	根据记账凭证所记录的内容记账以后，发现记账凭证中的应借、应贷会计科目或记账方向有错误，且记账凭证同账簿记录的金额相吻合，应采用红字更正法
	更正的方法是：先用红字填制一张与原错误记账凭证内容完全相同的记账凭证，并据以用红字登记入账，冲销原有错误的账簿记录；然后，再用蓝字或黑字填制一张正确的记账凭证，据以用蓝字或黑字登记入账

（续表）

更正方法	具体内容
红字更正法	根据记账凭证所记录的内容记账以后，发现记账凭证中应借、应贷的会计科目、记账方向都没有错误，记账凭证和账簿记录的金额相吻合，只是所记金额大于应记的正确金额，应采用红字更正法
	更正的方法是，将多记的金额用红字填制一张与原错误记账凭证所记载的借贷方向、应借应贷会计科目相同的记账凭证，并据以登记入账，以冲销多记金额，求得正确金额
补充登记法	记账后，如果发现记账凭证和账簿中所记金额小于应记金额，而应借、应贷的会计科目并无错误，可应用补充登记法予以更正
	更正的方法是，将正确数字与错误数字之间的差额，即少记的金额，用蓝字填制一张记账凭证，在摘要栏内写明“补记某月某日第 × 号记账凭证少记金额”，并据以登记入账，予以补充

第二章 资金及其筹集业务的核算

一、库存现金

（一）库存现金的定义

现金通常是指存放于企业财务部门、由出纳人员经管的货币。现金是通用的交换媒介，也是对其他资产计量的一般尺度。现金转化为企业其他形式的资产一般是没有任何难度的。会计上的现金有狭义和广义之分。狭义的现金仅指库存现金，包括人们经常接触的纸币和硬币等。广义的现金包括库存现金、银行存款以及其他可以普遍接受的流通手段。目前，国际惯例的现金概念是指广义的现金。

（二）库存现金的特征

库存现金作为货币资金的重要组成部分，具有如下特征，如图 2-1 所示。

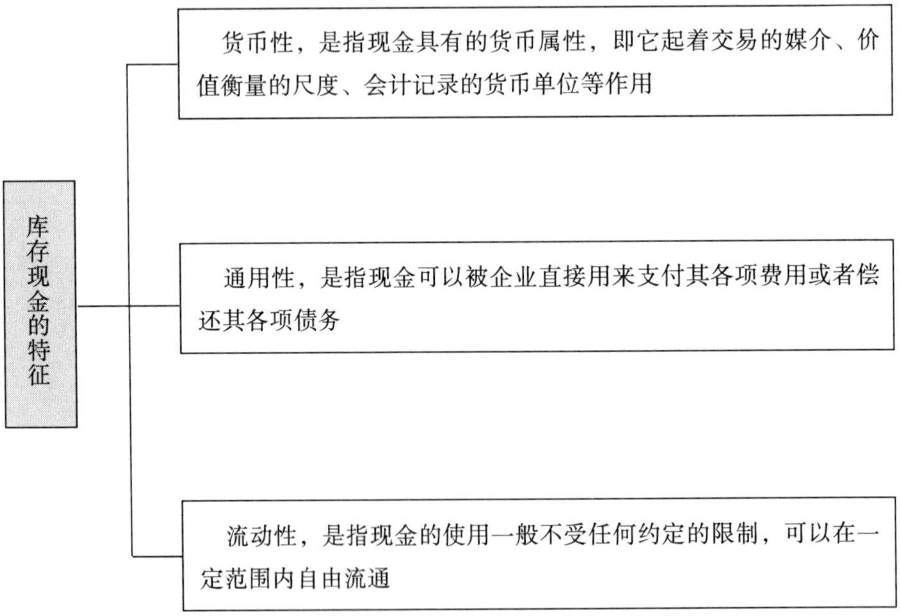

图 2-1 库存现金的特征

（三）库存现金的适用范围

库存现金的适用范围如图 2–2 所示。

库存现金的适用范围

- 职工工资、津贴
- 个人劳动报酬
- 根据国家规定颁发给个人的科学技术、文化艺术、体育等各种奖金
- 各种劳保、福利费用以及国家规定的对个人的其他支出
- 向个人收购农副产品和其他物资的价款
- 出差人员必须随身携带的差旅费
- 结算起点以下的零星支出
- 中国人民银行确定需要支付现金的其他支出

图 2–2　库存现金的适用范围

除以上规定的现金使用范围外，在其他各项经济活动中，一律不许使用现金结算，而应采用银行转账结算方式或其他非现金结算方式。

（四）库存现金的限额管理

为了满足企业日常零星开支的需要，每个企业必须经常保留一定数额的库存现金。库存现金限额的管理如表 2–1 所示。

表 2-1 库存现金限额的管理

管理	具体内容
库存现金限额的核定	库存现金限额由开户银行根据企业实际需要核定，一般为企业 3~5 天日常零星开支量，边远地区和交通不便地区的企业，其库存现金限额可超过 5 天，但最多不得超过 15 天的日常零星开支。库存现金限额一般每年核定一次
	日常零星开支量不包括定期发放的工资和不定期支付的差旅费等大额现金支出
库存现金若超出限额	库存现金超出限额部分应于当日送存银行，当日送存确有困难的，由开户银行确定送存时间，否则银行将按超出部分的 10% ~ 30%进行处罚；当库存现金不足时，单位可以签发现金支票从银行提取现金，用于补足差额

（五）库存现金的控制

库存现金控制的目的在于合理确定库存现金限额，并保证库存现金的安全与完整，库存现金的控制要点如表 2-2 所示。

表 2-2 库存现金的控制

名称	具体内容
库存现金的控制	正确合理核定库存现金限额，并按规定限额控制现金，超过限额的现金应及时送存银行
	出纳人员必须及时登记现金日记账，做到日清日结，不得以不符合财务制度和会计凭证手续的“白条”和单据充抵库存现金
	每日营业终了后必须清点现金，并核对实际库存现金和现金日记账的账面余额，做到账款相符，对现金的溢余或短缺应及时查明原因并予以处理
	出纳人员应定期进行轮换，不得一人长期从事出纳工作
	企业内部审计人员或稽核人员应定期对库存现金进行核查，也可根据需要临时突击检查

（六）库存现金的账户设置

企业应设置“库存现金”账户对库存现金进行总分类核算。“库存现金”账户是资产类账户，用以核算库存现金的收入、付出和结存。收到现金时，记入借方；付出现金时，记入贷方；期末余额在借方，表示库存现金的结存数额。

为了详细地掌握企业库存现金收付的动态和结存情况，企业应设置“现金日记账”，按照现金收支业务发生的时间先后顺序，逐日逐笔进行登记，并逐日结出余额，以便与实存现金相核对，做到日清日结、账款相符。

（七）库存现金的核算原理

库存现金的核算原理如表 2-3 所示。

表 2-3　库存现金的核算原理

业务内容	账务处理
从银行提取现金	借：库存现金 　　贷：银行存款
职工预支差旅费	借：其他应收款 　　贷：库存现金
用现金购买办公用品	借：管理费用 　　贷：库存现金
交回余款	借：管理费用（按应报销的金额） 　　库存现金（按实际收回的现金） 　　贷：其他应收款（按实际预支的金额）
库存现金盘点	发现现金亏损： 借：待处理财产损溢——待处理流动资产损溢 　　贷：库存现金 由责任人或保险公司赔偿的部分： 借：其他应收款 　　贷：待处理财产损溢——待处理流动资产损溢 无法查明原因的： 借：管理费用——现金短缺 　　贷：待处理财产损溢——待处理流动资产损溢
	发生库存现金溢余： 借：库存现金 　　贷：待处理财产损溢——待处理流动资产损溢 无法查明原因的： 借：待处理财产损溢——待处理流动资产损溢 　　贷：营业外收入

（八）库存现金的业务举例

库存现金的业务举例如表 2–4 所示。

表 2–4　库存现金业务举例

业务内容	账务处理
【例 1】2013 年 12 月 1 日，宏泰房地产公司从银行提取现金 20 000 元备用	借：库存现金　20 000 　贷：银行存款　20 000
【例 2】2013 年 12 月 1 日，该公司办公人员用现金支付办公用品费 120 元	借：管理费用　120 　贷：库存现金　120
【例 3】2013 年 12 月 1 日，宏泰房地产公司的财务部门清查现金发现短缺 100 元	借：待处理财产损溢——待处理流动资产损溢　100 　贷：库存现金　100
【例 4】2013 年 12 月 2 日，短款经查明原因，应由出纳员赵丹赔偿 50 元，其余 50 元经批准作为管理费用	借：其他应收款——赵丹　50 　管理费用　50 　贷：待处理财产损溢——待处理流动资产损溢　100

二、银行存款

（一）银行存款的定义

银行存款是企业存入银行或其他金融机构的货币资金。银行存款在经济往来中具有同现金相同的支付能力，可以用于购买材料、偿还债务、支付各项费用等。企业的一切支出，除国家规定可以用现金支付以外，均应通过银行办理转账结算。

（二）银行存款账户的分类

银行存款账户分为基本存款账户、一般存款账户、临时存款账户和专用存款账户四类。银行存款账户分类如表 2–5 所示。

表 2-5　银行存款账户的分类

分类	内涵
基本存款账户	基本存款账户是指企业办理日常转账结算和现金收付的账户。一个企业只能选择一家银行的一个营业机构开立一个基本存款账户
	实行由中国人民银行当地分支机构核发开户许可证制度。企业的工资、奖金等现金的支取只能通过该账户办理
一般存款账户	一般存款账户是在基本存款账户以外开立的账户，该账户可办理转账结算和存入现金的业务，但不能支取现金
临时存款账户	临时存款账户是指企业因临时经营活动需要开立的账户。如企业临时性采购资金可通过该账户办理转账结算，也可根据国家现金管理的规定办理现金收付
专用存款账户	专用存款账户是指企业因特定用途所开立的账户，如基本建设项目专项资金等

（三）银行存款的内部控制

企业在加强现金管理的同时，还必须加强对银行存款的内部控制。对银行存款的内部控制方面，主要是加强对银行存款收付款项的结算凭证以及凭证传递手续的控制和管理，主要有以下几方面，如表 2-6 所示。

表 2-6　银行存款的内部控制

名称	具体内容
银行存款的内部控制	应严格执行国家有关的银行存款管理办法及有关的银行存款结算管理办法，针对企业的情况及不同的经济业务，按照有关规定采取恰当的结算办法
	应建立结算凭证完善的传递程序和有关的审核手续。如：建立结算凭证的签发制度；建立专门的登记簿，办理签收手续；建立结算凭证的销号制度等
	根据不同的结算办法，审核有关的结算凭证及相应的审批手续，及时地编制银行存款收付款凭证，并登记银行存款日记账，月末编制银行存款余额调节表，对账实不符的业务须及时汇报

（四）银行存款的结算方式

银行存款的结算方式如表 2-7 所示。

表 2-7　银行存款的结算方式

方式	定义	具体内容
银行汇票	银行汇票是出票银行签发的、由其在见票时按照实际结算金额无条件支付给收款人或者持票人的票据	银行汇票结算方式的适用范围为单位和个人，同城和异地各种款项的结算均可使用银行汇票
		银行汇票采用记名方式，允许背书转让；银行汇票的签发日期、金额必须大写，不得涂改；银行汇票没有汇款金额起点的限制
		银行汇票的提示付款期限为一个月。逾期的银行汇票，代理付款银行不予受理。申请人可向出票银行做出说明并提供有关证件，请求付款或退款
		银行汇票丢失，失票人可以凭人民法院出具的其享有票据权力的证明，向出票银行提示付款或退款
商业汇票	商业汇票是出票人签发的、委托付款人在指定日期无条件支付确定的金额给收款人或者持票人的票据	商业汇票分为商业承兑汇票和银行承兑汇票。商业承兑汇票由银行以外的付款人承兑（付款人为承兑人），银行承兑汇票由银行承兑
		在我国，开立存款账户的法人以及其他组织之间，必须具有真实的交易关系或债权债务关系，才能使用商业汇票
		符合条件的商业汇票的持票人可持未到期的商业汇票连同贴现凭证向银行申请贴现。贴现银行可持未到期的商业汇票向其他银行转贴现，也可以向中国人民银行申请再贴现
		贴现、转贴现和再贴现的期限从其贴现之日起至汇票到期日止。实付贴现金额按票面金额扣除贴现日至汇票到期前一日的利息计算
银行本票	银行本票是由银行签发的、承诺自己见票时无条件支付确定的金额给收款人或持票人的票据	银行本票有定额和不定额两种。定额银行本票面额分为 1 000 元、5 000 元、10 000 元和 50 000 元。不定额银行本票没有票面金额起点，也没有最高限额
		银行本票一律记名，可以背书转让，不予挂失。银行本票付款期限最长不超过 2 个月

（续表）

方式	定义	具体内容
银行本票	银行本票是由银行签发的、承诺自己见票时无条件支付确定的金额给收款人或持票人的票据	采用银行本票结算方式，付款企业将款项交给银行申请签发本票以办理结算。付款企业在交款时收受银行本票后，根据申请书存根联编制付款凭证入账
		收款企业将本票送银行办理转账收款，凭银行收讫后的进账单编制收款凭证入账
支票	支票是出票人签发的、委托银行在见票时无条件支付确定的金额给收款人或持票人的票据	支票结算是同城结算中应用比较广泛的一种结算方式。单位和个人在同一票据交换区域的各种款项结算，均可使用支票
		支票由银行统一印制，支票上印有“现金”字样的为现金支票，现金支票只能用于支取现金。支票上印有“转账”字样的为转账支票，转账支票只能用于转账。未印有“现金”或“转账”字样的为普通支票，普通支票可以用于支取现金，也可以用于转账
		支票的提示付款期限为自出票日起10日，超过提示付款期限的，持票人开户银行不予受理，付款人不予付款。转账支票可以根据需要在票据区域内背书转让
		签发支票时，应使用碳素墨水，将支票上的各要素填写齐全，并在支票上加盖其预留银行的印鉴，支票的日期要大写
		支票的日期、金额、收款人不得更改，更改的票据无效
信用卡	信用卡是银行或有关机构签发给信用较好的个人和单位凭以向特约单位购物、消费和存取现金，且具有消费信用的特制载体卡	信用卡按使用对象分为单位卡和个人卡，按信用等级分为金卡和普通卡
		凡是在中国境内金融机构开立基本存款户的单位可申领单位卡。单位卡账户资金一律从其基本存款户转账存入，不得交存现金，也不得将销货收入的款项存入信用卡账户
		在我国，单位卡不得用于10万元以上的商品交易、劳务供应款项的结算，也不得支取现金，不得将单位的款项存入个人卡账户

（续表）

方式	定义	具体内容
汇兑	汇兑是汇款人委托银行将款项汇给外地收款人的结算方式	汇兑分为信汇和电汇两种
		企业采用汇兑结算方式时，应向汇出行填写信、电汇凭证，详细填明汇入地点、汇入银行名称、收款单位或收款人名称、汇款用途等项内容，确定不得转汇的应在备注栏注明
		汇款人派人到汇入银行领取汇款，应在信、电汇凭证上注明“留行待取”字样
		汇入银行对开立账户的收款人的款项，直接转入收款人账户
		支取现金的信、电汇凭证上必须有汇出银行按规定填明的“现金”字样，未填“现金”字样，需要支取现金的，由汇入银行按照现金管理规定审查支付
托收承付	托收承付是由收款单位根据购销合同发货后委托银行向异地付款人收取款项，由付款人向银行承认付款的结算方式	使用托收承付结算方式的收款单位和付款单位，必须是国有企业、供销合作社以及经营管理较好并经开户银行审查同意的城乡集体所有制工业企业
		办理托收承付结算的款项，必须是商品交易，以及因商品交易而产生的劳务供应的款项。代销、寄销、赊销商品的款项，不得办理托收承付结算
		承付货款分为验单付款和验货付款两种，由收付双方协商选用，并在合同中明确规定。收款人按照签订的购销合同发货后，委托银行办理托收
		付款人开户银行收到托收凭证及其附件后，应当及时通知付款人
委托收款	委托收款是收款人委托银行向付款人收取款项的结算方式	委托收款结算方式同城、异地均可使用，且不受金额起点的限制，其款项划回的方式分为邮寄和电报两种
		企业委托开户银行收款时，应填写银行印制的委托收款凭证并向银行提供有关的债务证明
		企业的开户银行受理委托收款后，将委托收款凭证寄交付款单位开户银行，由付款单位开户银行审核，并通知付款单位

（续表）

方式	定义	具体内容
委托收款	委托收款是收款人委托银行向付款人收取款项的结算方式	付款单位收到银行交给的委托收款凭证及债务证明，应签收并在 3 天之内审查债务证明是否真实
		付款单位如果在收到委托收款的通知次日起 3 日内不通知银行，银行即作企业同意付款，并在承付期满的次日将款项主动划给收款人
		付款人认为债务证明或与此有关的事项符合拒绝付款规定的，付款人应在 3 日内审查有关债务证明后，出具拒绝付款理由书、委托收款凭证有关联及持有的债务证明，向银行提出拒绝付款
信用证	国内信用证是指开证行依据申请人的申请开出的、凭符合信用证条款的单据支付的付款承诺	在我国，国内信用证一般为不可撤销、不可转让的跟单信用证，适用于国内企业之间的商品交易结算业务
		只有经中国人民银行批准经营结算业务的商业银行总行，以及经商业银行总行批准开办信用证结算业务的分支机构才可办理国内信用证结算业务，信用证只限于转账结算，不得支取现金
		信用证与作为其依据的购销合同相互独立，银行在处理信用证业务时，不受购销合同的约束
		当申请人交存的保证金和其存款余额不足支付时，开证行应仍按规定的时间付款，对不足支付的部分做逾期贷款处理

（五）银行存款的账户设置

企业应设置“银行存款”账户核算企业存入银行或其他金融机构的各种款项。本账户借方登记银行存款的增加，贷方登记银行存款的减少，期末余额在借方，反映企业存在银行或其他金融机构的各种款项。

（六）银行存款的核算原理

银行存款的核算原理如表 2–8 所示。

表 2-8　银行存款的核算原理

业务内容	账务处理
将款项存入银行或其他金融机构	借：银行存款 　　贷：库存现金
提取或支出款项	借：库存现金 　　贷：银行存款
收回应收款项	借：银行存款 　　贷：应收账款 　　　　应收票据等
收到转来的收款通知	借：银行存款 　　贷：相关科目

（七）银行存款的业务举例

银行存款的业务举例如表 2-9 所示。

表 2-9　银行存款的业务举例

业务内容	账务处理		
【例 5】2013 年 12 月 2 日，宏泰房地产公司将现金 10 000 元存入银行	借：银行存款 　　贷：库存现金	10 000	 10 000
【例 6】2013 年 12 月 2 日，宏泰房地产公司开出转账支票 2 000 元支付网费	借：管理费用 　　贷：银行存款	2 000	 2 000

三、其他货币资金

（一）其他货币资金的定义

其他货币资金是指除了库存现金、银行存款以外的各种货币资金。包括的内容有外埠存款、银行汇票存款、银行本票存款、信用卡存款、信用证保证金存款、存出投资款及在途资金等。

（二）其他货币资金的分类

其他货币资金的分类如表 2-10 所示。

表 2-10　其他货币资金的分类

分类	内涵
银行汇票存款	银行汇票是指由出票银行签发的、由其在见票时按照实际结算金额无条件付款给收款或者持票人的票据。银行汇票存款是指企业为取得银行汇票，按照规定存入银行的款项
银行本票存款	银行本票是指由银行签发的、承诺自己在见票时无条件支付确定的金额给收款人或持票人的票据
	银行本票存款是指企业为取得银行本票，按照规定存入银行的款项。企业向银行提交“银行本票委托书”并将款项交存银行，办理银行本票。如企业因本票超过付款期等原因未曾使用而要求银行退款时，应填制进账单一式两联，连同本票一并交给银行，办理收款
信用卡存款	信用卡存款是指企业为取得信用卡而存入银行信用卡专户的款项
信用证保证金存款	信用证保证金存款是指采用信用证结算方式的企业为开具信用证而存入银行的信用证保证金
	企业向银行申请开立信用证，应按规定向银行提交开证申请书、信用证申请人承诺书和购销合同
存出投资款	存出投资款是指企业已存入证券公司但尚未进行投资的资金
外埠存款	外埠存款是指企业为了到外地进行临时或零星采购，而汇往采购地银行开立采购专户的款项
	该账户的存款不计利息、只付不收、付完清户，除了采购人员可从中提取少量现金外，一律采用转账结算

（三）其他货币资金的账户设置

为了反映和监督其他货币资金的收支和结存情况，企业应当设置“其他货币资金”账户。该账户属于资产类账户，借方登记其他货币资金的增加数，贷方登记其他货币资金的减少数，期末余额在借方，反映企业实际持有的其他货币资金。该科目应按其他货币资金的种类进行明细核算。

（四）其他货币资金的核算原理

其他货币资金的核算原理如表 2-11 所示。

表 2-11 其他货币资金的核算原理

项目	账务处理
外埠存款	将款项汇往采购地开立专户： 借：其他货币资金——外埠存款 　　贷：银行存款
	收到采购员交来的报销凭证： 借：在途物资 　　原材料 　　库存商品 　　贷：其他货币资金——外埠存款
	将多余的外埠存款转回： 借：银行存款 　　贷：其他货币资金——外埠存款
银行汇票存款	将款项交存银行办理汇票： 借：其他货币资金——银行汇票存款 　　贷：银行存款
	收到采购员交来的报销凭证： 借：在途物资 　　原材料 　　库存商品 　　贷：其他货币资金——银行汇票存款
	将银行汇票多余款转回： 借：银行存款 　　贷：其他货币资金——银行汇票存款
银行本票存款	将款项交存银行办理本票： 借：其他货币资金——银行本票存款 　　贷：银行存款

（续表）

项目	账务处理
银行本票存款	收到采购员交来的报销凭证： 借：在途物资 　　原材料 　　库存商品 　　贷：其他货币资金——银行本票存款
	将银行汇票多余款转回： 借：银行存款 　　贷：其他货币资金——银行本票存款
信用卡存款	向银行申请信用卡： 借：其他货币资金——信用卡存款 　　贷：银行存款
	向账户续存资金： 借：其他货币资金——信用卡存款 　　贷：银行存款
	用信用卡购物或支付费用： 借：在途物资 　　管理费用等 　　贷：其他货币资金——信用卡存款
	收到信用卡存款利息： 借：其他货币资金——信用卡存款 　　贷：财务费用
信用证保证金存款	交纳保证金： 借：其他货币资金——信用证保证金 　　贷：银行存款
	开证行交来单据： 借：在途物资 　　原材料 　　贷：其他货币资金——信用证保证金

（续表）

项目	账务处理
存出投资款	向证券公司划出资金： 借：其他货币资金——存出投资款 　　贷：银行存款
	购买股票、债券时： 借：交易性金融资产 　　贷：其他货币资金——存出投资款

（五）其他货币资金的业务举例

其他货币资金的业务举例如表 2-12 所示。

表 2-12　其他货币资金的业务举例

业务内容	账务处理
【例 7】2013 年 12 月 2 日，向银行申请开立信用卡，并存入资金 20 000 元	借：其他货币资金——信用卡存款　20 000 　　贷：银行存款　20 000
【例 8】2013 年 12 月 2 日，用信用卡结算方式支付业务招待费 3 000 元	借：管理费用——业务招待费　3 000 　　贷：其他货币资金——信用卡存款　3 000

四、实收资本

（一）实收资本的定义

实收资本是指投资人作为资本投入到企业中的各种资产的价值。所有者向企业投入的资本，在一般情况下无需偿还，可以长期周转使用。

（二）实收资本的账户设置

企业应设置“实收资本”账户，核算企业接受投资者投入的实收资本，股份有限公司应将本账户改为“股本”。本账户为所有者权益账户，借方登记实收资本的减少，贷方登记实收资本的增加。期末余额在贷方，反映企业实收资本或股本总额。本账户可按投资者进行明细核算。

（三）实收资本的来源

实收资本的来源如图 2-3 所示。

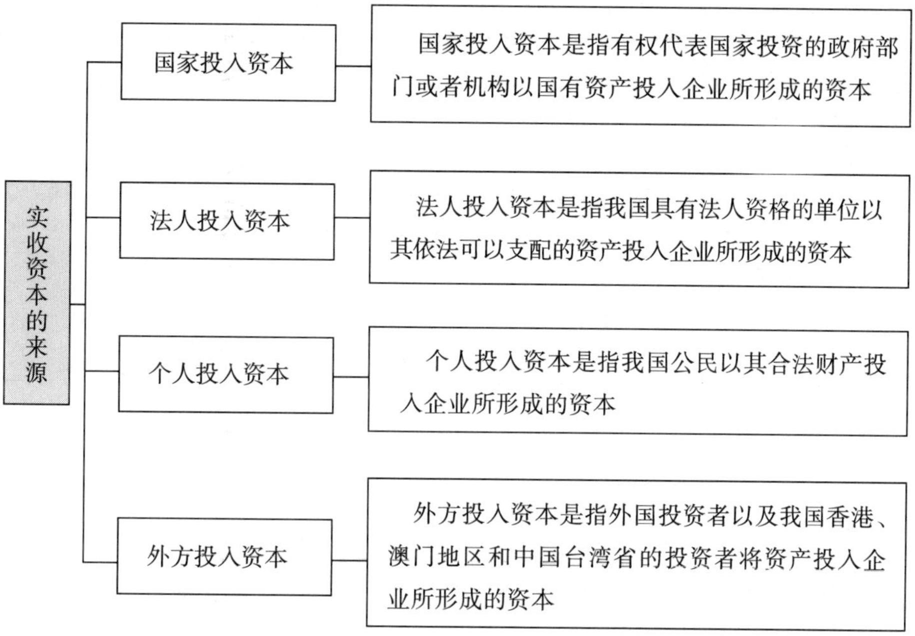

图 2-3　实收资本的来源

（四）实收资本（股本）的核算原理

实收资本的核算原理如表 2-13 所示。

表 2-13　实收资本的核算原理

业务内容	账务处理
接受以货币出资的核算	借：银行存款等（收到的金额） 　　贷：实收资本（股本）
投资者以非货币出资的核算	借：相关资产科目（按确认的价值） 　　贷：实收资本（股本）（按其在注册资本或股本中所占的份额） 　　　　资本公积——资本（股本）溢价（按其差额）
实收资本减少的核算	借：实收资本 　　贷：库存现金、银行存款等

（五）实收资本的业务举例

实收资本的业务举例如表 2–14 所示。

表 2–14　实收资本的业务举例

业务内容	账务处理
【例 9】宏泰房地产公司由甲、乙共同投资设立，原注册资本为 1 000 万元，甲、乙分别出资 510 万元、490 万元。2013 年 12 月 2 日，丙公司新加入本公司，投入后宏泰房地产公司货币资金 300 万元，经协商持股比例为 20%，投入后的注册资本为 1 250 万元	借：银行存款　　3 000 000 贷：实收资本——丙　　2 500 000 资本公积——资本溢价　　500 000

五、资本公积

（一）资本公积的定义

资本公积是指企业收到投资者的超出其在注册资本（股本）中所占份额的投资，以及直接计入所有者权益的利得和损失。

（二）资本公积的账户设置

企业应设置“资本公积”账户，用于核算企业资本公积的增减变动情况。该账户贷方核算企业资本公积增加数额，借方核算企业资本公积减少数额，期末余额在贷方，反映企业资本公积结余数额。为了反映各类不同性质的资本公积的增减变动情况，该账户应设置“资本溢价（或股本溢价）”“其他资本公积”明细账户进行明细核算。

（三）资本公积的内容

资本公积的内容如图 2–4 所示。

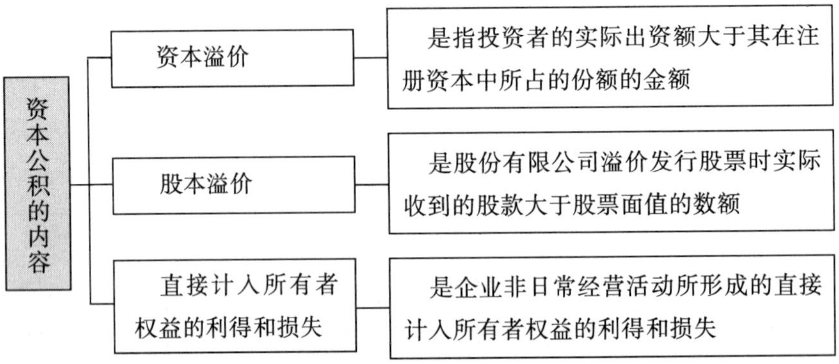

图 2–4　资本公积的内容

（四）资本公积的核算原理

资本公积的核算原理如表 2-15 所示。

表 2-15　资本公积的核算原理

业务内容	账务处理
企业收到投资者投入资金	借：银行存款、固定资产等（按实际收到的金额或确认的价值） 　贷：实收资本（按其在注册资本中所占的份额） 　　资本公积——资本溢价（按差额）
股份有限公司发行股票	借：银行存款（按实际收到的金额） 　贷：股本（按股票面值） 　　资本公积——股本溢价（按差额）
资本公积转增资本	借：资本公积 　贷：实收资本（股本）

（五）资本公积的业务举例

资本公积的业务举例如表 2-16 所示。

表 2-16　资本公积的业务举例

业务内容	账务处理
【例 10】2013 年 12 月 3 日，宏泰房地产公司接受丙投资者追加投入的固定资产，双方评估确认价值为 1 200 000 元，在注册资本中所占比例 7.41%，投入后的注册资本为 1 350 万元	借：固定资产　1 200 000 　贷：实收资本——丙　1 000 000 　　资本公积——资本溢价　200 000
【例 11】2013 年 12 月 3 日，宏泰房地产公司报经批准后，将资本公积 200 000 元转增资本。依据甲、乙、丙投资者在注册资本中所占份额确认转增的资本	借：资本公积　200 000.00 　贷：实收资本——甲　75 555.56 　　——乙　72 592.59 　　——丙　51 851.85

六、短期借款

（一）短期借款的定义

短期借款是指企业从银行或其他金融机构等借入的期限在一年内（含一年）的各种借款。

（二）短期借款的账户设置

为了总括地核算和监督短期借款的取得和偿还情况，应设置“短期借款”账户。该账户属于负债类账户，贷方登记企业取得的短期借款数额，借方登记企业偿还的短期借款本金，期末若有余额，一般在贷方，反映本企业未偿还的短期借款余额。该账户应按债权人设置明细账，并按借款种类进行明细核算。

（三）短期借款的内容

短期借款的内容如表2-17所示。

表2-17　短期借款的内容

内容	具体内涵
生产周转借款	是企业因流动资金不能满足正常生产经营需要，而向银行或其他金融机构取得的借款。办理该项借款时，企业应按有关规定向银行提出年度、季度借款计划，经银行核定后，在借款计划之内根据借款借据办理借款
临时借款	企业因季节性和临时性客观原因，正常周转的资金不能满足需要，超过生产周转借款或商品周转借款额度而借入的借款。临时借款实行“逐笔核贷”的办法，借款期限一般为3~6个月，按规定用途使用，并按核算期限归还
结算借款	在采用托收承付结算方式办理销售货款结算的情况下，企业为解决商品发出后至收到托收货款前所需要的在途资金而借入的款项。企业在发货后的规定期间内向银行托收的，可申请托收承付结算借款。借款金额通常按托收金额和商定的折扣率进行计算，大致相当于发出商品销售成本加代垫运杂费。企业的货款收回后，银行将自行扣回其借款
票据贴现借款	持有银行承兑汇票或商业承兑汇票的企业，发生经营周转困难时，可申请票据贴现借款，期限一般不超过3个月。贴现借款额一般是票据的票面金额扣除贴现息后的金额，贴现借款的利息即为票据贴现息，由银行办理贴现时先行扣除

（四）短期借款的核算原理

短期借款业务的核算原理如表 2–18 所示。

表 2–18　短期借款的核算原理

业务内容	账务处理
企业从银行或其他金融机构取得短期借款时	借：银行存款 　贷：短期借款
发生短期借款利息时	借：财务费用 　贷：应付利息
支付利息时	借：应付利息（按已预提的利息金额） 　财务费用（按应计利息） 　贷：银行存款（按应付利息总额）
企业偿还短期借款时	借：短期借款 　贷：银行存款

（五）短期借款的业务举例

短期借款的业务举例如表 2–19 所示。

表 2–19　短期借款的业务举例

业务内容	账务处理
【例 12】宏泰房地产公司于 2013 年 12 月 4 日，从银行借入短期借款 100 000 元，期限 5 个月，年利率为 4.8%，办妥手续，款已到账	借：银行存款　100 000 　贷：短期借款　100 000
【例 13】2013 年 12 月 4 日，归还上年借入的短期借款 200 000 元	借：短期借款　200 000 　贷：银行存款　200 000

七、长期借款

（一）长期借款的定义

长期借款是指企业从银行或其他金融机构借入的期限在一年以上（不含一年）的各项借款。

（二）长期借款的账户设置

为了核算企业长期借款的取得、应计利息和归还本息的情况，应设置“长期借款”账户。该账户属负债类账户，贷方登记借入长期借款的本金及应计利息，借方登记偿还长期借款的本息，期末余额在贷方，表示尚未偿还的长期借款本息。该账户应按贷款单位和贷款种类，分别设置“本金”“利息调整”等明细账户。

（三）长期借款的分类

长期借款可以按照以下不同的标准进行分类，如图 2-5 所示。

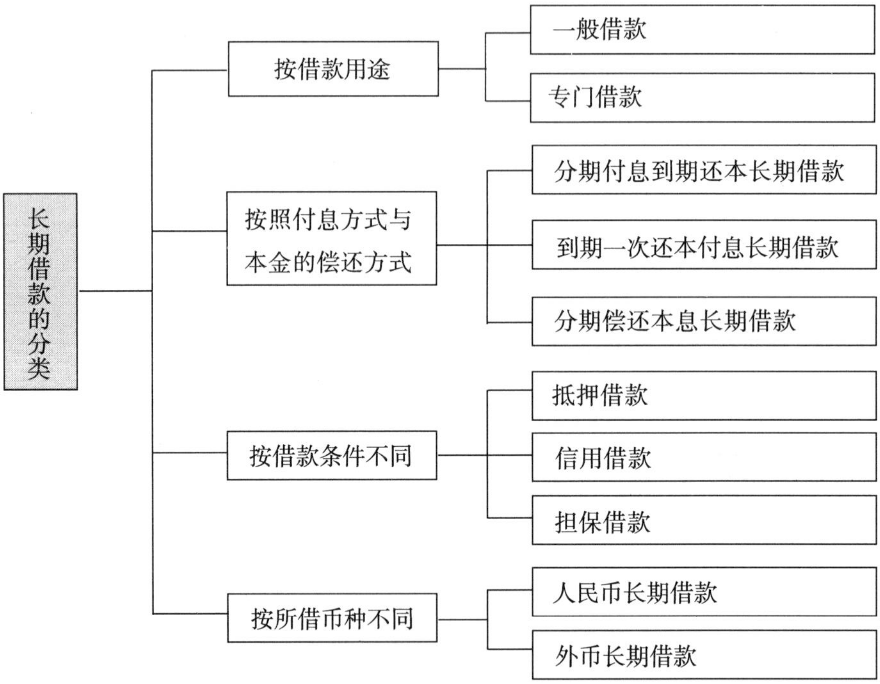

图 2-5　长期借款的分类

（四）长期借款的核算原理

长期借款的核算原理如表 2-20 所示。

表 2-20　长期借款的核算原理

业务内容	账务处理
借入长期借款时	借：银行存款 　　贷：长期借款——本金 　　　　　　　　——利息调整
每年计算利息费用时	借：在建工程、财务费用或制造费用 　　贷：应付利息（借款本金 × 合同利率） 　　　　长期借款——利息调整（差额）
归还长期借款时	借：长期借款——本金 　　在建工程、财务费用或制造费用 　　贷：长期借款——利息调整 　　　　银行存款

（五）长期借款的业务举例

长期借款的业务举例如表 2-21 所示。

表 2-21　长期借款的业务举例

业务内容	账务处理
【例 14】宏泰房地产公司于 2013 年 12 月 4 日，向银行借入长期借款 200 000 元，借款期限为 2 年，年利率为 5%，每年计息一次，到期偿还本息	借：银行存款　200 000 　　贷：长期借款——本金　200 000
【例 15】2013 年 12 月 5 日，计提上月借入借款利息 10 000 元	借：财务费用　10 000 　　贷：应付利息——应计利息　10 000
【例 16】2013 年 12 月 5 日，偿还以前年度借入的长期借款本息 550 000	借：长期借款　550 000 　　贷：银行存款　550 000

八、应付利息

（一）应付利息的定义

应付利息是指企业按照合同利率计算确认的未付利息而设置的会计科目。包括分期付息到期还本的长期借款、企业债券等应支付的利息。

（二）应付利息的账户设置

企业应设置“应付利息”账户进行总分类核算，并应当按照存款人或债权人进行明细核算。本账户期末贷方余额，反映企业按照合同约定应支付但尚未支付的利息。

（三）应付利息的核算原理

应付利息的核算原理如表 2–22 所示。

表 2–22　应付利息的核算原理

业务内容	账务处理
按照摊余成本和实际利率计算确定的利息费用	借：在建工程、财务费用、研发支出等 　贷：应付利息
实际支付时	借：应付利息 　贷：银行存款

（四）应付利息的业务举例

应付利息的业务举例如表 2–23 所示。

表 2–23　应付利息的业务举例

业务内容	账务处理	借方金额	贷方金额
【例 17】2013 年 12 月 6 日，支付本季度短期借款利息	借：应付利息 　财务费用 　贷：银行存款	800 400	 1 200
【例 18】2013 年 12 月 6 日，以银行存款偿还以前年度短期借款本息	借：短期借款 　应付利息 　贷：银行存款	100 000	 800 100 800

第三章　投资业务的核算

一、交易性金融资产

（一）交易性金融资产的定义

交易性金融资产是指企业为了近期内出售或短期获利而持有的金融资产，例如，企业以赚取差价为目的从二级市场上购入的股票、债券、基金等。交易性金融资产通常具有较强的变现能力、流动性强且企业持有的目的是为了从其价格的短期波动中获利的特点。

（二）交易性金融资产的确认

交易性金融资产的确认条件如表 3–1 所示。

表 3–1　交易性金融资产的确认

名称	内容
交易性金融资产的确认	取得该金融资产的目的主要是为了近期内出售，如企业以赚取差价为目的从二级市场购入的股票、债券、基金等
	属于进行集中管理的可辨认金融工具组合的一部分，且有客观证据表明企业近期采用短期获利方式对该组合进行管理，如企业基于投资策略和风险管理的需要，将某些金融资产进行组合从事短期获利活动
	属于衍生工具，如国债期货、远期合同、股指期货等，其公允价值变动大于零时，应将其变动金额确认为交易性金融资产。但是，如果衍生工具被指定为有效套期关系中的套期工具，那么，该衍生工具初始确认后的公允价值变动应根据其对应的套期关系的不同，采用相应的方法进行处理

（三）交易性金融资产的账户设置

为了核算交易性金融资产的取得、收取现金股利或利息、处置等业务，企业应当设置“交易性金融资产”“公允价值变动损益”“投资收益”等账户，交易性金融资产的账户设置如表 3–2 所示。

表 3–2 交易性金融资产的账户设置

科目	具体内容
交易性金融资产	本科目核算企业为交易目的所持有的债券投资、股票投资、基金投资等交易性金融资产的公允价值。企业持有的直接指定为以公允价值计量且其变动计入当期损益的金融资产也在“交易性金融资产”科目核算
	本科目的借方登记交易性金融资产的取得成本、资产负债表日其公允价值高于账面余额的差额等；贷方登记资产负债表日其公允价值低于账面余额的差额，以及企业出售交易性金融资产时结转的成本和公允价值变动损益
	企业应当按照交易性金融资产的类别和品种，分别设置“成本”“公允价值变动”等明细科目进行核算
公允价值变动损益	本科目核算企业交易性金融资产等公允价值变动而形成的应计入当期损益的利得或损失，贷方登记资产负债表日企业持有的交易性金融资产等的公允价值高于账面余额的差额；借方登记资产负债表日企业持有的交易性金融资产等的公允价值低于账面余额的差额
投资收益	本科目核算企业持有交易性金融资产等期间取得的投资收益，以及处置交易性金融资产等实现的投资收益或投资损失，贷方登记企业出售交易性金融资产等实现的投资收益；借方登记企业出售交易性金融资产等发生的投资损失

（四）交易性金融资产的核算原理

交易性金融资产的核算原理如表 3–3 所示。

表 3–3 交易性金融资产的核算原理

业务内容	账务处理
企业取得交易性金融资产	借：交易性金融资产（按其公允价值） 投资收益（按发生的交易费用） 应收利息（按已到付息期但尚未领取的利息） 或应收股利（已宣告但尚未发放的现金股利） 贷：银行存款（按实际支付的金额）

（续表）

业务内容	账务处理
持有期间收到被投资单位宣告发放的现金股利或债券利息	借：应收股利 　　应收利息 　　贷：投资收益 收到属于取得交易性金融资产支付价款中包含的已宣告发放的现金股利或债券利息： 借：银行存款 　　贷：应收股利或应收利息
交易性金融资产的期末计量	交易性金融资产的公允价值高于其账面余额的差额： 借：交易性金融资产——公允价值变动 　　贷：公允价值变动损益 公允价值低于其账面余额的差额： 借：公允价值变动损益 　　贷：交易性金融资产——公允价值变动
出售交易性金融资产	借：银行存款（按实际收到的金额） 　　投资收益（按实际收到的金额与账面余额的差额） 　　贷：交易性金融资产（按该金融资产的账面余额） 　　　　投资收益（按实际收到的金额与账面余额的差额） 同时，将原计入该交易性金融资产的公允价值变动转出： 借：公允价值变动损益 　　贷：投资收益 或者， 借：投资收益 　　贷：公允价值变动损益

（五）交易性金融资产的业务举例

交易性金融资产的业务举例如表 3–4 所示。

表 3–4 交易性金融资产的业务举例

业务内容	账务处理
【例 19】12 月 6 日，宏泰房地产公司按每股 5 元的价格购入面值 1 元的股票 10 000 股，并打算在近期内出售，支付交易税费 500 元，股票购买价格中包含每股 0.2 元已宣告但尚未领取的现金股利	借：交易性金融资产——成本 48 000 投资收益 500 应收股利 2 000 贷：银行存款 50 500
【例 20】接上例，12 月 8 日，购入的股票股价升至每股 6 元	借：交易性金融资产——公允价值变动 10 000 贷：公允价值变动损益 10 000

二、投资性房地产

（一）投资性房地产的定义

投资性房地产是指为赚取租金或资本增值或两者兼有的房地产。投资性房地产业务是一种经营性活动，其主要的形式是出租建筑物、出租土地使用权，其实质是让渡资产使用权的行为，但必须能够对投资性房地产进行单独计量和出售。

（二）投资性房地产的范围

投资性房地产的范围如表 3–5 所示。

表 3–5 投资性房地产的范围

范围	内涵
已出租的土地使用权	已出租的土地使用权，是指企业通过出让或转让方式取得，并以经营租赁方式出租的土地使用权。但对于以经营租赁方式租入土地使用权再转租给其他单位的，不能确认为投资性房地产
持有并准备增值后转让的土地使用权	持有并准备增值后转让的土地使用权，是指企业通过出让或转让方式取得并准备增值后转让的土地使用权。但是，按照国家有关规定，认定的闲置土地由于其可转让性受阻，所以不属于投资性房地产。在我国实务中，企业持有并准备增值后转让的土地使用权的情况较少
	闲置土地是指土地使用者依法取得土地使用权后，未经原批准用地的人民政府同意，超过规定期限未动工开发建设的建设用地

（续表）

范 围	内 涵
已出租的建筑物	已出租的建筑物，是指企业拥有产权并以经营租赁方式出租的房屋等建筑物。包括自行建造或开发活动完成用于出租的建筑物
	企业将建筑物出租，按租赁协议还向承租人提供诸如保安、维修等相关辅助服务，但这些辅助服务在整个协议中并不重大，企业应当将建筑物确认为投资性房地产

（三）不属于投资性房地产的项目

不属于投资性房地产的项目如表 3–6 所示。

表 3–6　不属于投资性房地产的项目

名 称	具 体 内 容
不属于投资性房地产的项目	自用房地产，即为生产商品、提供劳务或者经营管理而持有的房地产，包括自用建筑物（固定资产）和自用土地使用权（无形资产）。企业自行经营的旅馆饭店，出租给本企业职工居住的宿舍，均属于自用房地产
	作为存货的房地产，通常指房地产开发企业在正常经营过程中销售的或为销售而正在开发的商品房和土地
	需要说明的是，投资性房地产应当能够单独计量和出售。若某项房地产，部分用于赚取租金或资本增值，部分自用（即用于生产商品、提供劳务或经营管理），能够单独计量和出售的、用于赚取租金或资本增值的部分，应当确认为投资性房地产；否则仍应当确认为自用房地产（固定资产或无形资产）

（四）投资性房地产的确认

将某个项目确认为投资性房地产，只有在符合投资性房地产定义的前提下，同时满足下列条件的，才能确认为投资性房地产。投资性房地产的确认如图 3–1 所示。

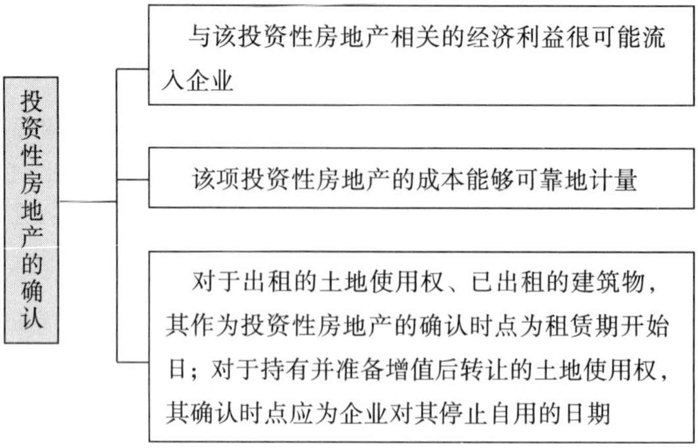

图 3-1　投资性房地产的确认

（五）投资性房地产的账户设置

企业应当设置“投资性房地产”账户核算投资性房地产的价值，包括采用成本模式计量的投资性房地产和采用公允价值模式计量的投资性房地产。企业应当按照投资性房地产类别和项目进行明细核算；投资性房地产采用公允价值模式计量的，还应当按照投资性房地产类别和项目并分别按“成本”和“公允价值变动”进行明细核算。

投资性房地产作为企业主营业务的，应通过“主营业务收入”和“主营业务成本”账户核算相关的损益。

采用成本模式计量的投资性房地产的，其期末借方余额反映采用成本模式计量的投资性房地产的成本；采用公允价值模式计量的投资性房地产的，其期末借方余额反映采用公允模式计量的投资性房地产的公允价值。

（六）投资性房地产的核算原理

投资性房地产的核算原理如表 3-7 所示。

表 3-7　投资性房地产的核算原理

业务内容	账务处理	
外购投资性房地产	成本模式	按照取得时的实际成本： 借：投资性房地产 　　贷：银行存款
	公允价值模式	按照发生的实际成本： 借：投资性房地产——成本 　　贷：银行存款

（续表）

<table>
<tr><th>业务内容</th><th colspan="3">账务处理</th></tr>
<tr><td rowspan="2">自行建造投资性房地产</td><td colspan="2">成本模式</td><td>应按照确定的成本：
借：投资性房地产
　　贷：在建工程（或开发产品）</td></tr>
<tr><td colspan="2">公允价值模式</td><td>应按照确定的成本：
借：投资性房地产——成本
　　贷：在建工程（或开发产品）</td></tr>
<tr><td>投资者投入的投资性房地产</td><td colspan="3">按投资合同或协议约定的价值：
借：投资性房地产
　　贷：实收资本（或股本）</td></tr>
<tr><td>投资性房地产的后续计量</td><td>成本模式</td><td colspan="2">按应计提的折旧额或摊销额：
借：其他业务成本
　　贷：投资性房地产累计折旧（摊销）
取得的租金收入：
借：银行存款
　　贷：其他业务收入
确定发生减值时当计提减值准备：
借：资产减值损失
　　贷：投资性房地产减值准备</td></tr>
<tr><td>投资性房地产的后续计量</td><td>公允价值模式</td><td colspan="2">按投资性房地产的公允价值高于其账面余额的差额：
借：投资性房地产——公允价值变动
　　贷：公允价值变动损益
按投资性房地产的公允价值低于其账面余额的差额：
借：公允价值变动损益
　　贷：投资性房地产——公允价值变动</td></tr>
<tr><td>投资性房地产的转换</td><td>投资性房地产转为自用房地产</td><td>成本模式</td><td>借：固定资产、无形资产
　　贷：投资性房地产
按已计提的折旧或摊销：
借：投资性房地产累计折旧（摊销）
　　贷：累计折旧（或累计摊销）
原已计提减值准备的：
借：投资性房地产减值准备
　　贷：固定资产减值准备（或无形资产减值准备）</td></tr>
</table>

（续表）

<table>
<tr><th>业务内容</th><th colspan="3">财务处理</th></tr>
<tr><td rowspan="5">投资性房地产的转换</td><td>投资性房地产转为自用房地产</td><td>公允价值模式</td><td>借：固定资产或无形资产（按该项投资性房地产的公允价值）
投资性房地产——公允价值变动（减少）
公允价值变动损益（按其差额）
贷：投资性房地产——成本（按该项投资性房地产的成本）
投资性房地产——公允价值变动
公允价值变动损益（按其差额）</td></tr>
<tr><td rowspan="2">自用房地产转为投资性房地产</td><td>成本模式</td><td>应按其账面余额：
借：投资性房地产
贷：固定资产或无形资产
按已计提的折旧或摊销：
借：累计摊销或累计折旧
贷：投资性房地产累计折旧（摊销）
原已计提减值准备的：
借：固定资产减值准备或无形资产减值准备
贷：投资性房地产减值准备</td></tr>
<tr><td>公允价值模式</td><td>借：投资性房地产——成本（按转换日的公允价值）
累计摊销或累计折旧（已计提的累计摊销或累计折旧）
无形资产减值准备
固定资产减值准备
公允价值变动损益（公允价值小于账面价值的差额）
贷：固定资产（或无形资产）（按其账面余额）
资本公积——其他资本公积（公允价值大于账面价值的差额）</td></tr>
<tr><td rowspan="2">作为存货的房地产转为投资性房地产</td><td>成本模式</td><td>借：投资性房地产（存货的账面价值）
存货跌价准备（原已计提的跌价准备）
贷：开发产品（按其账面余额）</td></tr>
<tr><td>公允价值模式</td><td>借：投资性房地产——成本（转换日的公允价值）
存货跌价准备（按原已计提的跌价准备）
公允价值变动（按公允价值与账面余额的差额）
贷：开发产品等（按其账面余额）
资本公积——其他资本公积（按公允价值与账面余额的差额）</td></tr>
</table>

（续表）

业务内容	财务处理	
投资性房地产的处置	成本模式	按实际收到的金额： 借：银行存款 　　贷：其他业务收入 借：其他业务成本（按该项投资性房地产的账面价值） 　　投资性房地产累计折旧（摊销）（按已计提的折旧或摊销） 　　投资性房地产减值准备（原已计提减值准备） 　　贷：投资性房地产（按其账面余额）
	公允价值模式	借：银行存款（按实际收到的金额） 　　贷：其他业务收入 借：其他业务成本（按投资性房地产的账面余额） 　　投资性房地产——公允价值变动（按累计公允价值变动） 　　贷：投资性房地产——成本（按其成本） 　　　　投资性房地产——公允价值变动（按累计公允价值变动） 同时，将投资性房地产累计公允价值变动转入其他业务收入： 借：公允价值变动 　　贷：其他业务收入 或， 借：其他业务收入 　　贷：公允价值变动 若存在原转换日计入资本公积的金额： 借：资本公积——其他资本公积 　　贷：其他业务收入

（七）投资性房地产的业务举例

投资性房地产的业务举例如表 3-8 所示。

表 3-8　投资性房地产的业务举例

业务内容	账务处理
【例 21】12 月 7 日，宏泰房地产公司购入 B 公司原出租给 C 公司使用的一幢办公楼，购买价款为 450 000 元，款项已用银行存款支付。购入后不打算改变该办公楼的用途，继续出租给 C 公司使用，并采用成本模式核算	借：投资性房地产——办公楼　450 000 　　贷：银行存款　450 000

（续表）

业务内容	账务处理
【例 22】2013 年 12 月 8 日，按直线法对上月购入已确认为投资性房地产的对外出租办公楼（价值为 450 000 元）计提折旧，使用寿命为 30 年，预计净残值为 0	每月计提的折旧 = 450 000 ÷ 30 ÷ 12 = 1 250（元）。 借：其他业务成本　　1 250 　贷：投资性房地产累计折旧　　1 250
【例 23】2013 年 12 月 8 日，将上年出租的办公楼收回自用，原采用成本模式计量。当日，该办公楼账面原价 1 000 000 元，已提折旧 200 000 元，未计提减值准备，假设不考虑其他因素	借：固定资产　　1 000 000 　投资性房地产累计折旧　　200 000 　贷：投资性房地产——办公楼　　1 000 000 　　累计折旧　　200 000
【例 24】2013 年 12 月 8 日，公司决定将采用成本模式核算的某投资性办公楼出售，收到价款 1 000 000 元。出售时，该投资性房地产的成本是 500 000 元，已计提折旧 20 000，未计提减值准备，假设不考虑其他因素	取得收入时： 借：银行存款　　1 000 000 　贷：其他业务收入　　1 000 000 结转成本时： 借：其他业务成本　　480 000 　投资性房地产累计折旧　　20 000 　贷：投资性房地产——办公楼　　500 000

三、长期股权投资

（一）长期股权投资的定义

长期股权投资是指通过投资取得被投资单位的股权且不准备随时出售的投资，从而使投资企业成为被投资企业的股东，按其所持股份的比例享有被投资单位权益并承担责任。

（二）长期股权投资的内容

长期股权投资的内容如图 3-2 所示。

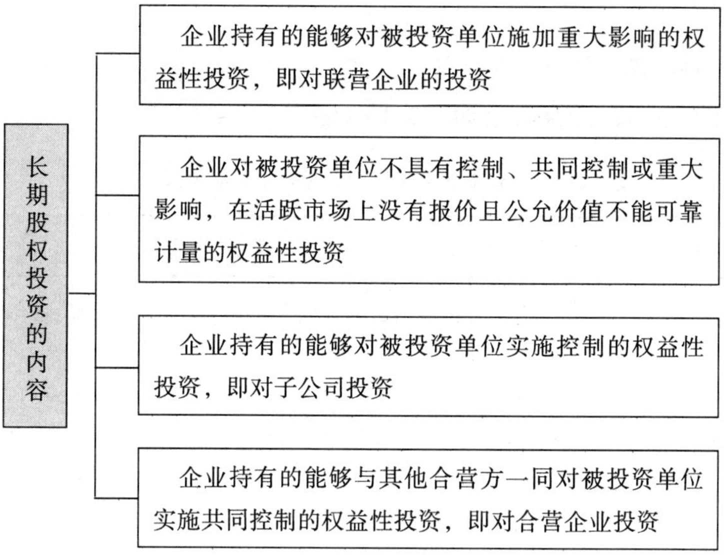

图 3-2　长期股权投资的内容

（三）长期股权投资的核算方法

长期股权投资的核算方法有两种：一是成本法，二是权益法。长期股权投资的核算方法如表 3-9 所示。

表 3-9　长期股权投资的核算方法

方法	定义	适用范围
成本法	成本法是指投资按成本计价的方法，成本不变，投资的账面价值也不变	企业能够对被投资单位实施控制的长期股权投资，即母公司对子公司的长期股权投资
		企业对被投资单位不具有共同控制或重大影响，并且在活跃市场中没有报价、公允价值不能可靠计量的长期股权投资
权益法	权益法是指投资以初始投资成本计量后，在投资持有期间根据投资企业享有被投资单位所有者权益的份额的变动对投资的账面价值进行调整的方法	企业对被投资单位具有共同控制的长期股权投资，即企业对其合营企业的长期股权投资
		企业对被投资单位具有重大影响的长期股权投资，即企业对其联营企业的长期股权投资

（四）长期股权投资的核算原理

1. 成本法下长期股权投资的核算原理

成本法下长期股权投资的核算原理如表 3-10 所示。

表 3-10 成本法下长期股权投资的核算原理

业务内容	账务处理
取得长期股权投资	借：长期股权投资（按长期股权投资初始投资成本） 　　贷：银行存款
	如果实际支付的价款中包含有已宣告但尚未发放的现金股利或利润： 借：应收股利 　　贷：长期股权投资
持有期间被投资单位宣告发放现金股利或利润	借：应收股利 　　贷：投资收益（按应享有的部分确认为投资收益）
	属于被投资单位在取得本企业投资前实现净利润的现金股利的分配额，应作为投资成本的收回： 借：应收股利 　　贷：长期股权投资
计提长期股权投资减值准备	借：资产减值损失——计提的长期股权投资减值准备（按减少额） 　　贷：长期股权投资减值准备
长期股权投资的处置	借：银行存款（按实际收到的金额） 　　长期股权投资减值准备（按原已计提的减值准备） 　　投资收益（按其差额，出售损失） 　　贷：长期股权投资（按该长期股权投资的账面余额） 　　　　应收股利（按尚未领取的现金股利或利润） 　　　　投资收益（按其差额，出售收益）

2. 权益法下长期股权投资的核算原理

权益法下长期股权投资的核算原理如表 3-11 所示。

表 3–11　权益法下长期股权投资的核算原理

业务内容	账务处理
取得长期股权投资	取得长期股权投资时，初始投资成本大于投资时应享有被投资单位可辨认净资产公允价值份额的，不调整长期股权投资的初始投资成本： 借：长期股权投资——成本 　　贷：银行存款
	初始投资成本小于投资时应享有被投资单位可辨认净资产公允价值份额的： 借：长期股权投资——成本 　　贷：银行存款 　　　　营业外收入（按其差额）
持有期间被投资单位宣告发放现金股利或利润	投资企业应按照被投资单位宣告分派的利润或现金股利计算应分得的部分，相应减少长期股权投资的账面价值： 借：应收股利 　　贷：长期股权投资——损益调整
持有期间被投资单位实现净损益	按应享有的被投资单位实现的净收益的份额，确认投资收益并调整长期股权投资的账面价值： 借：长期股权投资——损益调整 　　贷：投资收益
	投资企业确认被投资单位发生的净亏损： 借：投资收益 　　贷：长期股权投资——损益调整
投资期间被投资单位所有者权益的其他变动	在持股比例不变的情况下，企业按持股比例计算应享有的部分，调整长期股权投资的账面价值，同时增加或减少资本公积： 借：长期股权投资——其他权益变动 　　贷：资本公积——其他资本公积 或， 借：资本公积——其他资本公积 　　贷：长期股权投资——其他权益变动

（续表）

业务内容	账务处理
长期股权投资的处置	借：银行存款（按实际收到的金额） 　　长期股权投资减值准备（按原已计提的减值准备） 　　投资收益（按其差额；销售损失） 　　贷：长期股权投资（按该长期股权投资的账面余额） 　　　　应收股利（按尚未领取的现金股利或利润） 　　　　投资收益（按其差额；销售收益）
	同时结转原计入资本公积的相关金额： 借：资本公积——其他资本公积 　　贷：投资收益 或者， 借：投资收益 　　贷：资本公积——其他资本公积

（六）长期股权投资业务举例

长期股权投资业务举例如表 3-12 所示。

表 3-12　长期股权投资业务举例

业务内容	账务处理
【例 25】2013 年 12 月 9 日，宏泰房地产公司购买 B 公司发行的股票 40 000 股准备长期持有，从而拥有其 3% 的股份。每股买入价位 5 元，每股价格中包含 0.2 元的已宣告发放的现金股利。另外，购买该股票时发生有关税费 5 000 元	借：长期股权投资　197 000 　　应收股利　8 000 　　贷：银行存款　205 000
【例 26】2013 年 12 月 9 日，将作为长期股权投资的某公司的股票 10 000 股，以每股 10 元的价格出售（买入价 8 元），支付相关税费 1 000 元，取得不含税销售收入 99 000 元，该长期股权投资的账面价值为 90 000 元，未计提减值准备。款项收到存入银行	借：银行存款　99 000 　　贷：长期股权投资　90 000 　　　　投资收益　9 000

四、持有至到期投资

（一）持有至到期投资的定义

持有至到期投资，是指到期日固定、回收金额固定或可确定，且企业有明确意图和能力持有至到期的非衍生金融资产。通常情况下，能够划分为持有至到期投资的金融资产，主要是债权性投资，比如从二级市场上购入的固定利率国债、浮动利率金融债券等。股权投资因其没有固定的到期日，因而不能划分为持有至到期投资。持有至到期投资通常具有长期性质，但期限较短（一年以内）的债券投资，符合持有至到期投资条件的，也可将其划分为持有至到期投资。

（二）持有至到期投资的特征

持有至到期投资的特征如表 3–13 所示。

表 3–13　持有至到期投资的特征

特征	具体内容
该金融资产到期日固定、回收金额固定或可确定	“到期日固定、回收金额固定或可确定”是指相关合同明确了投资者在确定的期间内获得或应收取现金流量（如投资利息和本金等）的金额和时间。因此，从投资者角度看，如果不考虑其他条件，在将某项投资划分为持有至到期投资时，可以不考虑可能存在的发行方重大支付风险
企业有明确意图将该金融资产持有至到期	“有明确意图持有至到期”是指投资者在取得投资时意图就是明确的，除非遇到一些企业所不能控制、预期不会重复发生且难以合理预计的独立事项，否则将持有至到期
	存在下列情况之一的，表明企业没有明确意图将金融资产投资持有至到期： （1）持有该金融资产的期限不确定。 （2）发生市场利率变化、流动性需要变化、替代投资机会及其投资收益率变化、融资来源和条件变化、外汇风险变化等情况时，将出售该金融资产。但是，无法控制、预期不会重复发生且难以合理预计的独立事项引起的金融资产出售除外。 （3）该金融资产的发行方可以按照明显低于其摊余成本的金额清偿。 （4）其他表明企业没有明确意图将该金融资产持有至到期的情况

（续表）

特征	具体内容
企业有能力将该金融资产持有至到期	“有能力持有至到期”是指企业有足够的财务资源，并不受外部因素影响将投资持有至到期
	存在下列情况之一的，表明企业没有能力将具有固定期限的金融资产投资持有至到期： （1）没有可利用的财务资源持续地为该金融资产投资提供资金支持，以使该金融资产投资持有至到期。 （2）受法律、行政法规的限制，使企业难以将该金融资产投资持有至到期。 （3）其他表明企业没有能力将具有固定期限的金融资产投资持有至到期的情况。

（三）持有至到期投资的账户设置

企业应设置“持有至到期投资”账户，对持有至到期投资进行核算。“持有至到期投资”科目核算企业持有至到期投资的摊余成本。本账户可按持有至到期投资的类别和品种，分别设置“成本”“利息调整”“应计利息”等科目进行明细核算。

（四）持有至到期投资的核算原理

持有至到期投资的核算原理如表 3-14 所示。

表 3-14 持有至到期投资的核算原理

业务内容	账务处理
企业取得持有至到期投资	借：持有至到期投资——成本（按该投资的面值） 　　应收利息（按支付的价款中包含的已到付息期但尚未领取的利息） 　　持有至到期投资——利息调整（按其差额） 　　贷：银行存款、其他货币资金等（按实际支付的金额） 或者， 借：持有至到期投资——成本（按该投资的面值） 　　应收利息（按支付的价款中包含的已到付息期但尚未领取的利息） 　　贷：银行存款、其他货币资金等（按实际支付的金额） 　　　　持有至到期投资——利息调整（按其差额）

（续表）

业务内容	账务处理
持有至到期投资的利息	持有至到期投资为分期付息、一次还本债券投资的： 借：应收利息（按票面利率计算确定的应收未收利息） 　　贷：投资收益（按持有至到期投资摊余成本和实际利率计算确定的利息收入） 　　　　持有至到期投资——利息调整（按其差额） 或者， 借：应收利息（按票面利率计算确定的应收未收利息） 　　持有至到期投资——利息调整（按其差额） 　　贷：投资收益（按持有至到期投资摊余成本和实际利率计算确定的利息收入）
	持有至到期投资为一次还本付息债券投资的： 借：持有至到期投资——应计利息（按确定的应收未收利息） 　　贷：投资收益（按持有至到期投资摊余成本和实际利率计算确定的利息收入） 　　　　持有至到期投资——利息调整（按其差额） 或者， 借：持有至到期投资——应计利息（按确定的应收未收利息） 　　持有至到期投资——利息调整（按其差额） 　　贷：投资收益（按持有至到期投资摊余成本和实际利率计算确定的利息收入）
持有至到期投资的转换	借：可供出售金融资产（按其公允价值） 　　贷：持有至到期投资——成本 　　　　　　　　　　——利息调整 　　　　　　　　　　——应计利息（按账面原值） 　　　　资本公积——其他资本公积（按其差额） 或者， 借：可供出售金融资产（按其公允价值） 　　资本公积——其他资本公积（按其差额） 　　贷：持有至到期投资——成本 　　　　　　　　　　——利息调整 　　　　　　　　　　——应计利息（按账面原值） 已计提减值准备的，还应同时结转减值准备

（续表）

业务内容	账务处理
持有至到期投资的出售	借：银行存款 　　贷：持有至到期投资——成本 　　　　　　　　　　　——利息调整 　　　　　　　　　　　——应计利息（按其账面余额） 　　　　投资收益（按其差额） 或者， 借：银行存款 　　投资收益（按其差额） 　　贷：持有至到期投资——成本 　　　　　　　　　　　——利息调整 　　　　　　　　　　　——应计利息（按其账面余额） 已计提减值准备的，还应同时结转减值准备

（五）持有至到期投资的业务举例

持有至到期投资的业务举例如表 3-15 所示。

表 3-15　持有至到期投资的业务举例

业务内容	账务处理
【例 27】2013 年 12 月 9 日，宏泰房地产公司支付价款 20 000 元（交易费）从活跃市场上购入某公司 2 年期债券，面值 21 000 元，票面利率为 5%，按年支付利息，本金最后一年支付。该债券实际利率为 6%	借：持有至到期投资——成本　21 000 　　贷：银行存款　20 000 　　　　持有至到期投资——利息调整　1 000
【例 28】2013 年 12 月 9 日，宏泰房地产公司上年购入的持有至到期投资（分期付息，一次还本）到期确认并收到利息： 实际利息 = 18 000 × 6% = 1 080（元）； 票面利息 = 20 000 × 5% = 1 000（元）； 期末摊余成本 = 18 000 + 1 080 − 1 000 =18 080（元）	借：应收利息　1 000 　　持有至到期投资——利息调整　80 　　贷：投资收益　1 080 收到利息和本金时： 借：银行存款　19 080 　　贷：应收利息　1 000 　　　　持有至到期投资——成本　18 080

第四章 开发建设业务的核算

一、开发成本

（一）开发成本及其分类

开发成本是指房地产开发企业在开发产品过程中所发生的各项费用支出。开发成本按其经济用途可以分为以下几类，如表 4–1 所示。

表 4–1　开发成本的分类

分类	具体内容
土地开发成本	指房地产开发企业开发土地（即建设场地）所发生的各项费用支出
房屋开发成本	指房地产开发企业开发各种房屋（包括商品房、出租房、代建房等）所发生的各项费用支出
配套设施开发成本	指房地产开发企业开发能有偿转让的大型配套设施及不能有偿转让、不能直接计入开发产品成本的公共配套设施所发生的各项费用支出
代建工程开发成本	指房地产开发企业接受委托单位的委托，代为开发除土地、房屋以外其他工程如市政工程等所发生的各项费用支出

（二）开发成本的构成

开发成本包括以下六个成本项目，如表 4–2 所示。

表 4–2　开发成本的构成

成本	具体内容
土地征用及拆迁补偿费或批租地价	因开发房地产而征用土地所发生的各项费用，包括征地费、安置费以及原有建筑物的拆迁补偿费，或采用批租方式取得土地的批租地价
前期工程费	土地、房屋开发前发生的规划、设计、可行性研究以及水文地质勘察、测绘、场地平整等费用
基础设施费	土地、房屋开发过程中发生的供水、供电、供气、排污、排洪、通讯、照明、绿化、环卫设施以及道路等基础设施费用

（续表）

成本	具本内容
建筑安装工程费	土地房屋开发项目在开发过程中按建筑安装工程施工图施工所发生的各项建筑安装工程费和设备费
配套设施费	在开发小区内发生可计入土地、房屋开发成本的不能有偿转让的公共配套设施费用，如锅炉房、水塔、居委会、派出所、幼儿园、托儿所、消防、自行车车棚、公厕等设施支出
开发间接费用	房地产开发企业内部独立核算单位及开发现场为开发房地产而发生的各项间接费用，包括现场管理机构人员工资、福利费、折旧费、修理费、办公费、水电费、劳动保护费等

（三）开发成本核算的账户设置

开发成本核算的账户设置如表 4-3 所示。

表 4-3　开发成本核算的账户设置

账户	具体内容
开发成本	“开发成本”账户是用来核算企业在土地、房屋、配套和代建工程的开发建设过程中发生的土地征用及拆迁补偿费、前期工程费、基础设施费、建筑安装费等各项费用的。本账户按开发成本的种类，如“土地开发”“房屋开发”“配套设施开发”等设置明细账，分别核算各类开发项目发生的各项费用
	当企业发生各项直接费用时，直接记入“开发成本”的借方。企业发生应由开发成本负担的间接费用，应先在“开发成本——开发间接费用”账户中归集，月末再按照一定的标准分配记入各开发成本账户的借方
开发成本——开发间接费用	“开发成本——开发间接费用”账户核算企业为开发产品而发生的各项间接费用，该账户借方登记企业发生的各项间接费用，贷方登记期末分配结转的间接费用。本账户按企业内部不同的单位开设明细账，期末无余额
	“开发成本——开发间接费用”明细账户中所归集的间接费用，根据开发建设产品的情况进行分配，假如企业从事了多种产品的开发，那么归集的间接费用应该采用适当的方法在不同的开发产品之间进行分配；如果企业只进行了一个产品的开发建设，那么所归集的间接费用直接计入该开发产品的成本

（四）土地开发成本的核算

企业开发的土地，按其经济用途可将它分为以下两种：一种是为了转让、出租而开发的商品性土地（也叫商品性建设场地），另一种是为开发商品房、出租房等房屋而开发的自用土地。前者是企业的最终开发产品，其费用支出单独构成土地的开发成本；而后者则是企业的中间开发产品，其费用支出应计入商品房、出租房等有关房屋开发成本。

1. 土地开发成本的归集

企业对于两种不同类型的建设场地的成本归集，应采用不同的方法。土地开发成本的归集如表 4–4 所示。

表 4–4 土地开发成本的归集

名称	内容
土地开发成本的归集	企业开发商品性建设场地所发生的费用，直接记入“开发成本——土地开发成本”明细账的成本项目中
	企业开发自用建设场地所发生的费用，能够分清负担对象的，直接记入该对象的“开发成本——房屋开发成本”明细账的成本项目中，不需单独核算土地开发成本
	企业开发自用建设场地所发生的费用，如果涉及两个或两个以上成本核算对象的，应先归集其发生的费用，记入“开发成本——土地开发成本”明细账的成本项目中。 待土地开发完成投入使用时，再按一定的标准将其分配计入有关房屋建筑物等开发产品成本。为了简化核算手续，对需要分配计入的不能有偿转让的公共配套设施费和开发成本——开发间接费用，可以直接计入有关商品房、出租房等开发产品成本中去，而不通过“开发成本——土地开发成本”明细账户核算

2. 土地开发成本的核算原理

土地开发成本的核算原理如表 4–5 所示。

表 4–5 土地开发成本的核算原理

业务内容	账务处理
发生土地征用及拆迁补偿费、前期工程费、基础设施费等土地开发支出时	借：开发成本——房屋开发成本 开发成本——土地开发成本 贷：银行存款 应付账款——应付工程款
企业为有偿转让而开发的商品性土地，开发完成后	借：开发产品——商品性土地 贷：开发成本——土地开发成本

（续表）

业务内容	账务处理
企业自用的建设场地，在开发完工投入使用时	借：开发成本——房屋开发成本 贷：开发成本——土地开发成本
企业自用的建设场地，开发完成后近期暂不使用的	借：开发产品——自用土地 贷：开发成本——土地开发成本

（五）房屋开发成本的核算

1. 开发房屋的种类

房屋的开发，是房地产开发企业的主要经济业务。开发企业开发的房屋，按其用途可分为以下几类：一是为销售而开发的商品房，二是为出租经营而开发的出租房，三是为安置被拆迁居民周转使用而开发的周转房。此外，有的开发企业还受其他单位的委托，代为开发如职工住宅等代建房。

2. 房屋开发成本核算对象的确认原则

房屋开发成本核算对象的确认原则如图 4–1 所示。

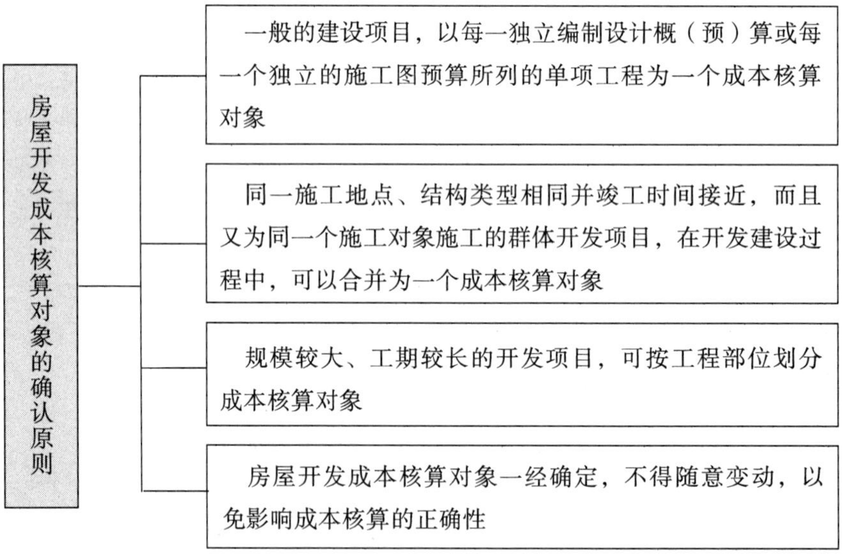

图 4–1　房屋开发成本核算对象的确认原则

3. 房屋开发成本的核算原理

房屋开发成本的核算原理如表 4–6 所示。

表 4–6　房屋开发成本的核算原理

成本项目	业务内容	账务处理
发生土地征用及拆迁补偿费	能分清成本核算对象的	借：开发成本——房屋开发成本 　贷：银行存款等
	不能分清成本核算对象的	发生土地征用及拆迁补偿费时： 借：开发成本——自用土地开发成本 　贷：银行存款等
	不能分清成本核算对象的	土地投入使用时： 借：开发成本——房屋开发成本 　贷：开发成本——自用土地开发成本
	房屋开发占用的商品性土地	发生的土地征用及拆迁补偿费时： 借：开发成本——商品性土地开发成本 　贷：银行存款等
		待土地开发完成投入使用时： 借：开发成本——房屋开发成本 　贷：开发成本——商品性土地开发成本
		如开发完成商品性土地已经转入“开发产品”科目，则在建造房屋时： 借：开发成本——房屋开发成本 　贷：开发产品
发生前期工程费	房屋开发过程中发生的规划、设计、可行性研究以及水文地质勘察、测绘、场地平整等各项前期工程支出	能分清核算对象时： 借：开发成本——房屋开发成本 　贷：银行存款等
		不能分清核算对象时： 借：开发成本——前期工程开发成本 　贷：银行存款等
		分配前期工程开发成本时： 借：开发成本——房屋开发成本 　贷：开发成本——前期工程开发成本

（续表）

成本项目	业务内容	账务处理
发生基础设施费	房屋开发过程中发生的供水、供电、供气、排污、排洪、通讯、绿化、环卫设施以及道路等基础设施支出	能分清成本核算对象的： 借：开发成本——房屋开发成本 贷：银行存款等
		不能分清成本核算对象的： 借：开发成本——基础设施开发成本 贷：银行存款
		分配基础设施开发成本时： 借：开发成本——房屋开发成本 贷：开发成本——基础设施开发成本
发生建筑安装工程费	房屋开发过程中发生的建筑安装工程支出	能分清核算对象时： 借：开发成本——房屋开发成本 贷：银行存款等
		不能分清核算对象时： 借：开发成本——建筑安装开发成本 贷：银行存款等
		分配建筑安装工程开发成本时： 借：开发成本——房屋开发成本 贷：开发成本——建筑安装开发成本

（六）配套设施开发成本的核算

1. 配套设施的分类

房地产开发企业开发的配套设施，可以分为以下两类：一类是开发小区内开发不能有偿转让的公共配套设施，如水塔、锅炉房、消防、幼托、自行车车棚等；另一类是能有偿转让的城市规划中规定的大型配套设施项目，包括：① 开发小区内营业性公共配套设施，如商店、银行、邮局等；② 开发小区内非营业性配套设施，如中小学、文化站、医院等；③ 开发项目外为居民服务的给排水、供电、供气的增容增压、交通道路等。这类配套设施，如果没有投资来源，不能有偿转让，也将它归入第一类中，计入房屋开发成本。

2. 配套设施开发成本的归集

配套设施开发成本的归集如图 4-2 所示。

配套设施开发成本的归集

- 对能分清并直接计入某个成本核算对象的第一类配套设施支出，可直接计入有关房屋等开发成本，并在“开发成本——房屋开发成本”科目中归集其发生的支出
- 对不能直接计入有关房屋开发成本的第一类配套设施支出，应先在“开发成本——配套设施开发成本”科目进行归集，于开发完成后再按一定标准分配计入有关房屋等开发成本
- 对能有偿转让的第二类配套设施支出，应在“开发成本——配套设施开发成本”科目进行归集

图 4-2　配套设施开发成本的归集

3. 配套设施开发成本的核算原理

配套设施开发成本的核算原理如表 4-7 所示。

表 4-7　配套设施开发成本的核算原理

业务内容	账务处理
企业发生各项配套设施支出	借：开发成本——配套设施开发成本 　贷：银行存款 　　应付账款——应付工程款等
对能有偿转让大型配套设施分配的开发成本——开发间接费用	借：开发成本——配套设施开发成本 　贷：开发成本——开发间接费用

（七）代建工程开发成本的核算

1. 代建工程开发成本的定义

代建工程开发成本是指开发企业接受有关单位的委托，代为开发建设的工程（或参加委托单位招标，经过投标中标后承建的开发项目）所发生的费用支出。其具体内容包括土地开发、房屋开发、市政工程开发（城市道路、基础设施、园林绿化、旅游风景区开发）等开发项目支出。

2. 代建工程开发成本的核算原理

代建工程开发成本的核算原理如表 4-8 所示。

表 4-8 代建工程开发成本的核算原理

业务内容	账务处理
发生的各项代建工程支出和对代建工程分配的开发成本、开发间接费用	借：开发成本——代建工程开发成本 贷：银行存款 应付账款——应付工程款 开发成本——开发间接费用等
开发工程竣工验收合格	借：开发产品——代建工程 贷：开发成本——代建工程开发成本

（八）开发成本的业务举例

开发成本的业务举例如表 4-9 所示。

表 4-9 开发成本的业务举例

业务内容	账务处理
【例 29】宏泰房地产公司于 2013 年 12 月 9 日，用银行存款支付土地征用及拆迁补偿费 720 万元，其中甲土地支付 320 万元，开发完成后直接用于 1 号商品房的开发项目。乙土地支付 240 万元，开发完成后 65% 的土地面积用于 2 号商品房，另外 35% 用于 3 号商品房的开发项目。丙土地支付 160 万元，开发完后将有偿转让	借：开发成本——房屋开发成本——1 号商品房 3 200 000 ——土地开发成本——乙土地 2 400 000 ——土地开发成本——丙土地 1 600 000 贷：银行存款 7 200 000
【例 30】2013 年 12 月 10 日，用银行存款支付前期工程费 24 万元，其中，水文地质勘探费 16 万元，土地开发设计费 8 万元。甲土地应负担 12 万元，乙土地应负担 8 万元，丙土地应负担 4 万元	借：开发成本——房屋开发成本——1 号商品房 120 000 ——土地开发成本——乙土地 80 000 ——土地开发成本——丙土地 40 000 贷：银行存款 240 000

（续表）

业务内容	账务处理
【例31】2013年12月10，甲土地不能有偿转让的公共设施配套水塔已竣工，实际成本120万元，工程款尚未支付	借：开发成本——房屋开发成本——1号商品房　1 200 000 　贷：应付账款——应付工程款——1号商品房　1 200 000
【例32】2013年12月10日，分配上月开发成本——开发间接费用24万元，其中，甲土地负担90 400元，乙土地应负担104 000元，丙土地负担45 600元	借：开发成本——房屋开发成本——1号商品房　90 400 　　——土地开发成本——乙土地　104 000 　　——土地开发成本——丙土地　45 600 　贷：开发成本——开发间接费用　240 000
【例33】2013年12月10日，宏泰房地产公司的以前月份投入开发的的商品性土地开发完成并验收，开发支出共计8 000 000元	借：开发产品——土地　8 000 000 　贷：开发成本——土地开发成本　8 000 000

二、无形资产

无形资产，是指企业拥有或者控制的没有实物形态的可辨认非货币性资产。

（一）无形资产的特征

无形资产的特征如表4–10所示。

表4–10　无形资产的特征

特征	具体内容
无形资产不具有实物形态	无形资产通常表现为某项专利权、某项技术或某种获取超额利润的综合能力，它们不具有实物形态，看不见，摸不着。如土地使用权、非专利技术等
无形资产属于非货币性长期资产	无形资产属于长期资产，主要是因为其能在多个生产经营周期内为企业创造经济利益。那些虽然具有无形资产的其他特征却不能在超过一个经营周期内为企业服务的资产，不属于无形资产

（续表）

特征	具体内容
无形资产具有可辨认性	能够从企业中分离或者划分出来，并能够单独出售、转让、租赁或者交换而不需要同时处置在同一获利活动中的其他资产，则说明无形资产可以辨认
	产生于合同性权利或其他法定权利，无论这些权利是否可以从企业或其他权利和义务中转移或者分离。如土地使用权，虽然不能单独分离，但土地使用权是源自合同性权利或其他法定权利，所以其是可以辨认的；再如一方通过与另一方签订特许权合同获得特许使用权、通过法律程序申请获得的商标权和专利权等

（二）无形资产的内容

无形资产可分为专利权、非专利技术、商标权、著作权、土地使用权、特许权等，无形资产的内容如表 4–11 所示。

表 4–11　无形资产的内容

内容	内涵
专利权	专利权是指国家专利主管机关依法授予发明创造专利申请人，对其发明创造在法定期限所享有的专有权利，包括实用新型专利权、外观设计专利权和发明专利权
非专利技术	非专利技术，也称专有技术，是指不为外界所知，在生产经营活动中已采用了的、不享有法律保护的、可以带来经济效益的各种技术和诀窍。非专利技术一般包括工业专有技术、商业贸易专有技术和管理专有技术等
商标权	商标权是用来辨认特定的商品或劳务的标记，是专门在某类指定的商品或产品上使用特定的名称或图案的权利
著作权	著作权又称版权，是指作者对其创作的文学、科学和艺术作品依法享有的某些特殊权利。著作权包括作品署名权、发表权、修改权和保护作品完整权，还包括复制权、发行权、展览权、摄制权等由著作权人享有的其他权利

（续表）

内容	内涵
特许权	特许权，又称经营特许权、专营权，指企业在某一地区经营或销售某种特定商品的权利，或一家企业接受另一家企业使用其商标、商号、技术秘密等的权利。特许权通常有两种形式，一是由政府机关授权，准许企业使用或在一定地区享有经营某种业务的特权，如烟草专卖权、邮电通信等专营权；二是指企业间依照签订的合同，有限期或无限期使用另一家企业的某些权利，如连锁分店使用总店的名称等
土地使用权	土地使用权，是指国家准许某企业在一定期限内对国有土地享有开发、利用、经营的权利。企业取得土地使用权的方式主要有行政划拨取得、外购取得及投资者投资取得

（三）无形资产的确认条件

无形资产的确认条件如表 4–12 所示。

表 4–12　无形资产的确认条件

确认条件	具体内容
与该无形资产有关的经济利益很可能流入企业	资产最基本的特征是产生的经济利益预期很可能流入企业，如果某一项目产生的经济利益预期不能流入企业，就不能确认为企业的资产。对无形资产的确认来说，如果某一无形资产产生的经济利益预期不能流入企业，就不能确认为企业的无形资产；如果某一无形资产产生的经济利益很可能流入企业，并同时满足无形资产确认的其他条件，那么企业应将其确认为无形资产
	要确定无形资产产生的经济利益是否很可能流入企业，应当对无形资产在预计使用寿命内可能存在的各种经济因素做出合理估计，并且应当有明确证据支持。在进行这种判断时，需要考虑相关的因素
该无形资产的成本能够可靠地计量	成本能够可靠地计量是资产确认的一项基本条件，对于无形资产来说，这个条件显得十分重要。企业自创商誉符合无形资产的定义，但自创商誉过程中发生的支出却难以计量，因而不能作为企业的无形资产予以确认

（四）无形资产的账户设置

为了核算无形资产的取得、摊销和处置等情况，企业应当设置“无形资产”“累计摊销”“无形资产减值准备”等账户，无形资产的账户设置如表 4–13 所示。

表 4–13　无形资产的账户设置

账户名称	具体内容
无形资产	本账户核算企业持有的无形资产成本的变动情况，借方登记取得无形资产的成本，贷方登记出售无形资产转出的无形资产账面余额，期末借方余额反映企业无形资产的成本。本科目应按无形资产项目设置明细账，进行明细核算
累计摊销	本账户核算企业对使用寿命有限的无形资产计提的累计摊销，属于“无形资产”的调整科目，其贷方登记企业计提的无形资产摊销，借方登记处置无形资产转出的累计摊销，期末贷方余额反映企业无形资产的累计摊销额
无形资产减值准备	本账户核算企业计提的无形资产的减值准备，属于“无形资产”的调整科目，其贷方登记企业计提的无形资产减值准备，借方登记处置无形资产转销的减值准备，期末贷方余额反映企业已计提但尚未转销的无形资产减值准备

（五）无形资产的核算原理

无形资产的核算原理如表 4–14 所示。

表 4–14　无形资产的核算原理

业务内容	账务处理
外购无形资产	借：无形资产（按实际支付的价款） 　　贷：银行存款等
自行研发无形资产	发生研发支出时： 借：研发支出——费用化支出 　　　　　　——资本化支出 　　贷：银行存款、应付职工薪酬、原材料等

（续表）

业务内容	账务处理
自行研发无形资产	企业研究开发项目达到预定用途形成无形资产时： 借：无形资产 　　贷：研发支出——资本化支出
	将费用化支出金额转入“管理费用”科目时： 借：管理费用 　　贷：研发支出——费用化支出
投资者投入无形资产	借：无形资产（按投资各方确认的价值） 　　贷：实收资本等
无形资产的摊销	借：管理费用、其他业务成本 　　贷：累计摊销
出售无形资产	借：银行存款（按实际取得的收入） 　　累计摊销（按已计提的累计摊销） 　　营业外支出（按借方差额） 　　无形资产减值准备 　　贷：无形资产（按其账面余额） 　　　　银行存款（按支付的相关费用） 　　　　应交税费（按应交的相关税费） 　　　　营业外收入（按贷方差额）
出租无形资产	取得收入时： 借：银行存款等 　　贷：其他业务收入 结转无形资产的成本、税金时： 借：其他业务成本 　　贷：累计摊销 　　　　应交税费——应交营业税
	结转应交纳的税费： 借：营业税金及附加 　　贷：应交税费——应交营业税

（六）无形资产的业务举例

无形资产的业务举例如表 4–15 所示。

表 4–15 无形资产的业务举例

业务内容	账务处理
【例 34】宏泰房地产公司于 2013 年 12 月 10 日购入一项专利权，支付价款 50 000 元，咨询费 2 000 元，款项以银行存款支付	借：无形资产 52 000 贷：银行存款 52 000
【例 35】2013 年 12 月 11 日，宏泰房地产公司将某项专利权转让给大华公司，该无形资产账面余额为 62 000 元，已摊销 10 000 元。取得转让收入 60 000 元，应交的营业税为 3 000 元	借：银行存款 60 000 累计摊销 10 000 贷：无形资产 62 000 应交税费——应交营业税 3 000 ——应交城建税 210 ——应交教育费附加 90 营业外收入——处置非流动资产利得 4 700

三、固定资产

（一）固定资产的定义

固定资产是指企业为生产商品、提供劳务、出租或经营管理而持有的、且使用寿命超过一个会计年度的有形资产。

（二）固定资产的账户设置

固定资产的账户设置如表 4–16 所示。

表 4–16 固定资产的账户设置

账户名称	具体内容
固定资产	该科目核算企业固定资产的原值，借方登记企业增加的固定资产原值，贷方登记企业减少的固定资产原值，期末借方余额反映企业期末固定资产的账面原值
在建工程	该科目核算企业基建、更新改造等在建工程发生的支出，借方登记企业各项在建工程的实际支出，贷方登记完工工程转出的成本，期末借方余额反映企业尚未达到预定使用状态的在建工程成本

（续表）

账户名称	具体内容
工程物资	该科目核算企业为在建工程而准备的各种物资的实际成本。该科目借方登记企业购入工程物资的成本，贷方登记领用工程物资的成本，期末借方余额反映企业为在建工程准备的各项物资的成本
固定资产清理	该科目核算企业因出售、报废、毁损、对外投资等原因转出的固定资产价值以及在清理过程中发生的费用等

（三）固定资产的特征

固定资产的特征如表 4–17 所示。

表 4–17　固定资产的特征

特征	具体内容
固定资产是为生产商品、提供劳务、出租或经营管理而持有的，不是为了出售的目的	企业持有的固定资产是企业的劳动工具或手段，而不是用于出售的产品。其中“出租”的固定资产，是指企业以经营租赁方式出租的机器设备类固定资产，不包括以经营租赁方式出租的建筑物，后者属于企业的投资性房地产，不属于固定资产
固定资产使用寿命超过一个会计年度	固定资产的使用寿命是指企业使用固定资产的预计期间，或者该固定资产所能生产产品或提供劳务的数量
	固定资产的使用寿命一般超过一个会计年度，使用期限较长。它能在一年以上的时间里连续多次为企业生产经营活动服务而不改变其实物形态，并为企业创造经济利益
	固定资产使用寿命超过一个会计年度，意味着固定资产属于非流动资产，随着固定资产的使用和磨损，通过计提折旧方式逐渐减少账面价值。对固定资产计提折旧，计提减值准备是对固定资产进行后续计量的重要内容
固定资产具有实物形态	固定资产一般都具有实物形态，通常表现为建筑物、房屋、机器设备、运输工具、机械、器具、工具等。这一特征将固定资产与无形资产区别开来。有些无形资产可能同时符合固定资产的其他特征，如无形资产为生产商品、提供劳务而持有，使用寿命超过一个会计年度，但是由于其没有实物形态，所以不属于固定资产

（四）固定资产的确认条件

固定资产在符合定义的前提下，应当同时满足以下两个条件，才能加以确认。固定资产的确认条件如表 4-18 所示。

表 4-18 固定资产的确认条件

确认条件	具体内容
与该固定资产有关的经济利益很可能流入企业	判断与固定资产有关的经济利益是否很可能流入企业，主要判断与该固定资产所有权相关的风险和报酬是否转移到了企业
	取得固定资产的所有权是判断与固定资产所有权相关的风险和报酬转移到企业的一个重要标志。但是，所有权是否转移，不是判断与固定资产所有权相关的风险和报酬转移到企业的唯一标志
该固定资产的成本能够可靠地计量	成本能够可靠地计量是资产确认的一项基本条件。企业在确定固定资产成本时必须取得确凿证据，但是，有时需要根据所获得的最新资料，对固定资产的成本进行合理的估计。比如，企业对于已达到预定可使用状态但尚未办理竣工决算的固定资产，需要根据工程预算、工程造价或者工程实际发生的成本等资料，按估计价值确定其成本，办理竣工决算后，再按照实际成本调整原来的暂估价值

（五）固定资产的分类

固定资产的分类如表 4-19 所示。

表 4-19 固定资产的分类

分类标准	类别	内涵
按固定资产的经济用途分类	生产经营用固定资产	生产经营用固定资产，是指直接服务于企业生产、经营过程的各种固定资产。如生产经营用的厂房、机器、设备、工具、器具等
	非生产经营用固定资产	非生产经营用固定资产，是指不直接服务于生产、经营过程的各种固定资产。如职工宿舍、食堂、浴室、娱乐场馆等使用的房屋、设备和其他固定资产

（续表）

分类标准	类别	内涵
按固定资产使用情况分类	使用中的固定资产	使用中的固定资产，是指正在使用中的经营性和非经营性固定资产。由于季节性经营和大修理等原因，停止使用的固定资产仍属于使用中的固定资产，企业出租（经营性租赁）给其他单位使用的固定资产和内部替换使用的固定资产也属于使用中的固定资产
	未使用的固定资产	未使用的固定资产，是指已经完工或已经购建的尚未正式投入使用的新增固定资产，以及经营任务变更停止使用的固定资产等
	不需用的固定资产	不需用的固定资产，是指对本企业而言多余或不适用的各种固定资产
按固定资产的所有权分类	自有固定资产	自有固定资产，是指企业拥有所有权可自由支配使用的固定资产
	租入固定资产	租入固定资产，是指企业采用租赁方式从其他单位租入的固定资产，企业对租入固定资产依照租赁合同拥有使用权，同时负有支付租金的义务，租赁期内，资产的所有权归属于出租单位

（六）固定资产的核算原理

固定资产的核算原理如表 4-20 所示。

表 4-20　固定资产的核算原理

业务内容	账务处理
购入不需要安装的固定资产	借：固定资产（买价加上相关税费） 　　贷：银行存款
购入需要安装的固定资产	借：在建工程（价款及相关税费） 　　贷：银行存款等 发生安装费用时： 借：在建工程 　　贷：银行存款、原材料等 安装完成验收后： 借：固定资产（按实际的总成本） 　　贷：在建工程

（续表）

业务内容	账务处理
自营方式建造固定资产	购入各种物资时： 借：工程物资 　　贷：银行存款等 领用物资时： 借：在建工程 　　贷：工程物资等 结算职工薪酬时： 借：在建工程 　　贷：应付职工薪酬 在建工程发生的借款费用符合资本化条件的： 借：在建工程 　　贷：长期借款、应付利息等 工程完工： 借：固定资产 　　贷：在建工程
出包方式建造固定资产	借：在建工程——建筑安装工程等 　　贷：银行存款、预付账款等 交付建造承包商建造安装时： 借：在建工程（在安装设备） 　　贷：工程物资 工程完成，按合同规定补付工程款时： 借：在建工程 　　贷：银行存款等 工程完工： 借：固定资产 　　贷：在建工程
投资者投入固定资产	借：固定资产（公允价值） 　　贷：实收资本（股本）（按在注册资本或股本中所占份额） 　　　　资本公积——资本溢价（股本溢价）（按差额）
盘盈的固定资产	借：固定资产（按同类市场价格减去价值损耗） 　　贷：以前年度损益调整

（续表）

业务内容	账务处理
盘亏的固定资产	借：营业外支出（按其账面价值） 　　累计折旧 （按已计提的折旧） 　　贷：固定资产 （按固定资产的原值）
固定资产清理	将固定资产转入清理： 借：固定资产清理（固定资产账面净值） 　　累计折旧（已计提折旧） 　　固定资产减值准备（已计提的减值准备） 　　贷：固定资产（原值） 发生清理费用： 借：固定资产清理 　　贷：银行存款 计提营业税及附加： 借：固定资产清理 　　贷：应交税费——应交营业税 　　　　　　　　——应交城建税 　　　　　　　　——应交教育费附加 收回出售固定资产的价款、残料价值和变价收入： 借：银行存款 　　原材料 　　贷：固定资产清理 应由保险公司或过失人赔偿的损失： 借：其他应收款 　　银行存款 　　贷：固定资产清理 出售固定资产所获得的净收益： 借：固定资产清理 　　贷：营业外收入——处置非流动资产收益 出售固定资产发生的净损失： 借：营业外支出——处理非流动资产损失 　　贷：固定资产清理

（七）固定资产的业务举例

固定资产的业务举例如表 4-21 所示。

表 4-21　固定资产的业务举例

业务内容	账务处理
【例 36】2013 年 12 月 11 日，宏泰房地产公司购入不需要安装的设备一台，价税合计为 23 400 元，运输费 600 元	借：固定资产　24 000 　贷：银行存款　24 000
【例 37】2013 年 12 月 11 日，宏泰房地产公司上月外包工程达到预定可使用状态并验收，工程成本 700 000 元	借：固定资产——办公楼　700 000 　贷：在建工程——办公楼　700 000

四、累计折旧

（一）折旧的定义

折旧是指在固定资产的使用寿命内，按照确定的方法对应计提的折旧额进行的系统分摊。应计折旧额，是指应当计提折旧的固定资产的原价扣除其预计净残值后的余额。如果已对固定资产计提减值准备，还应当扣除已计提的固定资产减值准备累计金额。

（二）累计折旧的账户设置

企业应设置“累计折旧”账户，核算企业固定资产的累计折旧，“累计折旧”科目属于“固定资产”的调整科目，贷方登记企业计提的固定资产折旧，借方登记处置固定资产转出的累计折旧，期末贷方余额反映企业固定资产的累计折旧额。

（三）计提折旧的注意事项

企业在对固定资产计提折旧时，应该注意的事项如图 4-3 所示。

- 计提折旧的注意事项
  - 当月增加的固定资产，当月不计提折旧，从下月起计提折旧
  - 当月减少的固定资产，当月仍计提折旧，从下月起不计提折旧
  - 固定资产提足折旧后，不论能否继续使用，均不再计提折旧，所谓提足折旧，是指已经提足该项固定资产的应计折旧额
  - 提前报废的固定资产，不再补提折旧
  - 已达到预定可使用状态但尚未办理竣工决算的固定资产，应当自达到预定可使用状态之日起，按照估计的价值计提折旧
  - 办理竣工决算后，按实际成本调整原来的暂估价值，但不需要调整原已计提的折旧额

图 4-3　计提折旧的注意事项

（四）计提折旧的方法

计提折旧的方法如图 4-4 所示。

- 计提折旧的方法
  - 直线法：是指将固定资产的应计折旧额均衡地分摊到固定资产预计使用寿命内的 种方法
  - 工作量法：是指按照固定资产预计完成的总工作量平均计提折旧的方法
  - 双倍余额递减法：是指按固定资产净值和双倍直线折旧率计提折旧的方法
  - 年数总和法：是指按固定资产应计提折旧总额和某年尚可使用年限占各年尚可使用年限总和的比重（即年折旧率）计提折旧的方法

图 4-4　计提折旧的方法

（五）计提折旧的计算公式

计提折旧的计算公式如表 4–22 所示。

表 4–22　计提折旧的计算公式

方法	计算公式
直线法	$固定资产年折旧率 = \frac{1-预计净残值}{预计使用年限} \times 100\%$
	预计净残值 = 预计残值收入 – 预计清理费用
	$预计净残值率 = \frac{预计净残值}{固定资产原值} \times 100\%$
	月折旧率 = 年折旧率 ÷12
	月折旧额 = 固定资产原值 × 月折旧率
工作量法	$单位工作量提取的折旧额 = \frac{固定资产原值-预计净残值}{预计使用年限内总工作量} = \frac{固定资产原值（1-预计净残值率）}{固定资产预计使用年限}$
	预计净残值 = 预计残值收入 – 预计清理费用
	$预计净残值率 = \frac{预计净残值}{固定资产原值} \times 100\%$
	月折旧额 = 该项固定资产当月工作量 × 单位工作量提取的折旧额
双倍余额递减法	固定资产折旧额 = 固定资产账面净值 × 年折旧率
	$年折旧率 = \frac{2}{预计使用年限} \times 100\%$
	月折旧率 = 年折旧率 ÷12
	$最后两年平均折旧额 = \frac{固定资产账面余额-净残值}{2}$

（续表）

方法	计算公式
年数总和法	$年折旧率=\dfrac{预计使用寿命-已使用年限}{预计使用寿命\times(预计使用寿命+1)\div 2}\times 100\%$ $=\dfrac{尚可使用年限}{预计使用寿命的年数总和}\times 100\%$
	年折旧额 =（固定资产原值 – 预计净残值）× 年折旧率
	月折旧率 = 年折旧率 ÷ 12
	月折旧额 =（固定资产原值 – 预计净残值）× 月折旧率

（六）累计折旧的业务举例

累计折旧的业务举例如表 4–23 所示。

表 4–23　累计折旧的业务举例

业务内容	账务处理
【例 38】2013 年 12 月 12 日，宏泰房地产公司对办公楼计提折旧 30 000 元，其中，管理部门计提折旧 10 000 元；销售部门计提折旧 10 000 元；出租的办公楼计提折旧 10 000 元	借：管理费用　10 000 　　销售费用　10 000 　　其他业务成本　10 000 　　贷：累计折旧　30 000
【例 39】2013 年 12 月 12 日，宏泰房地产公司对自用小汽车计提折旧，该小汽车原值 500 000 元，预计净残值率为 5%，预计总行驶里程为 500 000 公里，当月行驶里程为 2 500 公里	该固定资产的月折旧额计算如下： 单位里程折旧额 =（500 000–500 000 × 5%）÷ 500 000 = 0.95（元 / 公里）； 本月应计提折旧额 = 2 500 × 0.95 = 2 375（元）。 借：管理费用　2 375 　　贷：累计折旧　2 375

五、原材料

（一）原材料的定义

原材料是指房地产企业用于房地产开发经营而存放仓库的各种材料。包括主要材料、结构件、机械配件和其他材料等。

（二）原材料的种类

房地产企业原材料的种类如表 4–24 所示。

表 4–24　房地产企业原材料的种类

种类	内涵	具体内容
主要材料	指用于工程施工或产品生产并构成工程或产品实体的各种材料	包括黑色金属材料（如钢材）、有色金属材料（如钢材、铝材）、木材、硅酸盐材料（如水泥、砖瓦、石灰、砂、石等）、小五金材料、电器材料、卫生洁具、化工原料（如油漆材料等）
结构件	指经过吊装、拼砌或安装即能构成房屋建筑物实体的各种金属的、钢筋混凝土的和木质的结构物和构件	如塑钢窗、木门、钢筋混凝土预制件等
机械配件	指施工生产过程中使用的施工机械、生产设备、运输设备等替换、维修用的各种零件和配件，以及为机械设备准备的各种备品备件	如曲轴、活塞、轴承、齿轮、阀门等
其他材料	指不构成工程或产品实体，但有助于工程或产品形成或便于施工生产进行的各种材料	燃料、油料、催化剂等

（三）原材料的核算原理

原材料的核算原理如表 4–25 所示。

表 4–25　原材料的核算原理

业务内容		账务处理
取得材料的核算	结算凭证与材料同时到达	借：原材料 　贷：银行存款等 （进项税额计入材料成本，下同）
	已付款或已开出商业汇票、材料尚未到达	借：在途物资 　贷：银行存款 　　应付票据

（续表）

业务内容		账务处理
取得材料的核算	材料入库发票账单尚未到达	月末： 借：原材料 　　贷：应付账款——暂估应付账款 下月初红字冲回： 借：原材料 　　贷：应付账款——暂估应付账款 收到发票账单时： 借：原材料 　　贷：银行存款等
	预付账款方式购入材料	预付货款时： 借：预付账款 　　贷：银行存款 材料入库时： 借：原材料 　　贷：预付账款 补足预付账款时： 借：预付账款 　　贷：银行存款 退回多付预付账款时： 借：银行存款 　　贷：预付账款
取得材料的核算	投资者投入材料	借：原材料 　　贷：实收资本（股本）
	委托加工材料入库	借：原材料 　　贷：委托加工物资
	接受捐赠	借：原材料 　　贷：营业外收入

（续表）

业务内容		账务处理
发出材料的核算	开发产品领用	借：开发成本 　　贷：原材料
	销售部门领用	借：销售费用 　　贷：原材料
	管理部门领用	借：管理费用 　　贷：原材料
	在建工程领用	借：在建工程 　　贷：原材料
	材料出售	借：银行存款 　　贷：其他业务收入 月末： 借：其他业务成本 　　贷：原材料

（四）房地产企业原材料的业务举例

房地产企业原材料的业务举例如表 4-26 所示。

表 4-26　原材料的业务举例

业务内容	账务处理		
【例 40】宏泰房地产公司为增值税小规模纳税人，2013 年 12 月 13 日，采购钢材一批，取得发票上注明的价税合计为 58 500 元。发票等结算凭证已经收到，货款已用银行存款支付，采用实际成本核算	借：原材料 　　贷：银行存款	58 500	 58 500
【例 41】2013 年 12 月 13 日，开发商品房领用钢材 20 吨，成本 20 000 元；改扩建部门领用 5 吨，成本 5 000 元	借：开发成本 　　在建工程 　　贷：原材料	20 000 5 000	 25 000

六、应交税费

（一）应交税费的定义

应交税费是指房地产企业在生产经营过程中产生的应向国家缴纳的各种税费。包括营业税、城市维护建设税、土地增值税、房产税、土地使用税等。

（二）应交税费的账户设置

“应交税费”账户核算房地产开发企业按照税法等规定计算应缴纳的各种税费。该账户贷方登记企业按规定应缴纳的各种税费，借方登记企业已缴的各种税费。该账户期末如为贷方余额，反映企业尚未交纳的税费；期末如为借方余额，反映企业预交或多交的税费。该账户可按应交的税费项目进行明细核算。

（三）营业税的核算

1. 营业税的定义

营业税是指以在我国境内提供应税劳务、转让无形资产和销售不动产的行为作为课税对象所征收的一种税。

2. 营业税的应税范围

房地产企业发生营业税应税劳务主要涉及以下几个方面，如表 4-27 所示。

表 4-27　营业税的应税范围

应税范围	具体内容
转让土地使用权	转让土地使用权是指土地使用者转让土地使用权的行为，土地所有者出让土地使用权和土地使用者将土地使用权归还给土地所有者的行为，不征收营业税。土地租赁，不按本税目征税
销售不动产	销售不动产是指有偿转让不动产所有权的行为。不动产，是指不能移动，移动后会引起性质、形状改变的财产。本税目的征收范围包括：销售建筑物或构筑物，销售其他土地附着物
其他应税行为	单位将不动产无偿赠与他人，视同销售不动产
	以不动产投资入股，参与接受投资方利润分配、共同承担投资风险的行为，不征营业税。但转让该项股权，应按本税目征税

3. 营业税税额计算

$$应纳营业税税额 = 营业额 \times 税率$$

房地产企业转让土地使用权或销售不动产缴纳的营业税税率为 5%。

4. 营业税的核算原理

营业税的核算原理如表 4–28 所示。

表 4–28 营业税的核算原理

业务内容	账务处理
转让土地使用权时，按照收取的土地价款计算缴纳的营业税	借：营业税金及附加 贷：应交税费——应交营业税
预收款方式销售开发产品	按照预收款预缴营业税时： 借：应交税费——应交营业税 贷：银行存款 销售收入实现时，按照实际应交的税额： 借：营业税金及附加 贷：应交税费——应交营业税 补交营业税时： 借：应交税费——应交营业税 贷：银行存款
出租或出售无形资产	借：其他业务支出（出租无形资产） 营业外支出（出售无形资产） 贷：应交税费——应交营业税
交纳营业税	借：应交税费——应交营业税 贷：银行存款

（四）土地增值税的核算

1. 土地增值税的定义

土地增值税是对转让国有土地使用权、地上建筑物及其附着物并取得收入的单位和个人，就其转让房地产所取得的增值额征收的一种税。

2. 土地增值税应纳税额的计算

$$应纳土地增值税 = 增值额 \times 税率 - 扣除项目金额 \times 速算扣除系数$$

$$增值额 = 应税收入 - 扣除项目金额$$

（1）应税收入。

应税收入是指纳税人转让房地产取得的应税收入，包括转让房地产的全部价款及有关的经济收益。

（2）扣除项目。

税法准予纳税人从转让收入额中减除的项目包括取得土地使用权所支付的金额、房地产开发成本、房地产开发费用、与转让房地产有关的税金、其他扣除项目、旧房及建筑物的评估价格，具体如表 4–29 所示。

表 4–29　扣除项目

项目	内涵
取得土地使用权所支付的金额	房地产开发企业为取得土地使用权所支付的地价款。如果是以协议、招标和拍卖等出让方式取得土地使用权的，地价款为纳税人所支付的土地出让金；如果是以行政划拨方式取得土地使用权的，地价款为按照国家有关规定补交的土地出让金；如果是以转让方式取得土地使用权的，地价款为向原土地使用权人实际支付的地价款
	房地产开发企业在取得土地使用权时按国家统一规定缴纳的有关费用。它指纳税人在取得土地使用权过程中为办理有关手续，按国家统一规定缴纳的有关登记、过户手续费
房地产开发成本	房地产开发成本是指纳税人房地产开发项目实际发生的成本，包括土地征用及拆迁补偿费、前期工程费、建筑安装工程费、基础设施费、公共配套设施费和开发间接费等
房地产开发费用	房地产开发费用是指与房地产开发项目有关的销售费用、管理费用和财务费用
	房地产开发企业能够按转让房地产项目计算分摊利息支出，并能提供金融机构的贷款证明的，其允许扣除的房地产开发费用为：利息 +（取得土地使用权所支付的金额 + 房地产开发成本）× 5% 以内（注：利息最高不能超过按商业银行同类同期贷款利率计算的金额）
	房地产开发企业不能按转让房地产项目计算分摊利息支出或不能提供金融机构贷款证明的，其允许扣除的房地产开发费用为：（取得土地使用权所支付的金额 + 房地产开发成本）× 10% 以内

（续表）

项目	内涵
与转让房地产有关的税金	与转让房地产有关的税金是指在转让房地产时缴纳的营业税、城市维护建设税和印花税。因转让房地产缴纳的教育费附加，也可视同税金予以扣除。需要明确的是，房地产开发企业在转让房地产时缴纳的印花税列入管理费用中，因管理费用属于期间费用，是按《土地增值税暂行条例实施细则》的标准进行扣除，故在此不允许单独再扣除。非房地产开发企业纳税人缴纳的印花税（按产权转移书据所载金额的 5 ‰ 贴花）允许在此扣除
其他扣除项目	对从事房地产开发的纳税人可按《土地增值税暂行条例实施细则》第七条规定的取得土地使用权所支付的金额和房地产开发成本之和，加计 20% 扣除。此条优惠只适用于从事房地产开发的纳税人，除此之外的其他纳税人不适用

3. 土地增值税税率

土地增值税四级超率累进税率表如表 4-30 所示。

表 4-30　土地增值税税率表

级数	增值额与扣除项目金额的比率	税率	速算扣除系数（%）
1	不超过 50% 的部分	30	0
2	超过 50% 至 100% 的部分	40	5
3	超过 100% 至 200% 的部分	50	15
4	超过 200% 的部分	60	35

4. 土地增值税的核算原理

土地增值税的核算原理如表 4-31 所示。

表 4-31　土地增值税的核算原理

业务内容	账务处理
按销售房产取得的增值额和规定的税率计算土地增值税	借：营业税金及附加 　　贷：应交税费——应交土地增值税
实际缴纳土地增值税	借：应交税费——应交土地增值税 　　贷：银行存款

（五）房产税的核算

1. 房产税的定义

房产税是国家对在城市、县城、建制镇和工矿区征收的由产权所有人缴纳的一种税。

2. 房产税的计税依据

房产税依照房产原值一次减除10%至30%后的余额计算缴纳。没有房产原值为依据的，由房产所在地税务机关参考同类房产核定；房产出租的，以房产租金收入为房产税的计税依据。

3. 房产税应纳税额的计算

按房产原值一次减除10% ~ 30%后的余值计算，税率为1.2%。

$$年应纳税额 = 房产账面原值 \times (1 - 原值减除比例) \times 1.2\%$$

按租金收入计算，税率为12%。

$$年应纳税额 = 年租金收入 \times 12\%$$

4. 房产税的核算原理

房产税的核算原理如表4-32所示。

表4-32　房产税的核算原理

业务内容	账务处理
房地产企业按规定计算出应交纳的房产税时	借：管理费用 　　贷：应交税费——应交房产税
实际缴纳时	借：应交税费——应交房产税 　　贷：银行存款

（六）城镇土地使用税的核算

1. 城镇土地使用税的定义

土地使用税是国家为了合理利用城镇土地，调节土地级差收入，提高土地使用效益，加强土地管理而征收的一种税，以纳税人实际占用的土地面积为计税依据，依照规定税额计算征收。

2. 城镇土地使用税的计税依据

城镇土地使用税以纳税人实际占用的土地面积为计税依据，土地面积计量标准为每平方米，即税务机关根据纳税人实际占用的土地面积，按照规定的税额计算应纳税额，向纳税人征收土地使用税。

纳税人实际占用的土地面积按下列办法确定，如图 4-5 所示。

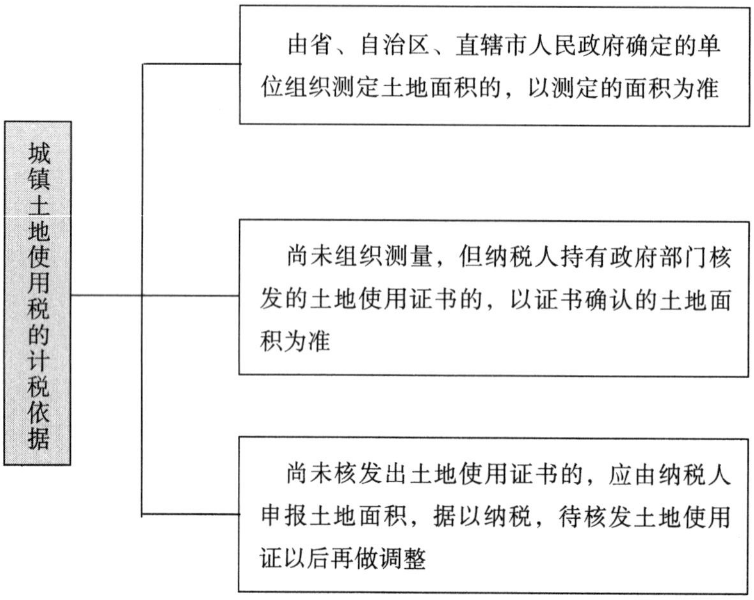

图 4-5　城镇土地使用税计税依据

3. 城镇土地使用税的税率

城镇土地使用税采用定额税率，即采用有幅度的差别税额，按大、中、小城市和县城、建制镇、工矿区分别规定每平方米土地使用税年应纳税额。城镇土地使用税税率表如表 4-33 所示。

表 4-33　城镇土地使用税税率表

级别	人口（万人）	每平方米税额（元）
大城市	50 以上	1.5 ~ 30
中等城市	20 ~ 50	1.2 ~ 24
小城市	20 以下	0.9 ~ 18
县城、建制镇、工矿区		0.6 ~ 12

4. 城镇土地使用税的核算原理

城镇土地使用税的核算原理如表 4-34 所示。

表 4-34　城镇土地使用税的核算原理

业务内容	账务处理
销售型物业模式的房地产企业	计算应交土地使用税时： 借：管理费用 　　贷：应交税费——应交城镇土地使用税 实际缴纳时： 借：应交税费——应交城镇土地使用税 　　贷：银行存款
对于经营性物业模式的房地产企业，企业生产经营自用的土地应缴纳的城镇土地税	计算应交土地使用税时： 借：管理费用 　　贷：应交税费——应交城镇土地使用税 实际缴纳时： 借：应交税费——应交城镇土地使用税 　　贷：银行存款
企业的出租物业所占用的土地应缴纳的城镇土地税	计算应交土地使用税时： 借：营业税金及附加 　　贷：应交税费——应交城镇土地使用税 实际缴纳时： 借：应交税费——应交城镇土地使用税 　　贷：银行存款

（七）城市维护建设税的核算

1. 城市维护建设税的定义

为了加强城市的建设维护，扩大和稳定城市的建设维护资金的来源，国家开征了城市维护建设税。城市维护建设税是根据纳税义务人实际缴纳的消费税、增值税、营业税的税额和实用的税率计算确定。

2. 城市维护建设税的税率

纳税人所在地在市区的，税率为 7%。
纳税人所在地在县城、镇的，税率为 5%。
纳税人所在地不在市区、县城或镇的，税率为 1%。

3. 城市维护建设税应纳税额的计算

应纳税额 = 计税依据 × 税率
　　　　 = 实际缴纳的增值税、消费税、营业税之和 × 税率

4. 城市维护建设税的核算原理

城市维护建设税的核算原理如表 4–35 所示。

表 4–35 城市维护建设税的核算原理

业务内容	账务处理
企业按规定计算出城市维护建设税	借：营业税金及附加 贷：应交税费——应交城市维护建设税
实际缴纳	借：应交税费——应交城市维护建设税 贷：银行存款

（八）教育费附加的核算

1. 教育费附加的定义

教育费附加是以单位和个人缴纳的增值税、消费税、营业税税额为计算依据征收的一种附加费。教育费附加名义上是一种专项资金，但实质上具有税的性质。

2. 教育费附加的征收范围及计税依据

教育费附加对缴纳增值税、消费税、营业税的单位和个人征收，以其实际缴纳的增值税、消费税和营业税税额为计税依据，分别与增值税、消费税和营业税同时缴纳。

3. 教育费附加的征收比率及应纳税额额的计算

教育费税加的征收比率为 3%，地方教育费附加的征收比率为 2%。

应纳教育费附加 =（实际缴纳的增值税额 + 实际缴纳的消费税额 + 实际缴纳的营业税额）× 征收比率

4. 教育费附加的核算原理

教育费附加的核算原理如表 4–36 所示。

表 4–36 教育费附加的核算原理

业务内容	账务处理
计算出应交教育费附加	借：营业税金及附加 贷：应交税费——应交教育费附加
实际缴纳	借：应交税费——应交教育费附加 贷：银行存款

（九）印花税的核算

1. 印花税的定义

印花税是对书立、领受购销合同等凭证行为征收的税种，实行由纳税人根据规定自行计算应纳税额，购买并一次贴足印花税票的缴纳方法。

2. 印花税的计税依据

印花税根据不同征税项目，分别实行从价计征和从量计征两种征收方法。

从价计税情况下计税依据的确定实行从价计税的凭证，以凭证所载金额为计税依据。印花税的计税依据如表 4–37 所示。

表 4–37　计税依据

项目	内涵
从价计税的计税依据	购销合同的计税依据为购销金额，不得做任何扣除，特别是调剂合同和易货合同，均应包括调剂、易货的全额
	加工承揽合同的计税依据是加工或承揽收入的金额
	建设工程勘察设计合同的计税依据为勘察、设计收取的费用（即勘察、设计收入）
	建筑安装工程承包合同的计税依据为承包金额，不得剔除任何费用。如果施工单位将自己承包的建设项目再分包或转包给其他施工单位，其所签订的分包或转包合同，仍应按所载金额另行贴花
	财产租赁合同的计税依据为租赁金额（即租金收入）
	货物运输合同的计税依据为取得的运输费金额（即运费收入），不包括所运货物的金额、装卸费和保险费等
	仓储保管合同的计税依据为仓储保管的费用（即保管费收入）
	借款合同的计税依据为借款金额
	财产保险合同的计税依据为支付（收取）的保险费金额，不包括所保财产的金额
	技术合同的计税依据为合同所载的价款、报酬或使用费
	产权转移书据以书据中所载的金额为计税依据
	记载资金的营业账簿，以实收资本和资本公积的两项合计金额为计税依据
	有些合同在签订时无法确定计税金额，如技术转让合同中的转让收入，是按销售收入的一定比例收取或是按实现利润分成；财产租赁合同只是规定了月（天）租金标准而无期限。对于这类合同，可在签订时先按定额 5 元贴花，以后结算时再按实际金额计税，补贴印花
从量计征的计税依据	实行从量计税的其他营业账簿和权利、许可证照，以计税数量为计税依据

3. 印花税的税率

印花税税率表如表 4–38 所示。

表 4–38 印花税税率表

税目	范围	税率	纳税人
购销合同	包括供应、预购、采购、购销结合及协作、调剂、补偿、易货等合同	按购销金额的 0.3‰ 贴花	立合同人
加工承揽合同	包括加工、定做、修缮、修理、印刷广告、测绘、测试等合同	按加工或承揽收入的 0.5‰ 贴花	立合同人
建设工程勘察设计合同	包括勘察、设计合同	按收取费用的 0.5 ‰ 贴花	立合同人
建筑安装工程承包合同	包括建筑、安装工程承包合同	按承包金额的 0.3‰ 贴花	立合同人
财产租赁合同	包括租赁房屋、船舶、飞机、机动车辆、机械、器具、设备等合同	按租赁金额的 1‰ 贴花。税额不足 1 元的，按 1 元贴花	立合同人
货物运输合同	包括民用航空运输、铁路运输、海上运输、内河运输、公路运输和联运合同	按运输收取费用的 0.5‰ 贴花	立合同人
仓储保管合同	包括仓储、保管合同	按仓储收取的保管费用的 1‰贴花	立合同人
借款合同	银行及其他金融组织和借款人所签订的借款合同	按借款金额的 0.05‰ 贴花	立合同人
财产保险合同	包括财产、责任、保证、信用等保险合同	按收取的保险费收入的 1‰ 贴花	立合同人
技术合同	包括技术开发、转让、咨询、服务等合同	按所载金额的 0.3‰ 贴花	立合同人
营业账簿	生产、经营用账册	记载资金的账簿，按实收资本和资本公积的合计金额的 0.5‰ 贴花。其他账簿按件贴花 5 元	立账人

（续表）

税目	范围	税率	纳税人
产权转移书据	包括财产所有权、商标专用权、专利权、专有技术使用权等转移书据	按所载金额的 0.5‰ 贴花	立据人
权利、许可证照	包括政府部门发给的房屋产权证、工商营业执照、商标注册证、专利证、土地使用证	按件贴花 5 元	领受人

4. 印花税的核算原理

印花税的核算原理如表 4–39 所示。

表 4–39　印花税的核算原理

业务内容	账务处理
企业发生印花税业务	借：管理费用 　　贷：银行存款

（十）个人所得税的核算

1. 个人所得税的定义

个人所得税是以个人（自然人）取得的各项应税所得为征税对象所征收的一种税，是政府利用税收对个人收入进行调节的一种手段。

2. 个人所得税的征税对象

个人所得税的征税对象如表 4–40 所示。

表 4–40　个人所得税的征税对象

征税对象	具体内涵
工资、薪金所得	工资、薪金所得，是指个人因任职或受雇而取得的工资、薪金奖金、年终加薪、劳动分红、津贴、补贴等其他所得
个体工商户的生产、经营所得	个体工商户从事工业、手工业、建筑业、交通运输业、商业、饮食业、服务业、修理业以及其他行业生产、经营取得的所得

（续表）

征税对象	具体内涵
个体工商户的生产、经营所得	个人经政府有关部门批准，取得执照，从事办学、医疗、咨询以及其他有偿服务活动取得的所得
	上述个体工商户和个人取得的与生产、经营有关的各项应税所得
	其他个人从事个体工商业生产、经营取得的所得
企、事业单位的承包经营、承租经营所得	个人对企、事业单位承包、承租经营后，工商登记改变为个体工商户。这类承包、承租经营所得，实际上属于个体工商户的生产、经营所得，应按个体工商户的生产、经营所得项目征收个人所得税，不再征收企业所得税
	个人对企、事业单位承包、承租经营后，工商登记仍为企业，不论其分配方式如何，均应先按照企业所得税的有关规定缴纳企业所得税
劳务报酬所得	该项所得是指个人独立从事各种非雇佣的劳务取得的所得。具体包括个人从事设计、装潢、安装、制图、化验、测试、医疗、法律、会计、咨询、讲学、新闻、广播、翻译、审稿、书画、雕刻、影视、录音、录像、演出、表演、广告、展览、技术服务、介绍服务、经纪服务、代办服务以及其他劳务报酬等 29 项的所得
稿酬所得	该项所得是指个人因其作品以图书、报刊形式出版、发表而取得的所得。这里所说的作品，包括文学作品、书画作品、摄影作品以及其他作品
特许权使用费所得	该项所得是指个人提供专利权、商标权、著作权、非专利技术以及其他特许权的使用权取得的所得
利息、股息、红利所得	该项所得是指个人拥有债权、股权而取得的利息、股息红利所得。其中：利息一般是指存款、贷款和债券的利息。股息、红利是指个人拥有股权取得的公司、企业分红，按照一定的比率派发的每股息金，称为股息；根据公司、企业应分配的、超过股息部分的利润，按股派发的红股，称为红利
财产租赁所得	该项所得是指个人出租建筑物、土地使用权、机器设备、车船以及其他财产取得的所得
财产转让所得	该项所得是指个人转让有价证券、股权、建筑物、土地使用权、机器设备、车船以及其他财产取得的所得
偶然所得	偶然所得是指个人得奖、中奖、中彩以及其他偶然性质的所得

3. 个人所得税应纳税额的计算

个人所得税应纳税额的计算如表 4–41 所示。

表 4–41　个人所得税应纳税额的计算

<table>
<tr><th>项目</th><th>计算公式</th></tr>
<tr><td>工资、薪金所得</td><td>应纳税额 = 应纳税所得额 × 适用税率 – 速算扣除数
=（每月收入数 –3 500 元或 4 800 元）
× 适用税率 – 速算扣除数</td></tr>
<tr><td>个体工商户的生产、经营所得</td><td>应纳税额 = 应纳税所得额 × 适用税率 – 速算扣除数
=（全年收入总额 – 成本、费用以及损失）
× 适用税率 – 速算扣除数</td></tr>
<tr><td>企、事业单位的承包经营、承租经营所得</td><td>应纳税额 = 应纳税所得额 × 适用税率 – 速算扣除数
=（纳税收入总额 – 必要费用或 3 500 元）
× 适用税率 – 速算扣除数</td></tr>
<tr><td rowspan="3">劳务报酬所得</td><td>一次性收入不超过 4 000 元的：
应纳税额 = 应纳税所得额 × 适用税率
=（每次收入额 – 800）× 20%</td></tr>
<tr><td>一次性收入超过 4 000 元的：
应纳税额 = 应纳税所得额 × 适用税率
= 每次收入额 ×（1–20%）× 20%</td></tr>
<tr><td>一次性收入应纳税所得额超过 20 000 元的：
应纳税额 = 应纳税所得额 × 适用税率 – 速算扣除数
= 每次收入额 ×（1–20%）× 适用税率 – 速算扣除数</td></tr>
<tr><td rowspan="2">稿酬所得</td><td>每次收入不超过 4 000 元的：
应纳税额 = 应纳税所得额 × 适用税率 ×（1– 30%）
=（每次收入额 – 800）× 20% ×（1–30%）</td></tr>
<tr><td>每次收入超过 4 000 元的：
应纳税额 = 应纳税所得额 × 适用税率 ×(1–30%)
= 每次收入额 ×（1–20%）× 20% ×（1–30%）</td></tr>
</table>

（续表）

项目	计算公式
特许权使用费所得	每次收入不超过 4 000 元的： 应纳税额 = 应纳税所得额 × 适用税率 =（每次收入额 − 800）× 20%
	每次收入超过 4 000 元的： 应纳税额 = 应纳税所得额 × 适用税率 = 每次收入额 ×（1−20%）× 20%
财产租赁所得	每次（月）收入不超过 4 000 元的： 应纳税额 = [每次（月）收入额 − 准予扣除项目 − 修缮费用（800 元为限）− 800 元] × 税率
	每次（月）收入超过 4 000 元的： 应纳税额 = [每次（月）收入额 − 准予扣除项目 − 修缮费用（800 元为限）] ×（1−20%）× 税率
利息、股息、红利所得、财产转让所得、偶然所得	应纳税额 = 应纳税所得额 × 适用税率 = 每次收入额 × 20%

4. 个人所得税税率

个人所得税税率表如表 4−42 至 4−44 所示。

表 4−42　工资、薪金所得税适用税率表

级数	全月应纳税所得额	税率（%）	速算扣除数（元）
1	不超过 1 500 元的	3	0
2	超过 1 500 ~ 4 500 元的部分	10	105
3	超过 4 500 元 ~ 9 000 元的部分	20	555
4	超过 9 000 元 ~ 35 000 元的部分	25	1 005
5	超过 35 000 元 ~ 55 000 元的部分	30	2 755
6	超过 55 000 元 ~ 80 000 元的部分	35	5 505
7	超过 80 000 元的部分	45	13 505

表 4-43　个体工商户、承包户生产经营所得适用的税率表

级数	全年应纳税所得额	税率（%）	速算扣除数（元）
1	不超过 5 000 元的	5	0
2	超过 5 000 元 ~ 10 000 元的	10	250
3	超过 10 000 元 ~ 30 000 元的	20	1 250
4	超过 30 000 元 ~ 50 000 元的	30	4 250
5	超过 50 000 元的	35	6 750

表 4-44　劳务报酬所得适用的税率表

级数	全月应纳税所得额	税率（%）	速算扣除数（元）
1	不超过 20 000 元的部分	20	0
2	超过 20 000 元 ~ 50 000 元的部分	30	2 000
3	超过 50 000 元的部分	40	7 000

5. 个人所得税的核算原理

个人所得税核算原理如表 4-45 所示。

表 4-45　个人所得税的核算原理

业务内容	账务处理
从工资中代扣个人所得税	借：应付职工薪酬——工资 　　贷：应交税费——应交个人所得税
实际缴纳个人所得税	借：应交税费——应交个人所得税 　　贷：银行存款

（十一）应交税费的业务举例

应交税费的业务举例如表 4-46 所示 。

表 4-46　应交税费的业务举例

业务内容	账务处理
【例 42】2013 年 12 月 14 日，宏泰房地产公司上月发生应纳税收入 37 800 000 元，交纳上月计提的营业税 1 890 000 元	借：应交税费——应交营业税　　1 890 000 　　贷：银行存款　　1 890 000

（续表）

业务内容	账务处理
【例 43】2013 年 12 月 14 日，宏泰房地产公司上月取得转让收入 3 700 万元，公司按税法规定缴纳了有关税金（营业税税率为 5%，城建税为 14 万元，教育费附加为 6 万元）。为取得土地使用权而支付的地价款和按国家统一规定缴纳的有关费用为 300 万元；投入的房地产开发成本为 1 200 万元。政府规定的其他房地产开发费用的计算扣除比例为 5%。交纳上月计提的土地增值税 259.5 万元	借：应交税费——应交土地增值税 2 595 000 贷：银行存款 2 595 000
【例 44】2013 年 12 月 14 日，宏泰房地产公司本年年初，房产账面原价为 45 000 000 元（其中，医务室原值为 1 000 000 元），用原值为 6 000 000 元的房产向某公司出租，按协议规定，每月可向该公司收取固定收入 50 000 元，当地政府规定的减除率为 30%。交纳本年应交纳的房产税税额为 391 200 元	借：应交税费——应交房产税 391 200 贷：银行存款 391 200
【例 45】2013 年 12 月 14 日，宏泰房地产公司实际占用面积为 2 500 平方米，其中 500 平方米为本公司医院用地（土地使用税的单位税率为 10 元 / 平方米）。交纳本年应交纳的土地使用税 20 000 元	借：应交税费——应交土地使用税 20 000 贷：银行存款 20 000
【例 46】2013 年 12 月 14 日，交纳上月计提的城市维护建设税 132 300 元，教育费附加 56 700 元	借：应交税费——应交城市维护建设税 132 300 ——应交教育费附加 56 700 贷：银行存款 189 000
【例 47】2013 年 12 月 14 日，宏泰房地产公司上月签订产品购销合同所载金额为 4 000 万元；签订借款合同所载金额为 1 000 000 元，交纳的印花税额为 12 050 元	借：管理费用 12 050 贷：银行存款 12 050
【例 48】2013 年 12 月 14 日，交纳上月代扣个人所得税 3 000 元	借：应交税费——应交个人所得税 3 000 贷：银行存款 3 000

七、应付票据

（一）应付票据的定义

应付票据是指企业因销售商品、产品、提供劳务等而收到的商业汇票。

商业汇票是由出票人签发，委托付款人在指定日期无条件支付确定的金额给收款人或者持票人的票据。

（二）商业汇票的分类

商业汇票的分类如图 4-6 所示。

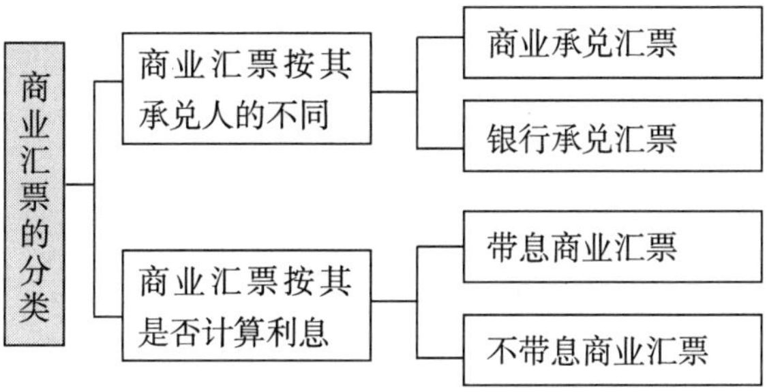

图 4-6　商业汇票的分类

（三）应付票据的账户设置

企业应设置“应付票据”账户，反映企业购买材料、商品和接受劳务等而开出商业承兑汇票的情况，该账户贷方登记开出的商业汇票面值和应计利息，借方登记支付票据的款项，期末贷方余额反映企业开出的尚未到期的应付票据本息。

（四）应付票据的核算原理

应付票据的核算原理如表 4-47 所示。

表 4-47　应付票据的核算原理

业务内容	账务处理
企业开出商业承兑汇票或以商业承兑汇票抵付货款、应付账款	借：原材料 库存商品 应付账款等 贷：应付票据
支付银行承兑汇票的手续费	借：财务费用 贷：银行存款

（续表）

业务内容	账务处理
收到银行支付到期票据的付款通知	借：应付票据 　　贷：银行存款
应付票据到期，如企业无力支付票款	商业承兑汇票： 借：应付票据 　　贷：应付账款 银行承兑汇票： 借：应付票据 　　贷：短期借款

（五）应付票据的业务举例

应付票据的业务举例如表 4–48 所示。

表 4–48　应付票据的业务举例

业务内容	账务处理
【例 49】2013 年 12 月 18 日 宏泰房地产公司开出一张面值为 58 500 元、期限为 5 个月的不带息银行承兑汇票，用以采购材料，材料价税合计为 58 500 元	材料入库时： 借：原材料　　58 500 　　贷：应付票据　　58 500

八、应付账款

（一）应付账款的定义

应付账款是指企业因购买材料、商品或接受劳务供应等业务应支付给供应者的账款。

应付账款是由于在购销活动中买卖双方取得物资与支付货款在时间上的不一致而产生的负债，其本质上属于一项商业信用，也属于购买方企业充分利用商业信用和浮游资金来缓解企业资金压力的途径之一。企业的其他应付账款，如应付赔偿款、应付租金、存入保证金等，不属于应付账款的核算内容。

（二）应付账款的账户设置

企业应设置“应付账款”总分类账户，核算应付账款业务。该账户的贷方登记企业购买材料、物资及接受劳务供应的应付但尚未付的款项；借方登记偿还的应付账款、以商业汇票抵付的应付账款；期末贷方余额表示尚未支付的应付款项。该账户应按照供应单位设置明细账，以进行明细分类核算。

（三）应付账款的核算原理

应付账款的核算原理如表 4–49 所示。

表 4–49　应付账款的核算原理

业务内容	账务处理
购入材料、商品等验收入库，但货款尚未支付	借：原材料等 　贷：应付账款
接受供应单位提供劳务而发生的应付未付款项	借：生产成本、管理费用等 　贷：应付账款
偿还应付账款或开出商业汇票抵付应付账款	借：应付账款 　贷：银行存款、应付票据等
转销确实无法支付应付账款	借：应付账款 　贷：营业外收入

（四）应付账款的业务举例

应付账款的业务举例如表 4–50 所示。

表 4–50　应付账款的业务举例

业务内容	账务处理
【例 50】2013 年 12 月 18 日，宏泰房地产公司通过托收承付结算方式购入消防器材一批，货款 50 000 元，商品已入库，款项尚未支付	借：周转材料——低值易耗品　58 500 　贷：应付账款　58 500
【例 51】2013 年 12 月 19 日，以银行存款支付上月购买材料应支付的款项 20 000 元	借：应付账款　20 000 　贷：银行存款　20 000

九、预付账款

（一）预付账款的定义

预付账款是企业按照购货合同或劳务合同规定，预先支付给供货方或提供劳务方的账款，如预付的材料、商品采购款等。

（二）预付账款的账户设置

企业应该设置“预付账款”账户，来反映预付账款的支付和结算情况。该账户是资产类账户，借方登记企业向供应方预付的货款，贷方登记企业收到所购货物时结转的预付款项，期末余额一般在借方，反映企业已经预付但尚未结算的款项；如果出现贷方余额，反映企业所购货物价款大于预付款项的差额，属于负债性质。该账户应按供货单位或个人的名称设置明细账进行核算。

（三）预付账款的核算原理

预付账款的核算原理如表 4–51 所示。

表 4–51　预付账款的核算原理

业务内容	账务处理
预付货款	借：预付账款 　　贷：银行存款
收到预购的材料或商品	借：原材料等 　　贷：预付账款
补付款项	借：预付账款 　　贷：银行存款
退回多付款项	借：银行存款 　　贷：预付账款

（四）预付账款的业务举例

预付账款的业务举例如表 4–52 所示。

表 4–52　预付账款的业务举例

业务内容	账务处理
【例 52】2013 年 12 月 19 日，宏泰房地产公司预付购买建材的订金 120 000 元	借：预付账款　120 000 　贷：银行存款　120 000
【例 53】2013 年 12 月 20 日，收到预付账款购买的建材，价款为 110 000 元，增值税 18 700 元，共计 128 700 元	借：原材料　128 700 　贷：预付账款　128 700
【例 54】2013 年 12 月 20 日，退回多余款项 1 300 元	借：预付账款　8 700 　贷：银行存款　8 700

十、开发产品

（一）开发产品的定义

开发产品是指企业已经完成全部开发建设过程，并已验收合格，符合国家建设标准和设计要求，可以按照合同规定的条件移交订购单位，或者作为对外销售、出租的产品。

（二）开发产品的账户设置

“开发产品”账户核算房地产开发企业开发产品的增加、减少及结存情况。该账户借方登记已竣工验收的开发产品的实际成本，贷方登记月末结转的已销售、转让、结算或出租的开发产品的实际成本。月末借方余额表示尚未销售、转让、结算或出租的各种开发产品的实际成本。该账户应按开发产品的种类，如土地、房屋、配套设施、代建工程和周转房等设置明细账户，并在明细账户下，按成本核算对象设置账页，一般为多栏式明细账。

（三）开发产品的内容

开发产品的内容如表 4–53 所示。

表 4–53　开发产品的内容

内容	具体内涵
土地	房地产开发企业开发的土地有两种不同的用途：一种是商品性建设场地，用来出租或有偿转让，这种建设场地属于房地产开发企业的最终产品；另一种是房地产开发企业为建设商品房、出租房、周转房而自行开发的自用建设场地，属于自用场地，不是已完工的开发产品。但是，如果企业开发完工的自用建设场地不能近期使用，可以暂时视同最终产品

（续表）

内容	具体内涵
房屋	房地产开发企业开发建设的房屋一般划分为四种用途：一是为销售而开发建设的商品房，二是为出租而开发建设的出租房，三是为安置被拆迁居民周转使用而开发建设的周转房，四是受其他单位委托代为开发建设的房屋
	房地产开发企业建设完成专为安置拆迁居民的房屋不属于开发产品，这种房屋安置后的产权属于房地产管理部门；私房及单位自管房按照大大低于商品房价格的重置价格安置给个人或单位后，其产权属于个人或单位。因此，安置房只能视为中间产品，其开发成本从理论上讲应当结转到受益工程项目开发成本的拆迁补偿费用项目内
配套设施	城市规划中的大型配套设施项目，如开发项目外为居民服务的给排水、供电、供暖、供气的增容、增压，交通道路；开发项目内的营业性公共配套设施，如银行、商店、邮局等；开发项目内非经营性配套设施，如中小学校、医院等。这一类配套设施不论是有偿转让还是房地产开发企业用于出租或经营，都应作为企业的最终产品
	开发项目内独立的非营业性公共配套设施，如锅炉房、水塔、自行车棚、托儿所、消防设施等。这一类配套设施的费用应计入商品房成本，因此，这类配套设施属于房地产开发企业的中间产品
代建工程	代建工程是指房地产开发企业受其他单位委托，代为开发建设的各种工程，包括建设场地、房屋及其他工程等

（四）开发产品的核算原理

开发产品的核算原理如表 4–54 所示。

表 4–54　开发产品的核算原理

业务内容	账务处理
开发产品竣工验收	借：开发产品 　　贷：开发成本
结转对外销售、转让和结算开发产品实际成本	借：主营业务成本 　　贷：开发产品
采用分期收款方式销售开发产品，移交开发产品或办妥销售合同	借：分期收款开发产品 　　贷：开发产品
将开发的房屋作安置拆迁居民周转使用	借：周转房 　　贷：开发产品

（续表）

业务内容	账务处理
将开发的产品用于出租	借：投资性房地产 　　贷：开发产品
按月计提出租开发产品的摊销额	月摊销率 =（1 – 估计净残值率）÷ 摊销年限 ÷ 12 月摊销额 = 出租房屋原值 × 月摊销率 借：主营业务成本 　　贷：投资性房地产——出租产品摊销
出租开发产品在租赁期间发生修理费用	借：主营业务成本 　　贷：银行存款 　　　　应付职工薪酬等
将开发的产品转为自用	借：固定资产 　　贷：开发产品

（五）开发产品的业务举例

开发产品的业务举例如表 4–55 所示。

表 4–55　开发产品的业务举例

业务内容	账务处理
【例 55】2013 年 12 月 20 日，宏泰房地产公司 2 月份开始开发的丙土地开发完成，开发总成本为 2 085 600 元	借：开发产品——丙土地　2 085 600 　　贷：开发成本——土地开发成本——丙土地 　　　　2 085 600
【例 56】2013 年 12 月 20 日，上年度开发的房屋完成，开发总成本为 10 000 000 元	借：开发产品　10 000 000 　　贷：开发成本——房屋开发成本　10 000 000
【例 57】2013 年 12 月 20 日，宏泰房地产公司将开发的一幢房屋用于营业性配套设施的商店，实际成本为 180 000 元	借：固定资产　180 000 　　贷：开发产品　180 000

（续表）

业务内容	账务处理
【例58】2013年12月20日，宏泰房地产公司采用分期收款方式出售给中信公司一幢商品房，该商品房的实际成本为3 000 000元，销售价款5 000 000元，双方签订合同规定价款分三次支付	交付房屋时： 借：分期收款开发产品——发出商品　3 000 000 　贷：开发产品——商品房　3 000 000
【例59】2013年12月20日，宏泰房地产公司以开发完成的房屋2 000平方米出租，房屋成本为4 000 000元	签订出租合同时： 借：投资性房地产——出租产品　4 000 000 　贷：开发产品　4 000 000

十一、应付职工薪酬

（一）应付职工薪酬的定义

职工薪酬是指企业为获得职工提供的服务而给予各种形式的报酬以及其他的相关支出。这里的职工是指与企业订立劳动合同的所有人员，含全职、兼职和临时职工，也包括虽未与企业订立劳动合同但由企业正式任命的人员，如董事会成员、监事会成员等。在企业的计划和控制下，虽与企业未订立劳动合同或企业未正式任命，但为企业提供与职工类似服务的人员，也纳入职工范畴，如劳务用工合同人员等。

（二）应付职工薪酬的内容

应付职工薪酬的内容如图4–7所示。

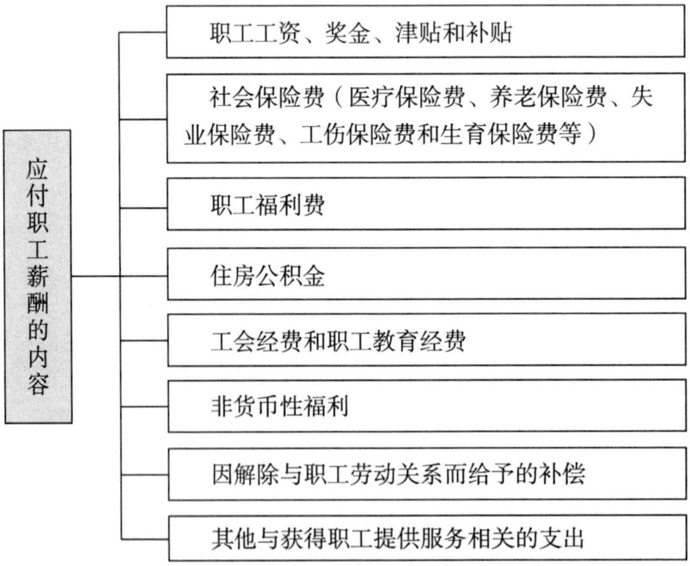

图4–7　应付职工薪酬的内容

（三）应付职工薪酬的账户设置

企业应设置“应付职工薪酬”账户，核算企业根据有关规定应付给职工的各种薪酬。该账户可按“工资”“职工福利”“社会保险费”“住房公积金”“工会经费”“职工教育经费”“非货币性福利”“辞退福利”“股份支付”等进行明细核算，并区分货币性职工薪酬和非货币性职工薪酬。

（四）应付职工薪酬的核算原理

应付职工薪酬的核算原理如表 4-56 所示。

表 4-56　应付职工薪酬的核算原理

业务内容	账务处理
职工工资的确认和发放	确认并分配职工工资： 借：开发成本——开发间接费用 　　管理费用 　　销售费用 　　在建工程 　　研发支出 　　贷：应付职工薪酬——工资 发放职工工资： 借：应付职工薪酬——工资 　　贷：银行存款等
职工福利费的确认和发放	确认并分配职工福利： 借：开发成本——开发间接费用 　　管理费用 　　销售费用 　　在建工程 　　研发支出 　　贷：应付职工薪酬——职工福利 发放职工福利： 借：应付职工薪酬——职工福利 　　贷：银行存款等

（续表）

业务内容	账务处理
工会经费和职工教育经费的计提和支付	计提并分配职工工会经费（职工教育经费）： 借：开发成本——开发间接费用 管理费用 销售费用 在建工程 研发支出 贷：应付职工薪酬——工会经费（或职工教育经费） 支付工会经费与职工教育经费： 借：应付职工薪酬——工会经费（或职工教育经费） 贷：银行存款等
社会保险与住房公积金的分配与支付	计提并分配分配社会保险费与住房公积金： 借：开发成本——开发间接费用 管理费用 销售费用 在建工程 研发支出 贷：应付职工薪酬——社会保险费（或住房公积金） 交纳社会保险或住房公积金： 借：应付职工薪酬——社会保险费（或住房公积金） 其他应付款 贷：银行存款等

（五）应付职工薪酬的业务举例

应付职工薪酬的业务举例如表 4–57 所示。

表 4–57　应付职工薪酬的业务举例

业务内容	账务处理
【例 60】宏泰有限公司于 2013 年 12 月 21 日，分配本月职工工资 100 000元。其中，开发项目现场工作人员工资 50 000 元，专设销售机构销售人员工资 30 000 元，行政管理人员工资 20 000 元	借：开发成本——开发间接费用　50 000 销售费用　30 000 管理费用　20 000 贷：应付职工薪酬——工资　100 000

（续表）

业务内容	账务处理
【例61】2013年12月21日，宏泰房地产公司对职工进行伙食补贴，12月在岗职工120人，其中，开发现场工作人员70人，销售人员30人，管理人员20人。对每一职工每月的伙食补贴为300元，本月已将补贴款支付给食堂	支付补贴款时： 借：应付职工薪酬——职工福利 36 000 贷：银行存款 36 000 对发生的职工福利进行分配： 借：开发成本——开发间接费用 21 000 销售费用 9 000 管理费用 6 000 贷：应付职工薪酬——职工福利 36 000
【例62】12月21日，宏泰房地产公司根据职工12月的工资总额的8%计提职工社会保险费，按工资总额的13%计提住房公积金	计提社会保险和住房公积金时： 借：开发成本——开发间接费用 10 500 销售费用 6 300 管理费用 4 200 贷：应付职工薪酬——社会保险费 8 000 ——住房公积金 13 000 缴纳社会保险费和住房公积金时： 借：应付职工薪酬——社会保险费 8 000 ——住房公积金 13 000 贷：银行存款 21 000
【例63】2013年12月21日，宏泰房地产公司按照12月份工资总额的2%计提工会经费，按照工资总额的2.5%计提职工教育经费	计提工会经费和职工教育经费时： 借：开发成本——开发间接费用 2 250 销售费用 1 350 管理费用 900 贷：应付职工薪酬——工会经费 2 000 ——职工教育经费 2 500
【例64】2013年12月21日，宏泰房地产公司根据12月工资总额100 000元，扣除住房公积金13 000元，社会保险费5 000元，个人所得税2 000元，实际发放工资80 000元	借：应付职工薪酬——工资 100 000 贷：应交税费——个人所得税 2 000 其他应付款——社会保险费 5 000 ——住房公积金 13 000 银行存款 80 000

第五章 转让销售业务的核算

一、主营业务收入

（一）主营业务收入的定义

主营业务收入是指从事主要经营活动所取得的收入。在企业的经营收入中，主营业务收入是主要部分，它直接影响企业的经济效益。房地产企业的主要业务是从事土地开发、房屋开发、配套设施开发和代建工程开发等，因此房地产开发企业的主营业务收入主要是房地产的经营收入，包括土地转让收入、商品房销售收入、配套设施销售收入、代建工程结算收入和投资性房地产的租金收入。

（二）主营业务收入的确认

主营业务收入的确认如表 5-1 所示。

表 5-1 主营业务收入的确认

收入	确认条件
转让、销售开发产品营业收入的确认	企业已将商品所有权上的主要风险和报酬转移给购买方。如买方已预付部分商品房价款，企业已开发建设完成，并办妥房屋产权手续、开出发票账单，说明 商品房所有权上的主要风险和报酬已转移给了购买方，可以确认营业收入
	企业既没有保留通常与所有权相联系的继续管理权，也没有对已售出的商品实施控制
	与交易相关的经济利益能够流入企业。经济利益是指直接或间接流入企业的现金或现金等价物
	相关的收入和成本能够可靠地计量
代建工程开发建造收入的确认	房地产开发企业接受委托，为其他单位代建的土地、房屋或其他工程，一般情况下应在工程竣工验收、办妥财产交接手续，并开具“代建工程价款结算账单”，经委托单位签证认可后，确认开发建造收入的实现
	如果代建工程规模较大、工期较长，在合同结果能够可靠估计的情况下，应按完工进度于每季末确认开发建造收入的实现。如果合同收入的收回存在不确定时，则不应当确认收入

（续表）

收入	确认条件
投资性房地产租金收入的确认	房地产开发企业出租开发产品，应在出租合同（或协议）规定日期收取租金后作为收入实现；合同规定的收款日期已到，租用方未付租金的，仍应视为营业收入的实现。但如果估计租金收回的可能性不大，就不应该确认收入

（三）主营业务收入的账户设置

企业应设置“主营业务收入”账户，核算房地产开发企业对外转让、销售、结算开发产品等所取得的收入。该账户贷方登记企业按规定确认的营业收入，借方登记期末结转入“本年利润”账户的营业收入。期末，该账户的余额转入“本年利润”账户后无余额。该账户应按经营收入的类别设置明细账，如“土地转让收入”“商品房销售收入”“配套设施销售收入”“代建工程结算收入”等。

（四）主营业务收入的核算原理

主营业务收入的核算原理如表 5–2 所示。

表 5–2　主营业务收入的核算原理

业务内容	账务处理
向其他单位转让土地使用权	借：银行存款等 　贷：主营业务收入——土地转让收入
对外销售商品房	借：银行存款等 　贷：主营业务收入——商品房销售收入
配套设施转让	借：银行存款等 　贷：主营业务收入——配套设施销售收入
代建工程移交	借：银行存款等 　贷：主营业务收入——代建工程结算收入
销售周转房	借：银行存款等 　贷：主营业务收入——周转房销售收入

（续表）

业务内容	账务处理
分期收款销售商品房	借：银行存款等 　贷：主营业务收入——商品房销售收入
出租房屋和土地	借：银行存款等 　贷：主营业务收入——出租商品租金收入
采用支付手续费方式委托销售商品房	确认商品销售收入时： 借：银行存款等 　贷：主营业务收入
采用视同买断方式委托销售商品房	移交代销商品房，确认销售收入： 借：应收账款 　贷：主营业务收入
面积差的核算	实测面积大于销售合同面积时，收取面积差价： 借：银行存款等 　贷：主营业务收入
	实测面积小于销售面积时，退回多交房款： 借：主营业务收入 　贷：银行存款、库存现金等

（五）销售房屋建筑面积计算公式

销售房屋建筑面积计算公式如表 5-3 所示。

表 5-3　销售房屋建筑面积计算公式

项目	计算公式
房屋销售	各套房屋“自用”建筑面积应分摊的“公用”建筑面积的分摊率 $=\dfrac{\text{该幢房屋公用面积}}{\text{该幢房屋自用建筑面积总和}}\times 100\%$
	某套出售房屋建筑面积＝该套房屋的“自用”建筑面积 ×（1＋各套房屋“自用”建筑面积应分摊的“公用”建筑面积的分摊率）

（六）主营业务收入的业务举例

主营业务收入的业务举例如表 5–4 所示。

表 5–4　主营业务收入的业务举例

业务内容	账务处理
【例 65】2013 年 12 月 22 日，宏泰房地产公司销售商品房 2 000 平方米，每平方米售价为 10 000 元；转让建设场地 100 平方米，每平方米售价为 3 000 元；移交已完成代建住宅 5 000 平方米，每平方米结算价为 3 000 元，款项收到存入银行	借：银行存款　35 300 000 　贷：主营业务收入——商品房销售收入　20 000 000 　　——土地转让收入　300 000 　　——代建工程结算收入　15 000 000
【例 66】2013 年 12 月 22 日，宏泰房地产公司采用分期收款方式出售给中信公司一幢商品房，该商品房的实际成本为 3 000 000 元；销售价款 5 000 000 元，双方签订合同规定价款分三次支付	移交房屋时，收到 50% 的款项： 借：银行存款　2 500 000 　贷：主营业务收入——商品房销售收入　2 500 000
【例 67】2013 年 12 月 22 日，宏泰房地产公司代建的某项工程全部竣工并验收合格，工程全部价款为 800 000 元，开出发票款项未收到	借：应收账款——市政工程局　800 000 　贷：主营业务收入——代建工程结算收入　800 000
【例 68】2013 年 12 月 22 日，收到上月开发完成并出租的房屋租金 20 000 元	收到租金： 借：银行存款　20 000 　贷：主营业务收入——出租商品租金收入　20 000

二、主营业务成本

（一）主营业务成本的定义

主营业务成本是指企业为获得主营业务收入而结转的成本，房地产企业的主营业务成本是企业对外转让、销售、结算和投资性房地产等应结转的成本。

（二）主营业务成本的账户设置

“主营业务成本”账户核算房地产开发企业对外转让、销售、结算开发产品等应结转的经营成本。该账户借方登记本期已对外转让、销售和结算开发产品的实际成本，贷方登记期末结转入“本年利润”账户的经营成本。期末，该账户的余额转入“本年利润”账户后无余额。该账户应按照经营成本的种类设置明细账，如“土地转让成本”“商品房销售成本”“配套设施销售成本”“代建工程结算成本”等。

（三）主营业务成本的核算原理

主营业务成本的核算原理如表 5-5 所示。

表 5-5 主营业务成本的核算原理

业务内容	账务处理
转让土地使用权成本结转	借：主营业务成本——土地转让成本 贷：开发产品——商品性土地
对外销售房屋成本结转	借：主营业务成本——商品房销售成本 贷：开发产品——房屋
转让配套设施实际成本结转	借：主营业务成本——配套设施销售成本 贷：开发产品——配套设施
移交代建工程实际成本结转	借：主营业务成本——代建工程结算成本 贷：开发产品——代建工程
结转对外销售周转房的销售成本	借：周转房——周转房摊销 主营业务成本——周转房销售成本 贷：周转房——在用周转房
分期收款开发产品销售成本的结转	某项分期收款开发产品当期应结转销售成本数额 = 该项分期收款开发产品总成本 × 该项分期收款开发产品当期收回（应收）价款 / 该项分期收款开发产品应收价款总额 借：主营业务成本 贷：分期收款开发产品
出租产品摊销，计入出租产品的经营成本	借：主营业务成本——出租产品经营成本 贷：投资性房地产——出租产品摊销
摊销出租产品修理费	借：主营业务成本——出租产品经营成本 贷：预付账款

（四）主营业务成本的业务举例

主营业务成本的业务举例如表 5-6 所示。

表 5-6　主营业务成本的业务举例

业务内容	账务处理
【例 69】2013 年 12 月 22 日，宏泰房地产公司结转本月商品房销售成本 1 000 000 元，土地转让成本 100 000 元，移交代建工程成本 750 000 元	借：主营业务成本——商品房销售成本　1 000 000 ——土地转让成本　100 000 ——代建工程结算成本　750 000 贷：开发产品——房屋　1 000 000 ——商品性土地　100 000 ——代建工程　750 000
【例 70】2013 年 12 月 22 日，结转【例 66】本月分期收款开发产品成本	本期应结转的销售成本数额 $=3\,000\,000\times\frac{2\,500\,000}{5\,000\,000}$ $=1\,500\,000$（元）。 借：主营业务成本　1 500 000 贷：分期收款开发产品　1 500 000
【例 71】2013 年 12 月 22 日，本期出租的房屋成本为 4 000 000 元，折旧年限为 50 年，净残值率为 5%，每月租金 20 000 元，本月摊销修理费用为 3 200 元	计提出租产品摊销： 每月摊销额 $= 4\,000\,000\times(1-5\%)\div(50\times12)$ $= 6\,333$（元）。 借：主营业务成本——出租产品经营成本　6 333 贷：投资性房地产——出租产品摊销　6 333 摊销修理费： 借：主营业务成本——出租产品经营成本　3 200 贷：预付账款　3 200

三、其他业务收入

（一）其他业务收入的定义

其他业务收入是指从事主营业务活动以外的其他业务活动所取得的收入。其他业务收入是主营业务收入的补充，房地产开发企业的其他业务主要包括商品房售后服务收入、材料销售收入、无形资产转让收入和固定资产出租收入等。另外，房地产开发企业还可能从事多种经营，比如有附属的商业、饮食服务业等等，从事多种经营取得的收入也应属其他业务收入的范围。

（二）其他业务收入的内容及确认

其他业务收入的内容及确认如表 5–7 所示。

表 5–7　其他业务收入的内容及确认

内容	确认条件
物业管理收入	物业管理收入，应按与业主签订合同规定的付款日期，及在提供劳务、同时收讫价款或者取得索取价款的凭证时，确认为收入实现
材料销售收入	材料销售收入，应在发出材料、同时收讫料款或者取得索取料款的凭证时，确认为收入实现
无形资产转让收入	无形资产转让收入，应在签订转让合同或协议，同时收讫转让价款或取得索取价款凭证时，确认为收入实现
固定资产出租收入	固定资产出租收入，应按出租方与承租方签订的合同或协议规定的承租方付款日期和金额，确认为租金收入实现。合同或协议规定的收款日期已到，承租方未付租金仍应视为租金收入实现

（三）其他业务收入的账户设置

企业应设置“其他业务收入”账户，核算房地产开发企业其他业务收入的实现和结转情况。该账户的贷方登记企业本期取得的各项其他业务收入，借方登记期末转入“本年利润”账户的其他业务收入。期末结转后，该账户应无余额。该账户按其他业务收入的种类设置明细账，进行明细核算。

（四）其他业务收入的核算原理

其他业务收入的核算原理如表 5–8 所示。

表 5–8　其他业务收入的核算原理

业务内容	账务处理
实现各种其他业务收入	借：银行存款、应收账款等 　　贷：其他业务收入——物业管理收入 　　　　　　　　　——材料销售收入 　　　　　　　　　——无形资产转让收入 　　　　　　　　　——固定资产出租收入

（续表）

业务内容	账务处理
结转其他业务收入	借：其他业务收入——物业管理收入 ——材料销售收入 ——无形资产转让收入 ——固定资产出租收入 贷：本年利润

（五）其他业务收入的业务举例

其他业务收入的业务举例如表 5-9 所示。

表 5-9 其他业务收入的业务举例

业务内容	账务处理
【例 72】2013 年 12 月 23 日，宏泰房地产公司销售商品房后，设立了非独立核算的管理机构，为住户提供治安保卫、卫生清洁、电梯看管等服务，按月向业主收取管理费。本月向业主收取管理费 80 000 元	借：银行存款 80 000 贷：其他业务收入——商品房售后服务收入 80 000
【例 73】2013 年 12 月 23 日，将一台起重机出租给外单位，租赁合同规定每月收取租金 30 000 元，本月收到租金存入银行	借：银行存款 30 000 贷：其他业务收入——固定资产出租收入 30 000
【例 74】2013 年 12 月 23 日，转让一项专利使用权，取得使用费收入 50 000 元，款项存入银行	借：银行存款 50 000 贷：其他业务收入——无形资产转让收入 50 000

四、其他业务成本

（一）其他业务成本的定义

其他业务成本是指除主营业务活动以外的其他业务活动所发生的支出，包括商品房售后服务支出、材料销售成本和相关的费用等

（二）其他业务成本的账户设置

“其他业务成本”账户核算房地产开发企业确认的除主营业务活动以外的其他经营活

动所发生的支出，包括商品房售后服务支出、材料销售成本和相关的费用等。该账户借方登记企业发生的其他业务成本；贷方登记期末转入“本年利润”账户的其他业务成本；期末结转后，该账户无余额。该账户可按其他业务成本的种类设置明细科目，进行明细核算。

（三）其他业务成本的核算原理

其他业务成本的核算原理如表 5-10 所示。

表 5-10 其他业务成本的核算原理

业务内容	账务处理
发生其他业务成本	借：其他业务成本——物业管理支出 ——材料销售支出 ——无形资产转让支出 ——固定资产出租支出 贷：银行存款、库存材料、应付职工薪酬等
结转其他业务成本	借：本年利润 贷：其他业务成本——物业管理支出 ——材料销售支出 ——无形资产转让支出 ——固定资产出租支出

（四）其他业务成本的业务举例

其他业务成本的业务举例如表 5-11 所示。

表 5-11 其他业务成本的业务举例

业务内容	账务处理
【例 75】2013 年 12 月 23 日，宏泰房地产公司商品房销售后设立的管理机构本月发生应付管理人员工资 10 000 元，社会保险费 2 000 元，材料支出 1 200 元	借：其他业务成本——商品房售后服务支出 13 200 贷：应付职工薪酬——工资 10 000 ——职工福利费 2 000 原材料 1 200
【例 76】2013 年 12 月 23 日，出租给外单位的起重机计提折旧 12 000 元	借：其他业务成本——固定资产出租支出 12 000 贷：累计折旧 12 000
【例 77】2013 年 12 月 23 日，转让专利使用权，发生转让费用 2 000 元	借：其他业务成本——无形资产转让支出 2 000 贷：银行存款 2 000

五、期间费用

（一）期间费用的定义

期间费用是指本期发生的、不能直接或间接归入某种产品成本的、直接计入损益的各项费用，包括管理费用、销售费用和财务费用。

（二）管理费用

1. 管理费用的定义

管理费用是指房地产企业为组织和管理企业生产经营所发生的各项费用。管理费用不计入开发成本，而作为期间费用直接计入当期利润补偿。

2. 管理费用的账户设置

企业应设置“管理费用”账户，核算发生的管理费用，并按照费用项目设置明细账进行明细核算，该账户借方登记企业发生的各项管理费用。期末，将本账户借方归集的管理费用全部由本账户的贷方转入“本年利润”账户的借方计入当期损益。结转后，“管理费用”账户期末无余额。

3. 管理费用的内容

房地产开发企业的管理费用主要包括企业在筹建期间内发生的开办费，企业的董事会和行政管理部门在企业的经营管理中发生的或者应由企业统一负担的公司经费（包括职工薪酬、修理费、物料消耗、低值易耗品摊销、办公费和差旅费等）、工会经费、董事会费（包括董事会成员津贴、会议费和差旅费等）、聘请中介机构费、咨询费（含顾问费）、诉讼费、业务招待费、房产税、车船税、土地使用税、印花税、研究费用、排污费等。

4. 管理费用的核算原理

管理费用的核算原理如表 5–12 所示。

表 5–12　管理费用的核算原理

业务内容	账务处理
企业筹建期间发生的开办费，包括人员工资、办公费、培训费、差旅费等在实际支付时	借：管理费用 　贷：银行存款等
行政管理部门人员的职工薪酬，计提职工薪酬时	借：管理费用 　贷：应付职工薪酬
行政管理部门使用的固定资产的折旧	借：管理费用 　贷：累计折旧

（续表）

业务内容	账务处理
发生的办公费、水电费、业务招待费、咨询费、诉讼费、聘请中介机构费、技术转让费、研究费用	借：管理费用 贷：银行存款、研发支出等
计算确定应交房产税、车船使用费、土地使用税、印花税	借：管理费用 贷：应交税费、银行存款等
期末，将“管理费用”账户余额转入“本年利润”账户	借：本年利润 贷：管理费用

5. 管理费用的业务举例

管理费用的业务举例如表 5-13 所示。

表 5-13　管理费用的业务举例

业务内容	账务处理
【例 78】2013 年 12 月 24 日，宏泰房地产公司本期发生各项办公费 20 000 元，支付工程咨询费 10 000 元，发生业务招待费 2 000 元	借：管理费用——办公费　20 000 ——咨询费　10 000 ——业务招待费　2 000 贷：银行存款　32 000
【例 79】2013 年 12 月 24 日，计提公司总部办公和管理用低值易耗品摊销额 3 000 元	借：管理费用——低值易耗品摊销　3 000 贷：周转材料——低值易耗品　3 000

（三）销售费用

1. 销售费用的定义

销售费用是指房地产开发企业转让及销售土地、房屋和其他建筑物的过程中发生的各种费用。

2. 销售费用的账户设置

企业应设置“销售费用”账户，核算发生的销售费，并按费用项目设置明细账进行明细核算。该账户的借方登记企业所发生的各项销售费用，期末，将借方归集的销售费用全部由本账户的贷方转入“本年利润”账户，计入当期损益。结转后，“销售费用”账户无余额。

3. 销售费用的内容

房地产开发企业的销售费用包括保险费、包装费、展览费和广告费、商品维修费、预计产品质量保证损失、运输费、装卸费等以及为销售开发产品而专设的销售机构（含销售网点、售后服务网点等）的职工薪酬、业务费和折旧费等经营费用。

4. 销售费用的核算原理

销售费用的核算原理如表 5-14 所示。

表 5-14　销售费用的核算原理

业务内容	账务处理
企业在销售开发产品过程中发生的展览费、广告费、维修费和支付委托代销手续费等费用时	借：销售费用 　　贷：银行存款等
发生的为销售本企业商品设立的销售机构发生的职工薪酬、业务费等经营费用	借：销售费用 　　贷：应付职工薪酬、银行存款、累计折旧等
期末，将“销售费用”账户余额转入“本年利润”账户	借：本年利润 　　贷：销售费用

5. 销售费用的业务举例

销售费用的业务举例如表 5-15 所示。

表 5-15　销售费用的业务举例

业务内容	账务处理
【例 80】2013 年 12 月 24 日，宏泰房地产公司发生房展会摊位使用费 20 000 元，广告宣传费 30 000 元，以及专设机构人员工资 50 000 元	支付摊位使用费： 借：销售费用——展览费　20 000 　　贷：银行存款　20 000
	支付广告宣传费： 借：销售费用——广告宣传费　30 000 　　贷：银行存款　30 000
	支付专设机构人员工资： 借：销售费用——工资及福利费　50 000 　　贷：应付职工薪酬　50 000

（四）财务费用

1. 财务费用的定义

财务费用是指企业筹集生产经营所需资金等而发生的费用。包括利息支出（减利息收入）、汇兑损失（减汇兑收益）以及相关的手续费等。

2. 财务费用的账户设置

企业应设置“财务费用”账户，核算发生的财务费用，并按费用项目设置明细科目进行明细核算。该账户的借方登记企业发生的各项财务费用，贷方登记月终结转的财务费用，期末“财务费用”科目的余额结转“本年利润”科目后无余额。

3. 财务费用的内容

财务费用的内容如图 5–1 所示。

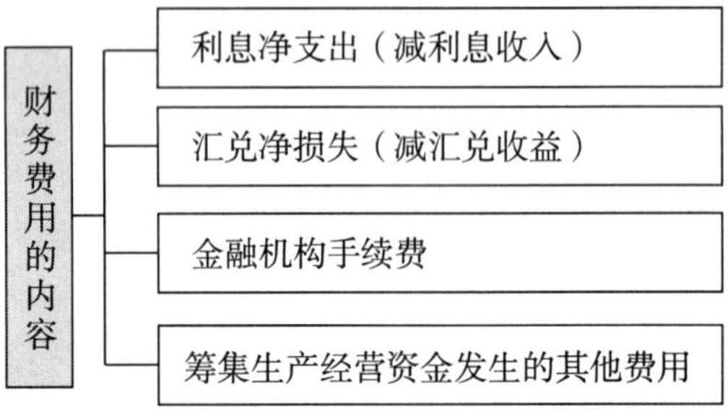

图 5–1　财务费用的内容

4. 财务费用的核算原理

财务费用的核算原理如表 5–16 所示。

表 5–16　财务费用的核算原理

业务内容	账务处理
发生各项财务费用时	借：财务费用 　　贷：银行存款等
发生冲减财务费用的利息收入时	借：银行存款 　　贷：财务费用

5. 财务费用的业务举例

财务费用的业务举例如表 5–17 所示。

表 5–17　财务费用的业务举例

业务内容	账务处理
【例 81】2013 年 12 月 24 日，宏泰房地产公司收到银行通知，发生银行存款利息收入 12 000 元	借：银行存款　12 000 　　贷：财务费用　12 000
【例 82】2013 年 12 月 24 日，宏泰房产公司支付金融业务手续费 2 000 元	借：财务费用　2 000 　　贷：银行存款　2 000

六、预收账款

（一）预收账款的定义

预收账款是指房地产开发企业按照合同或协议规定向购房单位或个人预收的购房订金，以及代委托单位开发建设项目，按双方合同规定向委托单位预收的开发建设资金。与应付账款不同，这一负债不是以货币偿付，而是要用以后的开发建设项目或劳务等偿付。

（二）预收账款的核算原理

预收账款的核算原理如表 5–18 所示。

表 5–18　预收账款的核算原理

<table>
<tr><td rowspan="2">预售商品房的核算</td><td>预售房款核算</td><td>收到的预交购房款：
借：库存现金、银行存款
　　贷：预收账款
销售实现时：
借：预收账款
　　贷：主营业务收入
收到补付的房款时：
借：银行存款
　　贷：预收账款</td></tr>
<tr><td>按揭保证金的核算</td><td>贷款行直接扣收按揭贷款保证金的：
借：银行存款、其他货币资金——按揭保证金户
　　贷：预收账款
房地产开发企业从一般结算户转入按揭贷款保证金时：
借：其他货币资金——按揭保证金户
　　贷：银行存款
承购人违约，未及时还款，贷款行从按揭保证金专户中扣收承购人还贷本息时：
借：其他应收款——××
　　贷：其他货币资金——按揭保证金户
承购人补缴还款额时：
借：其他货币资金——按揭保证金户
　　贷：其他应收款——××
按揭保证金解冻时：
借：银行存款
　　贷：其他货币资金——按揭保证金户</td></tr>
</table>

（续表）

预售商品房的核算	代收配套设施费、办证费、维修基金	借：银行存款等 贷：其他应付款
会员费及诚意金的核算	收取诚意金时	借：银行存款 贷：其他应付款——诚意金
	退回诚意金时	借：其他应付款——诚意金 贷：银行存款
	诚意金转为商品房销售定金时	借：其他应付款——诚意金 贷：预收账款——销售定金

（三）预收账款的业务举例

预收账款的业务举例如表 5-19 所示。

表 5-19　预收账款业务举例

业务内容	账务处理
【例 83】2013 年 12 月 24 日，宏泰房地产公司在开盘前，收取有购买意向客户的诚意金共计 100 000 元	借：银行存款　100 000 贷：其他应付款——诚意金　100 000
【例 84】2013 年 12 月 26 日，正式开盘销售时，当日退还诚意金 20 000 元，有部分诚意金客户签订商品房购买协议，将这部分客户交付的 80 000 元诚意金转为商品房销售定金	借：其他应付款——诚意金　100 000 贷：预收账款——销售定金　80 000 银行存款　20 000

七、应收票据

（一）应收票据的定义

应收票据是企业因销售商品或提供劳务等而收到的商业汇票，是应收款项的一个重要组成部分。应收票据是一种由出票人签发，在到期日向债权人或背书人无条件支付一定款项的书面承诺。它与应收账款的区别在于应收账款是仅仅凭商业信用而发生的赊销款，虽然购销双方签有购销合同，但不是法律上的可作为结算的书面凭据；而应收票据作为商业信用的工具，受到法律的保护，无论在付款期限还是在金额上，都具有法律上的约束力。应收票据比应收账款具有更大的流动性，可以转让、流通或向银行贴现，在市场经济环境中得到广泛应用。

（二）应收票据的分类

应收票据的分类如表 5-20 所示。

表 5-20　应收票据的分类

分类标准	类别	内容
按承兑人不同	商业承兑汇票	商业承兑汇票是由收款人签发或付款人签发并承兑的票据，并经付款人承兑的汇票
	银行承兑汇票	银行承兑汇票收款人或承兑申请人签发，并由承兑申请人向开户银行申请，经银行审查同意承兑的票据
按是否计息	带息票据	带息票据是指票面上标有利率和付息日期，到期时，除收取票面金额外，还收取按票面金额和规定利率计算的到期利息
	不带息票据	不带息票据是指票面上没有标明利率，在应收票据到期时，只收取到期票据的票面金额，即到期值等于面值

另外，商业汇票按是否带有追索权分为带追索权的商业汇票和不带追索权的商业汇票两种。

（三）应收票据利息的计算

$$带息票据的到期值 = 面值 + 利息 = 面值 \times（1+ 票面利率 \times 票据期限）$$

$$票据利息 = 票据面值 \times 利率 \times 期限$$

$$贴现息 = 票据到期价值 \times 贴现率 \times 贴现天数 \div 360$$

$$贴现所得金额 = 票据到期价值 - 贴现息$$

$$贴现天数 = 贴现日至票据到期日的实际天数 -1$$

如果承兑人在异地，贴现天数的计算应另加 3 天的划款天数。

无论是不带息票据，还是带息票据，应收票据一律按票据面值入账。

票据到期日的计算，有按月计算和按日计算两种情况。

（1）按月计算票据到期日时，一般是以出票日期相同的日期为到期日。如出票日为 3 月 15 日，3 个月期，则到期日就是 6 月 15 日；如果月末出票，不论月大月小，均以到期月份的月末一天为到期日。例 1 月 31 日出票，1 个月期，到期日则为 2 月 28 日或 29 日（闰年）。

（2）按日计算票据到期日时，应从出票日起，按实际经过的天数计算，但出票日和到期日只可计算一天。例 9 月 16 日出票，期限 50 天，则 11 月 5 日为到期日，推算如下：14（9 月）+ 31（10 月）+ 5（11 月）= 50（天）。

（四）应收票据的账户设置

企业应设置“应收票据”账户，核算和监督应收票据的取得和回收情况。该账户属于资产类账户，借方登记应收票据的增加，即收到商业汇票；贷方登记应收票据的减少，即票据到期或转让；余额在借方，表示企业持有商业汇票的票面余额。

（五）应收票据的核算原理

应收票据的核算原理如表 5-21 所示。

表 5-21　应收票据的核算原理

业务内容		账务处理
不带息票据	收到不带息票据	借：应收票据 　　贷：主营业务收入
	以应收票据抵偿应收账款	借：应收票据 　　贷：应收账款
	到期收回款项	借：银行存款 　　贷：应收票据
	承兑人违约拒付或无力支付票款	借：应收账款（按应收票据的账面价值） 　　贷：应收票据
带息票据	收到带息票据	借：应收票据 　　贷：主营业务收入
	票据计提利息	借：应收票据 　　贷：财务费用
	收回本息	借：银行存款（实际收到的金额） 　　贷：应收票据（账面金额） 　　　　财务费用（未计提利息）

（续表）

业务内容		账务处理
应收票据贴现	持未到期票据向银行贴现（不带息）	借：银行存款（扣除贴现利息后的净额） 财务费用（贴现利息） 贷：应收票据（票面金额）
	持未到期的票据向银行贴现（带息）	借：银行存款（按实际收到的金额） 财务费用（按实际收到的金额小于票据账面余额的差额） 贷：应收票据（按账面金额） 财务费用（按实际收到的金额大于票据账面余额的差额）
	承兑人的银行账户余额不足，收到退回的票据	借：应收账款（按所付本息） 贷：银行存款
	贴现企业银行账户余额不足	借：应收账款 贷：短期借款
应收票据背书转让	不带息票据的背书转让	借：原材料 在途物资 库存商品等 } 按计入物资成本的价值 银行存款（物资成本与进项税额之和小于应收票据账面余额的差额） 贷：应收票据（账面余额） 银行存款（物资成本与进项税额之和大于应收票据账面余额的差额）
	带息票据的背书转让	借：原材料 在途物资 库存商品等 } 按计入物资成本的价值 银行存款（物资成本与进项税额之和小于应收票据账面余额的差额） 贷：应收票据（账面余额） 财务费用（按尚未计提的利息） 银行存款（物资成本与进项税额之和大于应收票据账面余额的差额）

（续表）

业务内容		账务处理
应收票据到期	收回本息	借：银行存款（按实际收到的金额） 　贷：应收票据（按应收票据的账面余额） 　　财务费用（按其差额）
	付款人无力支付票款，收到银行退回的票据及证明	借：应收账款（按应收票据的账面余额） 　贷：应收票据

（六）应收票据的业务举例

应收票据的业务举例如表 5-22 所示。

表 5-22　应收票据的业务举例

业务内容	账务处理
【例 85】2013 年 12 月 26 日，宏泰房地产公司收到客户交付的一张面值为 100 000 元的银行承兑汇票一张，此时，客户所购房屋尚未竣工交付	借：应收票据　100 000 　贷：预收账款　100 000
【例 86】2013 年 12 月 27 日，将上例中收到的银行承兑汇票向银行贴现，支付贴现利息 1 500 元，其余资金转入银行存款账户	借：银行存款　98 500 　财务费用　1 500 　贷：应收票据　100 000

八、 应收账款

（一）应收账款的定义

应收账款是指企业因销售商品、产品、材料和提供劳务等业务，应向购货单位或接受劳务单位收取的款项及代垫的运杂费，是企业因销售商品、产品、提供劳务等经营活动所形成的债权。

（二）应收账款的入账金额

应收账款的入账金额应按交易成交时的交易价格确定。由于商业信用的存在，计价时还需考虑商业折扣、现金折扣和销售折让因素。应收账款的入账金额如表 5-23 所示。

表 5-23　应收账款的入账金额

影响入账金额因素	具体内容
商业折扣	商业折扣是指企业根据市场供需情况，或针对不同的顾客，在商品标价上给予的扣除。存在商业折扣的情况下，企业应收账款的入账金额应按扣除商业折扣以后的实际售价确认
现金折扣	现金折扣通常发生在赊销方式中，为了鼓励客户提前偿付货款，与债务人达成协议，约定在不同期限内付款可享受不同比例的折扣。现金折扣一般用符号“折扣 / 付款期限”表示
	总价法又称总额法，是将未扣减现金折扣前的实际售价（即总价）作为应收账款的入账价值，在实际发生现金折扣时，销货企业将其作为财务费用处理。总价法可以较好地反映企业销售的总过程，但可能会因客户享受现金折扣而高估应收账款和销售收入。在我国，会计核算中采用总价法进行现金折扣的会计核算
	净价法，是按扣除现金折扣后的净额作为应收账款的入账金额。这种方法假设客户一般都会得到现金折扣，认为客户一般都会提前付款，而将因客户超过折扣期限多支付的现金折扣，作为营业外收入处理。视为销货方向客户提供信贷所获得的收入，于收到账款时冲减财务费用
销售折让	销售折让，是指企业因售出商品的质量不合格等原因而在售价上给予的减让。对于销售折让，企业应分别视不同情况进行处理： （1）已确认收入的售出商品发生销售折让的，通常应在发生时冲减当期销售商品收入。 （2）已确认收入的销售折让属于资产负债表日后事项的，应当按照有关资产负债表日后事项的相关规定进行处理

（三）应收账款的账户设置

企业应设置“应收账款”账户，反映应收账款的增减变动及其结存情况。另外，不单独设置“预收账款”账户的企业，其预收的账款也可通过“应收账款”账户核算。“应收账款”账户应按不同的债务人设置明细账。

（四）应收账款的核算原理

应收账款的核算原理如表 5-24 所示。

表 5-24 应收账款的核算原理

业务内容	账务处理
发生应收款项时	借：应收账款 　　贷：主营业务收入 　　　　其他业务收入等
收回应收账款	借：银行存款 　　贷：应收账款
代购货单位垫付的包装费、运杂费	代垫时： 借：应收账款 　　贷：银行存款
	收回代垫费用时： 借：银行存款 　　贷：应收账款
应收账款改用应收票据结算	借：应收票据 　　贷：应收账款

（五）应收账款的业务举例

应收账款的业务举例如表 5-25 所示。

表 5-25 应收账款的业务举例

业务内容	账务处理
【例 87】2013 年 12 月 29 日，宏泰房地产公司委托某专业销售公司代销商品房，属于视同买断方式，将房屋移交此销售公司，并确认收入 500 000 元，未开其发票且未到合同规定的付期日期	借：应收账款　　500 000 　　贷：主营业务收入　　500 000

九、营业税金及附加

（一）营业税金及附加的定义

营业税金及附加是指企业日常主要经营活动应负担的税金及附加。

（二）营业税金及附加的账户设置

“营业税金及附加”账户核算房地产开发企业经营活动发生的营业税、城市维护建设税和教育费附加等相关税费。该账户借方登记企业按规定计算确定的与经营活动相关的税费，贷方登记期末转入“本年利润”账户的营业税金及附加。结转后，该账户应无余额。

（三）营业税金及附加的核算原理

营业税金及附加的核算原理如表 5–26 所示。

表 5–26　营业税金及附加的核算原理

业务内容	账务处理
计算确定的与经营活动相关的税费	借：营业税金及附加 　　贷：应交税费
期末结转营业税金及附加	借：本年利润 　　贷：营业税金及附加

（四）营业税金及附加的业务举例

营业税金及附加的业务举例如表 6–27 所示。

表 5–27　营业税金及附加的业务举例

业务内容	账务处理
【例 88】2013 年 12 月，宏泰房地产公司取得销售商品房收入 2 250 万元，转让土地使用权收入 30 万元，转让无形资产收入 5 万元，代建工程收入 1 580 万元，经营物业收入 8 万元，取得租金收入 5 万元。12 月 30 日，计算本月应交纳的营业税为 193.5 万元	借：营业税金及附加　　1 935 000 　　贷：应交税费——应交营业税　　1 935 000
【例 89】本月，宏泰房地产公司签订购销合同，记载金额为 2 780 万元；签订工程承包合同，记载金额为 1 500 万元；签订借款合同，记载金额为 6 030 万元。12 月 30 日，计算应交纳的印花税共计 15 855 元	借：管理费用　　15 855 　　贷：银行存款　　15 855

（续表）

业务内容	账务处理
【例 90】本月，宏泰房地产公司取得转让土地使用权和房屋销售收入共计 2 280 万元，假设扣除项目金额共计 1 500 万元。12 月 30 日，计算应交纳的土地增值税为 237 万元［（2 280−1 500）×40% − 1 500×5%］	借：营业税金及附加 2 370 000 贷：应交税费——应交土地增值税 2 370 000
【例 91】出售投资性办公楼，12 月 30 日，计算应交的相关税费是 5 万元	借：营业税金及附加 50 000 贷：应交税费——应交营业税 50 000
【例 92】出售长期股权投资，12 月 30 日，计算应交纳相关税费 1 000 元	借：营业税金及附加 1 000 贷：应交税费——应交营业税 1 000
【例 93】预收销售定金 180 000 元，12 月 30 日，计算应交纳的营业税为 9 000 元	借：营业税金及附加 9 000 贷：应交税费——应交营业税 9 000
【例 94】12 月 30 日，计算的本月应交纳的城市维护建设税为 139 860 元［（1 935 000 + 50 000 + 1 000 + 9 000 + 3 000）×7%］；应交纳的教育费附加为 59 940 元［（1 935 000 + 50 000 + 1 000 + 9 000 + 3 000）×3%］	借：营业税金及附加 199 800 贷：应交税费——应交城市维护建设税 139 860 ——应交教育费附加 59 940

第六章 利润形成与分配业务的核算

一、利润形成与分配业务的概述

房地产开发企业经营的主要目的是获取利润。利润形成包括对营业利润、利润总额的计算，在利润总额的基础上按照税法规定缴纳企业所得税后，要按照《中华人民共和国公司法》及其股东约定对税后利润进行分配。会计处理上不仅要进行本年利润的核算，还要进行利润分配的核算。

（一）利润的定义

利润是指企业在一定会计期间的经营成果。利润包括收入减去费用后的净额、直接计入当期利润的利得和损失等。直接计入当期的利得和损失，是指应当计入当期损益、会导致所有者权益发生增减变动的、与所有者投入资本或者向所有者分配利润无关的利得或者损失。通常所说的利润包括营业利润、利润总额和净利润。

（二）利润的形成

利润的形成如表 6–1 所示。

表 6–1 利润的形成

<table>
<tr><th>名称</th><th>内涵</th></tr>
<tr><td rowspan="3">营业利润</td><td>营业利润是企业利润的主要来源。房地产开发企业的营业利润是指房地产开发企业一定时期内从事房地产开发生产经营活动实现的利润，按经营业务的主次可以划分为主营业务利润、其他业务利润</td></tr>
<tr><td>其计算公式如下：
营业利润 = 营业收入 – 营业成本 – 营业税金及附加 – 销售费用 – 管理费用 – 财务费用 – 资产减值损失 + 公允价值变动收益（– 公允价值变动损失）+ 投资收益（– 投资损失）</td></tr>
<tr><td>营业收入是指企业经营业务所确定的收入总额，包括主营业务收入和其他业务收入。
营业成本是指企业经营业务所发生的实际成本总额，包括主营业务成本和其他业务成本。
资产减值损失是指企业计提各项资产减值准备所形成的损失。
公允价值变动收益（或损失）是指企业交易性金融资产等公允价值变动形成的应计入当期损益的利得（或损失）。
投资收益（或损失）是指企业以各种方式对外投资所取得的收益（或发生的损失）</td></tr>
</table>

（续表）

名称		内涵
营业利润	主营业务利润	主营业务利润是指房地产开发企业从事房地产开发业务所实现的利润，包括转让土地使用权利润、商品房销售利润、配套设施销售利润及转让其他建筑物利润等。它在数量上等于主营业务收入净额减去主营业务成本和主营业务应负担的流转税后的余额，通常称为毛利
		其计算公式如下： 主营业务利润 = 主营业务收入 − 主营业务成本 − 营业税金及附加
	其他业务利润	其他业务利润是指房地产开发企业因从事房地产开发业务以外的其他业务经营而实现的利润。企业的其他业务收入减去其他业务支出后的差额，即为其他业务利润。包括商品房售后服务利润、材料经营利润、无形资产转让利润、固定资产出租利润和企业从事工业、商业等多种经营所取得的利润。其他业务支出包括其他业务所发生的成本以及应由其他业务负担的流转税
		其计算公式如下： 其他业务利润 = 其他业务收入 − 其他业务支出
	期间费用	期间费用是企业当期发生的费用中的重要组成部分，包括管理费用、销售费用和财务费用
	资产减值损失	资产减值损失包括企业的应收款项、存货、长期股权投资、持有至到期投资、固定资产、无形资产、在建工程、工程物资、商誉及采用成本模式计量的投资性房地产等资产发生减值计提减值准备所形成的损失
		企业计提坏账准备、存货跌价准备及持有至到期投资减值准备等，相关资产的价值又得以恢复的，应在原已计提的减值准备金额内，按恢复增加的金额，冲减资产减值损失
	公允价值变动收益（或损失）	企业的交易性金融资产、采用公允价值模式计量的投资性房地产等以公允价值计量，公允价值高于其账面余额的，形成公允价值变动收益；公允价值低于其账面余额的，形成公允价值变动损失
	投资收益（或损失）	投资收益（或损失）包括对外投资所分得的股利和收到的债券利息，以及投资转让所得或损失。投资收益减去投资损失则为投资净收益

（续表）

名称	内涵
利润总额	房地产开发企业的利润总额是由营业利润和营业外收支净额组成的。其中，营业外收支净额是指营业外收入总额和营业外支出总额之间的差额
	其计算公式如下： 利润总额 = 营业利润 + 营业外收入 – 营业外支出
	其中，营业外收入（或支出）是指企业发生的与日常活动无直接关系的各项利得（或损失）
净利润	净利润 = 利润总额 – 所得税费用
	其中，所得税费用是指企业确认的应从当期利润总额中扣除的所得税费用

二、营业外收入

（一）营业外收入的定义

营业外收入是指企业发生的与生产经营活动没有直接关系的各种利得，主要包括处置非流动资产利得、非货币性资产交换利得、债务重组利得、罚款利得、政府补助、接受捐赠利得、无法支付的应付款项等。

（二）营业外收入的内容

营业外收入的内容如表 6–2 所示。

表 6–2　营业外收入的内容

内容	内涵
非流动资产处置利得	固定资产处置利得，是指企业处置固定资产所取得的收入，超过固定资产账面价值以及处置费用而发生的净收益
	无形资产出售利得，是指企业处置无形资产所取得的收入，超过无形资产账面价值以及相关税费而发生的净收益
非货币性资产交换利得	非货币性资产交换利得，是指在非货币性资产交换具有商业实质且公允价值能够可靠计量的情况下，因换入资产的公允价值大于换出资产的账面价值，扣除相关税费后计入营业外收入的金额

（续表）

内容	内涵
债务重组利得	债务重组利得，是指企业在进行债务重组时，债务人因重组债务的账面价值超过用于偿债的现金及非现金资产公允价值、债权人放弃债权而享有股份的公允价值、重组后债务的账面价值之间的差额
罚没利得	罚没利得，是指企业收取的滞纳金、违约金以及其他形式的罚款，在弥补了由于对方违约而造成的经济损失后的净收益
政府补助	政府补助，是指企业从政府无偿取得货币性资产或非货币性资产形成的利得，不包括政府作为所有者对企业的资本投入
捐赠利得	捐赠利得，是指企业接受外部现金和非现金资产捐赠而获得的利得
无法支付的应付款项	无法支付的应付款项，是指由于债权单位撤销或其他原因而无法支付，或者将应付款项划转给关联方等其他企业而无法支付或无需支付，按规定程序报经批准后转入当期损益的应付款项

（三）营业外收入的账户设置

“营业外收入”账户核算房地产开发企业发生的各项营业外收入。企业确认的营业外收入，计入该账户的贷方，期末，应将其余额转入“本年利润”账户的贷方，结转后应无余额。该账户可按营业外收入项目进行明细核算。

（四）营业外收入的核算原理

营业外收入的核算原理如表 6–3 所示。

表 6–3 营业外收入的核算原理

业务内容	账务处理
企业确认营业外收入	借：固定资产清理、银行存款、应付账款等 贷：营业外收入
期末，将“营业外收入”账户余额转入“本年利润”账户	借：营业外收入 贷：本年利润

（五）营业外收入的业务举例

营业收入的业务举例如表 6–4 所示。

表 6–4　营业外收入的业务举例

业务内容	账务处理
【例 95】2013 年 12 月 30 日，经批准，将确实无法支付的其他应付款 8 000 元，转作营业外收入	借：其他应付款　8 000 　贷：营业外收入　8 000
【例 96】2013 年 12 月 30，收到某施工单位工程质量罚款 10 000 元，存入银行	借：银行存款　10 000 　贷：营业外收入　10 000

三、营业外支出

（一）营业外支出的定义

营业外支出，是指企业发生的与生产经营活动没有直接关系的各种支出，主要包括处置非流动资产损失、非货币性资产交换损失、债务重组损失、罚款支出、捐赠支出、 非常损失、盘亏损失等。

（二）营业外支出的内容

营业外支出的内容如表 6–5 所示。

表 6–5　业外支出的内容

内容	内涵
处置非流动资产损失，主要包括处置固定资产和无形资产的损失	处置固定资产损失，是指企业处置固定资产所取得的收入，不足以抵补固定资产账面价值以及处置费用而发生的净损失；处置无形资产损失，是指企业处置无形资产所取得的收入，不足以抵补无形资产账面价值以及相关税费而发生的净损失
非货币性资产交换损失	非货币性资产交换损失，是指在非货币性资产交换具有商业实质且公允价值能够可靠计量的情况下，因换出固定资产或无形资产的公允价值低于其账面价值而发生的资产减值损失
债务重组损失	债务重组损失，是指企业在进行债务重组时，债权人因重组债权的账面价值高于债务人用于偿债的现金及非现金资产公允价值、放弃债权享有股份的公允价值、重组后债权的公允价值等，而应当计入当期损益的损失

（续表）

内容	内涵
罚款支出	罚款支出，是指企业由于违反合同、违法经营、偷税漏税、拖欠税款等而支付的违约金、罚款、滞纳金等支出
捐赠支出	捐赠支出，是指企业对外进行公益性和非公益性捐赠而付出资产的公允价值
非常损失	非常损失，是指企业由于自然灾害等客观原因造成的财产损失，在扣除保险公司赔款和残料价值后，应计入当期损益的净损失
盘亏损失	盘亏损失，是指企业在财产清查中发现的固定资产实存数量少于账面数量而发生的资产短缺损失

（三）营业外支出的账户设置

“营业外支出”账户核算房地产开发企业发生的各项营业外支出的发生和结转情况。企业发生的营业外支出，应计入该账户的借方，期末，应将其余额转入“本年利润”账户的借方，结转后应无余额。该账户可按营业外支出项目进行明细核算。

（四）营业外支出的核算原理

营业外支出的核算原理如表 6–6 所示。

表 6–6　营业外支出的核算原理

业务内容	账务处理
企业确认营业外支出	借：营业外支出 　　贷：固定资产清理、银行存款、库存现金等
期末，将“营业外支出”账户余额转入“本年利润”账户	借：本年利润 　　贷：营业外支出

（五）营业外支出的业务举例

营业外支出的业务举例如表 6–7 所示。

表 6-7　营业外支出的业务举例

业务内容	账务处理
【例 97】2013 年 12 月 30 日，宏泰房地产公司被税务机关罚款 3 000 元，另用银行存款支付滞纳金 2 000 元	借：营业外支出　5 000 　贷：银行存款　5 000

四、投资收益

（一）投资收益的定义

投资收益（或损失）包括对外投资所分得的股利和收到的债券利息，以及投资转让所得或损失。投资收益减去投资损失则为投资净收益。

（二）投资收益的账户设置

“投资收益”账户，核算企业确认的投资收益或投资损失。企业根据投资性房地产准则确认的采用公允价值模式计量的投资性房地产的租金收入和处置损益，也通过“投资收益”核算。企业处置交易性金融资产、交易性金融负债、可供出售金融资产实现的损益，也在“投资收益”核算。企业的持有至到期投资和买入返售金融资产在持有期间取得的投资收益和处置损益，也在“投资收益”核算。证券公司自营证券所取得的买卖价差收入，也在“投资收益”核算。

（三）投资收益的核算原理

投资收益的核算原理如表 6-8 所示。

表 6-8　投资收益的核算原理

业务内容	账务处理
“投资收益”科目期末余额反映净收益	借：投资收益 　贷：本年利润
“投资收益”科目期末余额反映净损失	借：本年利润 　贷：投资收益

（四）投资收益的业务举例

投资收益的业务举例如表 6–9 所示。

表 6–9 投资收益的业务举例

业务内容	账务处理
【例 98】2013 年 12 月 31 日，宏泰房地产公司获得投资净收益 9 580 元，结转到本年利润	借：投资收益 9 580 贷：本年利润 9 580

五、本年利润

（一）本年利润的定义

本年利润是指企业本年度实现的净利润或发生的净亏损。

（二）本年利润的账户设置

“本年利润”账户核算房地产开发企业当期实现的净利润（或发生的净亏损）。期（月）末结转利润时，应将各损益类账户的金额转入该账户，结转后其贷方余额为当期实现的净利润，借方余额为当期发生的净亏损。年度终了，应将本年实现的净利润，从“本年利润”账户转入“利润分配”账户的贷方；实现的净亏损，从“本年利润”账户转入“利润分配”账户的借方。结转后该账户应无余额。

（三）本年利润的核算原理

本年利润的核算原理如表 6–10 所示。

表 6–10 本年利润的核算原理

业务内容	账务处理
会计期末，应当将“主营业务收入”“其他业务收入”“营业外收入”“公允价值变动损益”“投资收益”等收入、利得类科目的期末余额，分别转入“本年利润”科目	借：主营业务收入 其他业务收入 营业外收入 公允价值变动损益 投资收益 贷：本年利润

（续表）

业务内容	账务处理
会计期末，应当将“主营业务成本”“营业税金及附加”“其他业务成本”“管理费用”“财务费用”“销售费用”“营业外支出”“所得税费用” “资产减值损失”等费用、损失类科目的期末余额，分别转入“本年利润”科目	借：本年利润 贷：主营业务成本 营业税金及附加 其他业务成本 管理费用 财务费用 销售费用 营业外支出 所得税费用 资产减值损失
结出本年实现的净利润	借：本年利润 贷：利润分配——未分配利润
结出本年利润的净亏损	借：利润分配——未分配利润 贷：本年利润

（四）本年利润的业务举例

本年利润的业务举例如表 6-11 所示。

表 6-11 本年利润的业务举例

业务内容	账务处理
【例 99】2013 年 12 月 31 日，宏泰房地产公司结转本月收入	借：主营业务收入 39 120 000 其他业务收入 1 160 000 营业外收入 22 700 公允价值变动损益 10 000 贷：本年利润 40 312 700
【例 100】2013 年 12 月 31 日，结转本月成本费用	借：本年利润 8 717 883 贷：主营业务成本 3 359 533 其他业务成本 518 450 营业税金及附加 4 564 800 销售费用 156 650 管理费用 111 550 财务费用 1 900 营业外支出 5 000

六、所得税费用

（一）所得税费用的定义

所得税费用是国家对企业生产、经营所得和其他所得依法征收的一种税。

（二）所得税费用的账户设置

企业应设置“所得税费用”账户，核算企业的所得税业务，本账户借方登记企业发生的所得税费用，贷方登记本期转入“本年利润”科目的所得税费用，结转后期末应无余额。

（三）所得税费用的计税依据

应纳税所得额为企业每一个纳税年度的收入总额，减除不征税收入、免税收入、各项扣除以及允许弥补的以前年度亏损后的余额。企业应纳税所得额的计算，除特殊规定外，以权责发生制为原则。

1. 收入项目的确认

收入项目的确认如表 6-12 所示。

表 6-12　收入项目的确认

名称	具体内容
收入总额	企业的收入总额包括以货币形式和非货币形式从各种来源取得的收入，具体有：销售货物收入，提供劳务收入，转让财产收入，股息、红利等权益性投资收益，利息收入，租金收入，特许权使用费收入，接受捐赠收入，其他收入。以非货币形式取得的收入应当按照公允价值确定收入额，公允价值是指按照市场价格确定的价值
不征税收入	财政拨款。财政拨款是指各级人民政府对纳入预算管理的事业单位、社会团体等组织拨付的财政资金，但国务院和国务院财政、税务主管部门另有规定的除外
	依法收取并纳入财政管理的行政事业性收费、政府性基金。行政事业性收费是指依照法律法规等有关规定，按照规定程序批准，在实施社会公共管理，以及在向公民、法人或者其他组织提供特定公共服务过程中，向特定对象收取并纳入财政管理的费用。政府性基金是指企业依照法律、行政法规等有关规定，代政府收取的具有专项用途的财政资金
	国务院规定的其他不征税收入。其他不征税收入是指企业取得的，由国务院财政、税务主管部门规定专项用途并经国务院批准的财政性资金

（续表）

名称	具体内容
免税收入	国债利息收入。企业因购买国债所得的利息收入免税。但转让国债的所得，照章纳税
	符合条件的居民企业之间的股息、红利等权益性收益。该权益性收益是指居民企业直接投资于其他居民企业取得的投资收益。但不包括连续持有居民企业公开发行并上市流通的股票不足 12 个月取得的投资收益
	在中国境内设立机构、场所的非居民企业从居民企业取得与该机构、场所有实际联系的股息、红利等权益性投资收益。该权益性收益不包括连续持有居民企业公开发行并上市流通的股票不足 12 个月取得的投资收益
	符合条件的非营利组织的收入。符合条件的非营利组织的收入不包括非营利组织从事营利性活动取得的收入，但国务院财政、税务主管部门另有规定的除外

2. 税前扣除项目及其标准

在计算应纳税所得额时，下列项目可按照实际发生额或规定的标准扣除。如表 6–13 所示。

表 6–13　税前扣除项目及其标准

名称	具体内容
工资、薪金支出	企业发生的合理的工资、薪金支出准予据实扣除
	企业发生的职工福利费支出，不超过工资、薪金总额 14% 的部分准予扣除
	企业拨缴的工会经费，不超过工资、薪金总额 2% 的部分准予扣除
	除国务院财政、税务主管部门另有规定外，企业发生的职工教育经费支出，不超过工资、薪金总额 2.5% 的部分准予扣除，超过部分准予结转以后纳税年度扣除
社会保险费	企业依照国务院有关主管部门或者省级人民政府规定的范围和标准为职工缴纳的“五险一金”即基本养老保险费、基本医疗保险费、失业保险费、工伤保险费、生育保险费等基本社会保险费和住房公积金，准予扣除
	企业为投资者或者职工支付的补充养老保险费、补充医疗保险费，在国务院财政、税务主管部门规定的范围和标准内，准予扣除

（续表）

名称	具体内容
利息费用	非金融企业向金融企业借款的利息支出、金融企业的各项存款利息支出和同业拆借利息支出、企业经批准发行债券的利息支出可据实扣除
	非金融企业向非金融企业借款的利息支出，不超过按照金融企业同期同类贷款利率计算的数额的部分可据实扣除，超过部分不许扣除
借款费用	企业在生产经营活动中发生的合理的不需要资本化的借款费用，准予扣除
	企业为购置、建造固定资产、无形资产和经过 12 个月以上的建造才能达到预定可销售状态的存货发生借款的，在有关资产购置、建造期间发生的合理的借款费用，应予以资本化，计入有关资产的成本；有关资产交付使用后发生的借款利息，可在发生当期扣除
汇兑损失	企业在货币交易中，以及纳税年度终了时将人民币以外的货币性资产、负债按照期末即期人民币汇率中间价折算为人民币时产生的汇兑损失，除已经计入有关资产成本以及与向所有者进行利润分配相关的部分外，准予扣除
业务招待费	企业发生的与生产经营活动有关的业务招待费支出，按照发生额的 60% 扣除，但最高不得超过当年销售（营业）收入的 5‰。当年销售（营业）收入包括条例规定的视同销售（营业）收入额
广告费和业务宣传费	企业发生的符合条件的广告费和业务宣传费支出，除国务院财政、税务主管部门另有规定外，不超过当年销售（营业）收入 15% 的部分，准予扣除；超过部分，准予结转以后纳税年度扣除。当年销售（营业）收入包括条例规定的视同销售（营业）收入额
环境保护专项资金	企业依照法律、行政法规有关规定提取的用于环境保护、生态恢复等方面的专项资金，准予扣除。上述专项资金提取后改变用途的，不得扣除
保险费	企业参加财产保险，按照规定缴纳的保险费，准予扣除。企业依照国家有关规定为特殊工种职工支付的人身安全保险费，准予扣除。企业为投资者或者职工支付的商业保险费，除另有规定外，不得扣除
租赁费	以经营租赁方式租入固定资产发生的租赁费支出，按照租赁期限均匀扣除。以融资租赁方式租入固定资产发生的租赁费支出，按照规定构成融资租入固定资产价值的部分应当提取折旧费用，分期扣除

（续表）

内容	具体内容
劳动保护费	企业发生的合理的劳动保护支出，准予扣除
公益性捐赠支出	企业发生的公益性捐赠支出，不超过年度利润总额 12% 的部分，准予扣除。年度利润总额，是指企业依照国家统一会计制度的规定计算的年度会计利润
有关资产的费用	企业转让各类固定资产发生的费用，允许扣除。企业按规定计算的固定资产折旧费、无形资产和递延资产的摊销费，准予扣除
总机构分摊的费用	非居民企业在中国境内设立的机构、场所，就其中国境外总机构发生的与该机构、场所生产经营有关的费用，能够提供总机构出具的费用汇集范围、定额、分配依据和方法等证明文件，并合理分摊的，准予扣除
资产损失	企业当期发生的固定资产和流动资产盘亏、毁损净损失，由其提供清查盘存资料，经主管税务机关审核后，准予扣除
	企业因存货盘亏、毁损、报废等原因不得从销项税金中抵扣的进项税额，应视同企业财产损失，准予与存货损失一起在所得税前按照规定扣除
其他项目	依照有关法律、行政法规和国家有关税法规定准予扣除的其他项目。如会员费、合理的会议费、差旅费、违约金、诉讼费用等

3. 不得扣除的项目

在计算应纳税所得额时，不得扣除项目如表 6-14 所示。

表 6-14　不得扣除项目

名称	具体内容
不得扣除项目	向投资者支付的股息、红利等权益性投资收益款项
	企业所得税税款
	税收滞纳金。税收滞纳金是指纳税人违反税收法规，被税务机关处以的滞纳金
	罚金、罚款和被没收财物的损失。罚金、罚款和被没收财物的损失是指纳税人违反国家有关法律、法规规定，被有关部门处以的罚款，以及被司法机关处以的罚金和被没收财物

（续表）

名称	具体内容
不得扣除项目	超过规定标准的捐赠支出
	赞助支出。赞助支出是指企业发生的与生产经营活动无关的各种非广告性质支出
	未经核定的准备金支出，是指不符合国务院财政、税务主管部门规定的各项资产减值准备、风险准备等准备金支出
	企业之间支付的管理费、企业内营业机构之间支付的租金和特许权使用费，以及非银行企业内营业机构之间支付的利息，不得扣除
	与取得收入无关的其他支出

（四）所得税费用的计算公式

所得税费用的计算公式如图 6–1 所示。

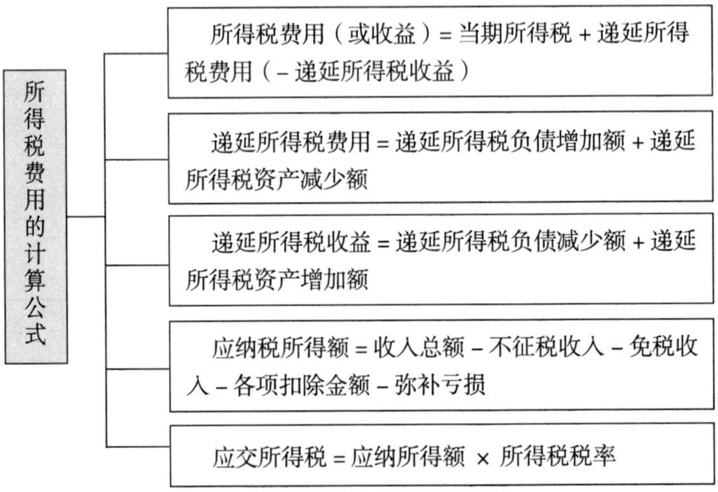

图 6–1　所得税费用的计算公式

（五）所得税费用的核算原理

所得税费用的核算原理如表 6–15 所示。

表 6–15　所得税费用的核算原理

业务内容	账务处理
计算应交纳的所得税	借：所得税费用 　　贷：应交税费——应交所得税
交纳所得税	借：应交税费——应交所得税 　　贷：银行存款

（六）所得税费用的业务举例

所得税费用的业务举例如表 6–16 所示。

表 6–16　所得税费用的业务举例

业务内容	账务处理		
【例 101】2013 年 12 月 31 日，由【例 98】、【例 99】、【例 100】计算应交纳的所得税为 7 901 099.25 元［(9 580 + 40 312 700 − 8 717 883) × 25%］	借：所得税费用 　　贷：应交税费——应交所得税	7 901 099.25	 7 901 099.25
【例 102】2013 年 12 月 31 日，结转所得税	借：本年利润 　　贷：所得税费用	7 901 099.25	 7 901 099.25

七、利润分配

（一）利润分配的定义

利润分配是指企业实现利润的分配（或亏损的弥补）和历年分配（或弥补）后的积存余额。

（二）利润分配的账户设置

“利润分配”账户核算房地产开发企业利润的分配（或亏损的弥补）和历年分配（或弥补）后的积存余额。其借方登记分配的利润数及转入的本年亏损，贷方登记转入的本年利润及盈余公积补亏数；年末借方余额反映历年积存的未弥补亏损，年末贷方余额反映历年积存的未分配利润。“利润分配”账户应当分别以“提取法定盈余公积”“提取任意盈余公积”“应付现金股利或利润”“转作股本的股利”“盈余公积补亏”和“未分配利润”等明细科目进行核算。

（三）利润分配的顺序

企业可供分配的利润按下列顺序分配，如图 6-2 所示。

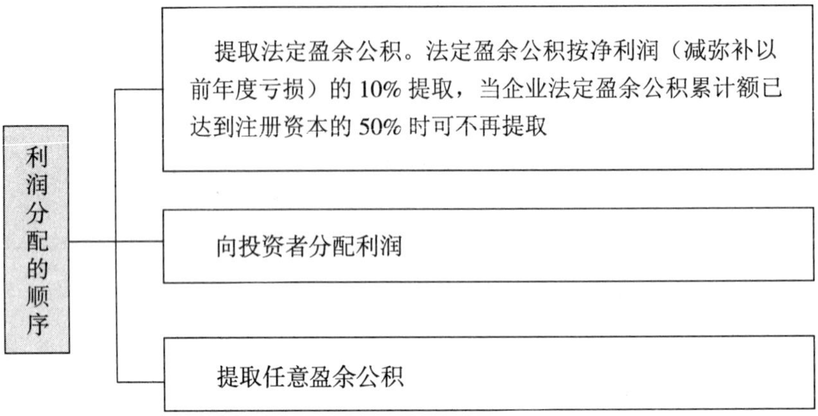

图 6-2　利润分配的顺序

若企业发生亏损，可以用以后年度实现的利润弥补，也可以用以前年度提取的盈余公积弥补。企业以前年度亏损未弥补完，不能提取法定盈余公积。在提取法定盈余公积前，不得向投资者分配利润。

（四）利润分配的核算原理

利润分配的核算原理如表 6-17 所示。

表 6-17　利润分配的核算原理

业务内容	账务处理
企业用盈余公积弥补亏损	借：盈余公积 　贷：利润分配——盈余公积补亏
按照规定从净利润中提取盈余公积	借：利润分配——提取法定盈余公积 　　　　　　——提取任意盈余公积 　贷：盈余公积——法定盈余公积 　　　　　　——任意盈余公积
应当分配给股东的现金股利或利润	借：利润分配——应付现金股利（或利润） 　贷：应付股利
外商投资企业用利润归还的投资	借：利润分配——利润归还投资 　贷：盈余公积——利润归还投资

（续表）

业务内容	账务处理
外商投资企业从净利润中提取的职工奖励及福利基金	借：利润分配——提取职工奖励及福利基金 　　贷：应付职工薪酬——福利
年度终了时企业应将全年实现的净利润，自"本年利润"科目转入本科目	如为净收益： 借：本年利润 　　贷：利润分配——未分配利润 如为净亏损： 借：利润分配——未分配利润 　　贷：本年利润

（五）利润分配的业务举例

利润分配的业务举例如表 6-18 所示。

表 6-18　利润分配的业务举例

业务内容	账务处理
【例 103】2013 年 12 月 31 日，将实现的净利润 23 703 297.75（9 580 + 40 312 700 – 8 717 883 – 7 901 099.25），转入未分配利润	借：本年利润　　23 703 297.75 　　贷：利润分配——未分配利润　　23 703 297.75

八、盈余公积

（一）盈余公积的定义

盈余公积是指按照国家有关规定从净利润中提取的公积金。

（二）盈余公积的账户设置

企业应设置"盈余公积"科目核算企业从净利润中提取的盈余公积。"盈余公积"科目的贷方登记盈余公积的提取数，借方登记盈余公积的使用数，期末余额在贷方，反映企业盈余公积的结存数。企业还应当分别对"法定盈余公积"和"任意盈余公积"进行明细核算。

（三）盈余公积的用途

盈余公积的用途如表 6-19 所示。

表 6-19　盈余公积的用途

用途	具体内容
弥补亏损	用以后年度税前利润弥补。按照现行制度规定，企业发生亏损时，可以用以后 5 年内实现的税前利润弥补，即税前利润弥补亏损的期间为 5 年
	用以后年度税后利润弥补。企业发生的亏损经过 5 年期间未弥补足额的，尚未弥补的亏损应用所得税后的利润弥补
	以盈余公积弥补亏损。企业以提取的盈余公积弥补亏损时，应当由公司董事会提议，并经股东大会批准
转增资本	企业将盈余公积转增资本时，必须经股东大会决议批准。在实际将盈余公积转增资本时，要按股东原有持股比例结转

（四）盈余公积的核算原理

盈余公积的核算原理如表 6-20 所示。

表 6-20　盈余公积的核算原理

业务内容	账务处理
按规定提取各项盈余公积	借：利润分配——提取法定盈余公积 ——提取任意盈余公积 贷：盈余公积——法定盈余公积 ——任意盈余公积
用盈余公积弥补亏损	借：盈余公积——法定盈余公积 ——任意盈余公积 贷：利润分配——盈余公积补亏
用盈余公积转增资本（或股本）	借：盈余公积——法定盈余公积 ——任意盈余公积 贷：实收资本（或股本）
用盈余公积派送新股	借：盈余公积——法定盈余公积 ——任意盈余公积（按派送新股计算的金额） 贷：股本（按股票面值和派送新股总数计算的股票面值总额）

（五）盈余公积的业务举例

盈余公积的业务举例如表 6-21 所示。

表 6-21　盈余公积的业务举例

业务内容	账务处理
【例 104】2013 年 12 月 31 日，按净利润的 10%提取法定盈余公积	借：利润分配——提取法定盈余公积　2 370 329.78 　贷：盈余公积——法定盈余公积　2 370 329.78
【例 105】2013 年 12 月 31 日，将盈余公积转入未分配利润	借：利润分配——未分配利润　2 370 329.78 　贷：利润分配——法定盈余公积　2 370 329.78

第七章 登记会计凭证与账簿

一、登记记账凭证

记账凭证

2013年12月1日　　记字第1号

摘要	总账科目	明细科目	过账	借方金额										过账	贷方金额									
				千	百	十	万	千	百	十	元	角	分		千	百	十	万	千	百	十	元	角	分
提现	库存现金		√				2	0	0	0	0	0	0											
	银行存款													√				2	0	0	0	0	0	0
合计						¥	2	0	0	0	0	0	0				¥	2	0	0	0	0	0	0

附件　张

财务主管：张平　　记账：李伟　　出纳：赵丹　　审核：胡伟　　制单：王芳

记账凭证

2013年12月1日　　记字第2号

摘要	总账科目	明细科目	过账	借方金额										过账	贷方金额									
				千	百	十	万	千	百	十	元	角	分		千	百	十	万	千	百	十	元	角	分
购买办公用品	管理费用								1	2	0	0	0											
	库存现金																			1	2	0	0	0
合计								¥	1	2	0	0	0						¥	1	2	0	0	0

附件　张

财务主管：张平　　记账：李伟　　出纳：赵丹　　审核：胡伟　　制单：王芳

记账凭证

2013 年 12 月 1 日　　　　　　　　记字第 3 号

摘要	总账科目	明细科目	过账	借方金额										过账	贷方金额								
				千	百	十	万	千	百	十	元	角	分		千	百	十	万	千	百	十	元	角	分
现金清查	待处理财产损溢	待处理流动资产损溢	√						1	0	0	0	0											
	库存现金													√						1	0	0	0	0
合　计								¥	1	0	0	0	0						¥	1	0	0	0	0

附件　张

财务主管：张平　　记账：李伟　　出纳：赵丹　　审核：胡伟　　制单：王芳

记账凭证

2010 年 12 月 2 日　　　　　　　　记字第 4 号

摘要	总账科目	明细科目	过账	借方金额										过账	贷方金额								
				千	百	十	万	千	百	十	元	角	分		千	百	十	万	千	百	十	元	角	分
查明原因，处理	其他应收款	赵丹	√							5	0	0	0											
	管理费用		√							5	0	0	0											
	待处理财产损溢	待处理流动资产损溢												√						1	0	0	0	0
合　计								¥	1	0	0	0	0						¥	1	0	0	0	0

附件　张

财务主管：张平　　记账：李伟　　出纳：赵丹　　审核：胡伟　　制单：王芳

记账凭证

2013 年 12 月 2 日　　　　记字第 5 号

摘 要	总账科目	明细科目	过账	借方金额										过账	贷方金额									
				千	百	十	万	千	百	十	元	角	分		千	百	十	万	千	百	十	元	角	分
存款	银行存款		√				1	0	0	0	0	0	0											
	库存现金													√				1	0	0	0	0	0	0
合 计						¥	1	0	0	0	0	0	0				¥	1	0	0	0	0	0	0

附件 张

财务主管：张平　记账：李伟　出纳：赵丹　审核：胡伟　制单：王芳

记账凭证

2013 年 12 月 2 日　　　　记字第 6 号

摘 要	总账科目	明细科目	过账	借方金额										过账	贷方金额									
				千	百	十	万	千	百	十	元	角	分		千	百	十	万	千	百	十	元	角	分
支付网费	管理费用		√					2	0	0	0	0	0											
	银行存款													√					2	0	0	0	0	0
合 计							¥	2	0	0	0	0	0					¥	2	0	0	0	0	0

附件 张

财务主管：张平　记账：李伟　出纳：赵丹　审核：胡伟　制单：王芳

记账凭证

2013年12月2日　　　　记字第7号

摘要	总账科目	明细科目	过账	借方金额										过账	贷方金额									
				千	百	十	万	千	百	十	元	角	分		千	百	十	万	千	百	十	元	角	分
存入保证金	其他货币资金	信用卡存款	√				2	0	0	0	0	0	0											
	银行存款													√				2	0	0	0	0	0	0
合　计						¥	2	0	0	0	0	0	0				¥	2	0	0	0	0	0	0

附件　张

财务主管：张平　　记账：李伟　　出纳：赵丹　　审核：胡伟　　制单：王芳

记账凭证

2013年12月2日　　　　记字第8号

摘要	总账科目	明细科目	过账	借方金额										过账	贷方金额									
				千	百	十	万	千	百	十	元	角	分		千	百	十	万	千	百	十	元	角	分
支付业务招待费	管理费用	业务招待费	√					3	0	0	0	0	0											
	其他货币资金	信用卡存款												√					3	0	0	0	0	0
合　计							¥	3	0	0	0	0	0					¥	3	0	0	0	0	0

附件　张

财务主管：张平　　记账：李伟　　出纳：赵丹　　审核：胡伟　　制单：王芳

记账凭证

2013 年 12 月 2 日　　　　记字第 9 号

摘 要	总账科目	明细科目	过账	借方金额										过账	贷方金额								
				千	百	十	万	千	百	十	元	角	分		千	百	十	万	千	百	十	元	角	分
接受投资	银行存款		√		3	0	0	0	0	0	0	0	0											
	实收资本	丙												√		2	5	0	0	0	0	0	0	0
	资本公积	资本溢价												√			5	0	0	0	0	0	0	0
合 计				¥	3	0	0	0	0	0	0	0	0		¥	3	0	0	0	0	0	0	0	0

附件 张

财务主管：张平　记账：李伟　出纳：赵丹　审核：胡伟　制单：王芳

记账凭证

2013 年 12 月 3 日　　　　记字第 10 号

摘 要	总账科目	明细科目	过账	借方金额										过账	贷方金额								
				千	百	十	万	千	百	十	元	角	分		千	百	十	万	千	百	十	元	角	分
接受投资	固定资产		√		1	2	0	0	0	0	0	0	0											
	实收资本	丙												√		1	0	0	0	0	0	0	0	0
	资本公积	资本溢价												√			2	0	0	0	0	0	0	0
合 计				¥	1	2	0	0	0	0	0	0	0		¥	1	2	0	0	0	0	0	0	0

附件 张

财务主管：张平　记账：李伟　出纳：赵丹　审核：胡伟　制单：王芳

记账凭证

2013 年 12 月 3 日　　　　　　　　　　记字第 11 号

摘 要	总账科目	明细科目	过账	借方金额										过账	贷方金额									
				千	百	十	万	千	百	十	元	角	分		千	百	十	万	千	百	十	元	角	分
转增资本	资本公积		√			2	0	0	0	0	0	0	0											
	实收资本	甲												√				7	5	5	5	5	5	6
		乙												√				7	2	5	9	2	5	9
		丙												√				5	1	8	5	1	8	5
合　计					¥	2	0	0	0	0	0	0	0			¥	2	0	0	0	0	0	0	0

附件　张

财务主管：张平　　记账：李伟　　出纳：赵丹　　审核：胡伟　　制单：王芳

记账凭证

2013 年 12 月 4 日　　　　　　　　　　记字第 12 号

摘 要	总账科目	明细科目	过账	借方金额										过账	贷方金额									
				千	百	十	万	千	百	十	元	角	分		千	百	十	万	千	百	十	元	角	分
借入短期借款	银行存款		√			1	0	0	0	0	0	0	0											
	短期借款													√			1	0	0	0	0	0	0	0
合　计					¥	1	0	0	0	0	0	0	0			¥	1	0	0	0	0	0	0	0

附件　张

财务主管：张平　　记账：李伟　　出纳：赵丹　　审核：胡伟　　制单：王芳

记账凭证

2013 年 12 月 4 日　　记字第 13 号

摘 要	总账科目	明细科目	过账	借方金额										过账	贷方金额								
				千	百	十	万	千	百	十	元	角	分		千	百	十	万	千	百	十	元	角	分
归还短期借款	短期借款		√			2	0	0	0	0	0	0	0											
	银行存款													√			2	0	0	0	0	0	0	0
合 计					¥	2	0	0	0	0	0	0	0			¥	2	0	0	0	0	0	0	0

附件　张

财务主管：张平　　记账：李伟　　出纳：赵丹　　审核：胡伟　　制单：王芳

记账凭证

2013 年 12 月 4 日　　记字第 14 号

摘 要	总账科目	明细科目	过账	借方金额										过账	贷方金额								
				千	百	十	万	千	百	十	元	角	分		千	百	十	万	千	百	十	元	角	分
借入长期借款	银行存款					2	0	0	0	0	0	0	0											
	长期借款	本金															2	0	0	0	0	0	0	0
合 计					¥	2	0	0	0	0	0	0	0			¥	2	0	0	0	0	0	0	0

附件　张

财务主管：张平　　记账：李伟　　出纳：赵丹　　审核：胡伟　　制单：王芳

记账凭证

2013 年 12 月 5 日 记字第 15 号

摘 要	总账科目	明细科目	过账	借方金额										过账	贷方金额									
				千	百	十	万	千	百	十	元	角	分		千	百	十	万	千	百	十	元	角	分
计提借款利息	财务费用		√				1	0	0	0	0	0	0											
	应付利息	应计利息												√				1	0	0	0	0	0	0
合 计						¥	1	0	0	0	0	0	0				¥	1	0	0	0	0	0	0

附件 张

财务主管：张平 记账：李伟 出纳：赵丹 审核：胡伟 制单：王芳

记账凭证

2013 年 12 月 5 日 记字第 16 号

摘 要	总账科目	明细科目	过账	借方金额										过账	贷方金额									
				千	百	十	万	千	百	十	元	角	分		千	百	十	万	千	百	十	元	角	分
偿还借款	长期借款		√			5	5	0	0	0	0	0	0											
	银行存款													√			5	5	0	0	0	0	0	0
合 计					¥	5	5	0	0	0	0	0	0			¥	5	5	0	0	0	0	0	0

附件 张

财务主管：张平 记账：李伟 出纳：赵丹 审核：胡伟 制单：王芳

记账凭证

2013年12月6日　　　　记字第17号

摘要	总账科目	明细科目	过账	借方金额										过账	贷方金额									
				千	百	十	万	千	百	十	元	角	分		千	百	十	万	千	百	十	元	角	分
支付借款利息	应付利息		√						8	0	0	0	0											
	财务费用		√						4	0	0	0	0	√										
	银行存款																		1	2	0	0	0	0
合　计							¥	1	2	0	0	0	0					¥	1	2	0	0	0	0

附件　张

财务主管：张平　　记账：李伟　　出纳：赵丹　　审核：胡伟　　制单：王芳

记账凭证

2013年12月6日　　　　记字第18号

摘要	总账科目	明细科目	过账	借方金额										过账	贷方金额									
				千	百	十	万	千	百	十	元	角	分		千	百	十	万	千	百	十	元	角	分
偿还短期借款	短期借款		√			1	0	0	0	0	0	0	0											
	应付利息		√						8	0	0	0	0											
	银行存款													√			1	0	0	8	0	0	0	0
合　计					¥	1	0	0	8	0	0	0	0			¥	1	0	0	8	0	0	0	0

附件　张

财务主管：张平　　记账：李伟　　出纳：赵丹　　审核：胡伟　　制单：王芳

记账凭证

2013 年 12 月 6 日　　　　　　　　记字第 19 号

摘要	总账科目	明细科目	过账	借方金额										过账	贷方金额								
				千	百	十	万	千	百	十	元	角	分		千	百	十	万	千	百	十	元	角	分
购买股票	交易性金融资产	成本	√				4	8	0	0	0	0	0										
	投资收益		√						5	0	0	0	0										
	应收股利		√					2	0	0	0	0	0										
	银行存款													√				5	0	5	0	0	0	0
合　计						¥	5	0	5	0	0	0	0				¥	5	0	5	0	0	0	0

附件　张

财务主管：张平　　记账：李伟　　出纳：赵丹　　审核：胡伟　　制单：王芳

记账凭证

2013 年 12 月 8 日　　　　　　　　记字第 20 号

摘要	总账科目	明细科目	过账	借方金额										过账	贷方金额								
				千	百	十	万	千	百	十	元	角	分		千	百	十	万	千	百	十	元	角	分
计提公允价值变动	交易性金融资产	公允价值变动	√				1	0	0	0	0	0	0										
	公允价值变动损益													√				1	0	0	0	0	0	0
合　计						¥	1	0	0	0	0	0	0				¥	1	0	0	0	0	0	0

附件　张

财务主管：张平　　记账：李伟　　出纳：赵丹　　审核：胡伟　　制单：王芳

记账凭证

2013年12月8日　　　　记字第21号

摘要	总账科目	明细科目	过账	借方金额										过账	贷方金额								
				千	百	十	万	千	百	十	元	角	分		千	百	十	万	千	百	十	元	角	分
购入投资性房地产	投资性房地产	办公楼	√			4	5	0	0	0	0	0	0											
	银行存款													√			4	5	0	0	0	0	0	0
合计					¥	4	5	0	0	0	0	0	0			¥	4	5	0	0	0	0	0	0

附件　张

财务主管：张平　　记账：李伟　　出纳：赵丹　　审核：胡伟　　制单：王芳

记账凭证

2013年12月8日　　　　记字第22号

摘要	总账科目	明细科目	过账	借方金额										过账	贷方金额								
				千	百	十	万	千	百	十	元	角	分		千	百	十	万	千	百	十	元	角	分
计提折旧	其他业务成本		√					1	2	5	0	0	0											
	投资性房地产累计折旧													√					1	2	5	0	0	0
合计							¥	1	2	5	0	0	0					¥	1	2	5	0	0	0

附件　张

财务主管：张平　　记账：李伟　　出纳：赵丹　　审核：胡伟　　制单：王芳

记账凭证

2013 年 12 月 8 日　　　　　　　　记字第 23 号

摘 要	总账科目	明细科目	过账	借方金额										过账	贷方金额									
				千	百	十	万	千	百	十	元	角	分		千	百	十	万	千	百	十	元	角	分
收回投资性房地产	固定资产		√		1	0	0	0	0	0	0	0	0											
	投资性房地产累计折旧		√			2	0	0	0	0	0	0	0											
	投资性房地产	办公楼												√		1	0	0	0	0	0	0	0	0
	累计折旧													√			2	0	0	0	0	0	0	0
合　计				¥	1	2	0	0	0	0	0	0	0		¥	1	2	0	0	0	0	0	0	0

附件　张

财务主管：张平　　记账：李伟　　出纳：赵丹　　审核：胡伟　　制单：王芳

记账凭证

2013 年 12 月 8 日　　　　　　　　记字第 24 1/2 号

摘 要	总账科目	明细科目	过账	借方金额										过账	贷方金额									
				千	百	十	万	千	百	十	元	角	分		千	百	十	万	千	百	十	元	角	分
出售投资性房地产	银行存款		√		1	0	0	0	0	0	0	0	0											
	其他业务收入													√		1	0	0	0	0	0	0	0	0
合　计				¥	1	0	0	0	0	0	0	0	0		¥	1	0	0	0	0	0	0	0	0

附件　张

财务主管：张平　　记账：李伟　　出纳：赵丹　　审核：胡伟　　制单：王芳

记账凭证

2013 年 12 月 8 日　　　　记字第 24$^{2}/_{2}$ 号

摘 要	总账科目	明细科目	过账	借方金额										过账	贷方金额									
				千	百	十	万	千	百	十	元	角	分		千	百	十	万	千	百	十	元	角	分
结转成本	其他业务成本					4	8	0	0	0	0	0	0											
	投资性房地产累计折旧						2	0	0	0	0	0	0											
	投资性房地产	办公楼															5	0	0	0	0	0	0	0
合 计					¥	5	0	0	0	0	0	0	0			¥	5	0	0	0	0	0	0	0

附件　　张

财务主管：张平　　记账：李伟　　出纳：赵丹　　审核：胡伟　　制单：王芳

记账凭证

2013 年 12 月 9 日　　　　记字第 25 号

摘 要	总账科目	明细科目	过账	借方金额										过账	贷方金额									
				千	百	十	万	千	百	十	元	角	分		千	百	十	万	千	百	十	元	角	分
购买股票	长期股权投资		√			1	9	7	0	0	0	0	0											
	应收股利		√					8	0	0	0	0	0											
	银行存款													√			2	0	5	0	0	0	0	0
合 计					¥	2	0	5	0	0	0	0	0			¥	2	0	5	0	0	0	0	0

附件　　张

财务主管：张平　　记账：李伟　　出纳：赵丹　　审核：胡伟　　制单：王芳

记账凭证

2013 年 12 月 9 日　　　　记字第 26 号

摘 要	总账科目	明细科目	过账	借方金额										过账	贷方金额									
				千	百	十	万	千	百	十	元	角	分		千	百	十	万	千	百	十	元	角	分
出售长期股权投资	银行存款		√				9	9	0	0	0	0	0											
	长期股权投资													√				9	0	0	0	0	0	0
	投资收益													√					9	0	0	0	0	0
合　计						¥	9	9	0	0	0	0	0				¥	9	9	0	0	0	0	0

附件　张

财务主管：张平　　记账：李伟　　出纳：赵丹　　审核：胡伟　　制单：王芳

记账凭证

2013 年 12 月 9 日　　　　记字第 27 号

摘 要	总账科目	明细科目	过账	借方金额										过账	贷方金额									
				千	百	十	万	千	百	十	元	角	分		千	百	十	万	千	百	十	元	角	分
购入持有至到期投资	持有至到期投资	成本					2	1	0	0	0	0	0											
	银行存款																	2	0	0	0	0	0	0
	持有至到期投资	利息调整																	1	0	0	0	0	0
合　计						¥	2	1	0	0	0	0	0				¥	2	1	0	0	0	0	0

附件　张

财务主管：张平　　记账：李伟　　出纳：赵丹　　审核：胡伟　　制单：王芳

记账凭证

2013 年 12 月 9 日　　　　记字第 $28^{1}/_{2}$ 号

摘 要	总账科目	明细科目	过账	借方金额 千	百	十	万	千	百	十	元	角	分	过账	贷方金额 千	百	十	万	千	百	十	元	角	分
确认本金和利息	应收利息		√					1	0	0	0	0	0											
	持有至到期投资	利息调整	√							8	0	0	0											
	投资收益													√					1	0	8	0	0	0
合　计							¥	1	0	8	0	0	0					¥	1	0	8	0	0	0

附件　张

财务主管：张平　　记账：李伟　　出纳：赵丹　　审核：胡伟　　制单：王芳

记账凭证

2013 年 12 月 9 日　　　　记字第 $28^{2}/_{2}$ 号

摘 要	总账科目	明细科目	过账	借方金额 千	百	十	万	千	百	十	元	角	分	过账	贷方金额 千	百	十	万	千	百	十	元	角	分
确认本金和利息	银行存款		√				1	9	0	8	0	0	0											
	应收利息													√					1	0	0	0	0	0
	持有至到期投资	成本												√				1	8	0	8	0	0	0
合　计						¥	1	9	0	8	0	0	0				¥	1	9	0	8	0	0	0

附件　张

财务主管：张平　　记账：李伟　　出纳：赵丹　　审核：胡伟　　制单：王芳

记账凭证

2013 年 12 月 9 日　　　　　　　　记字第 29 号

摘 要	总账科目	明细科目	过账	借方金额										过账	贷方金额								
				千	百	十	万	千	百	十	元	角	分		千	百	十	万	千	百	十	元	角	分
支付拆迁补偿费	开发成本	房屋开发成本（1号商品房）	√		3	2	0	0	0	0	0	0	0											
		土地开发成本（乙土地）	√		2	4	0	0	0	0	0	0	0											
		土地开发成本（丙土地）	√		1	6	0	0	0	0	0	0	0											
	银行存款													√		7	2	0	0	0	0	0	0	0
合　计				¥	7	2	0	0	0	0	0	0	0		¥	7	2	0	0	0	0	0	0	0

附件　张

财务主管：张平　　记账：李伟　　出纳：赵丹　　审核：胡伟　　制单：王芳

记账凭证

2013 年 12 月 10 日　　　　　　　　记字第 30 号

摘 要	总账科目	明细科目	过账	借方金额										过账	贷方金额								
				千	百	十	万	千	百	十	元	角	分		千	百	十	万	千	百	十	元	角	分
支付前期工程费	开发成本	房屋开发成本（1号商品房）	√			1	2	0	0	0	0	0	0											
		土地开发成本（乙土地）	√				8	0	0	0	0	0	0											
		土地开发成本（丙土地）	√				4	0	0	0	0	0	0											
	银行存款													√			2	4	0	0	0	0	0	0
合　计					¥	2	4	0	0	0	0	0	0			¥	2	4	0	0	0	0	0	0

附件　张

财务主管：张平　　记账：李伟　　出纳：赵丹　　审核：胡伟　　制单：王芳

记账凭证

2013 年 12 月 10 日　　　　记字第 31 号

摘要	总账科目	明细科目	过账	借方金额										过账	贷方金额									
				千	百	十	万	千	百	十	元	角	分		千	百	十	万	千	百	十	元	角	分
确认工程款	开发成本	房屋开发成本（1号商品房）	√		1	2	0	0	0	0	0	0	0											
	应付账款	应付工程款（1号商品房）												√		1	2	0	0	0	0	0	0	0
合　计				¥	1	2	0	0	0	0	0	0	0		¥	1	2	0	0	0	0	0	0	0

附件　张

财务主管：张平　记账：李伟　出纳：赵丹　审核：胡伟　制单：王芳

记账凭证

2013 年 12 月 10 日　　　　记字第 32 号

摘要	总账科目	明细科目	过账	借方金额										过账	贷方金额									
				千	百	十	万	千	百	十	元	角	分		千	百	十	万	千	百	十	元	角	分
分配开发间接费用	开发成本	房屋开发成本（1号商品房）	√				9	0	4	0	0	0	0											
		土地开发成本（乙土地）	√			1	0	4	0	0	0	0	0											
		土地开发成本（丙土地）	√				4	5	6	0	0	0	0											
	开发成本	开发间接费用												√			2	4	0	0	0	0	0	0
合　计					¥	2	4	0	0	0	0	0	0			¥	2	4	0	0	0	0	0	0

附件　张

财务主管：张平　记账：李伟　出纳：赵丹　审核：胡伟　制单：王芳

记账凭证

2013 年 12 月 10 日　　　　　　　　记字第 33 号

摘　要	总账科目	明细科目	过账	借方金额										过账	贷方金额								
				千	百	十	万	千	百	十	元	角	分		千	百	十	万	千	百	十	元	角	分
验收开发产品	开发产品	土地	√		8	0	0	0	0	0	0	0	0											
	开发成本	土地开发成本												√		8	0	0	0	0	0	0	0	0
合　计				¥	8	0	0	0	0	0	0	0	0		¥	8	0	0	0	0	0	0	0	0

附件　张

财务主管：张平　　记账：李伟　　出纳：赵丹　　审核：胡伟　　制单：王芳

记账凭证

2013 年 12 月 10 日　　　　　　　　记字第 34 号

摘　要	总账科目	明细科目	过账	借方金额										过账	贷方金额								
				千	百	十	万	千	百	十	元	角	分		千	百	十	万	千	百	十	元	角	分
购入无形资产	无形资产		√				5	2	0	0	0	0	0											
	银行存款													√				5	2	0	0	0	0	0
合　计						¥	5	2	0	0	0	0	0				¥	5	2	0	0	0	0	0

附件　张

财务主管：张平　　记账：李伟　　出纳：赵丹　　审核：胡伟　　制单：王芳

记账凭证

2013 年 12 月 11 日　　　　　　　　　　　　　　记字第 35 号

摘要	总账科目	明细科目	过账	借方金额 千	百	十	万	千	百	十	元	角	分	过账	贷方金额 千	百	十	万	千	百	十	元	角	分
转让无形资产	银行存款		√				6	0	0	0	0	0	0											
	累计摊销		√				1	0	0	0	0	0	0											
	无形资产													√				6	2	0	0	0	0	0
	应交税费													√					3	3	0	0	0	0
	营业外收入	处置非流动资产利得												√					4	7	0	0	0	0
合　计						¥	7	0	0	0	0	0	0				¥	7	0	0	0	0	0	0

附件　张

财务主管：张平　　记账：李伟　　出纳：赵丹　　审核：胡伟　　制单：王芳

记账凭证

2013 年 12 月 11 日　　　　　　　　　　　　　　记字第 36 号

摘要	总账科目	明细科目	过账	借方金额 千	百	十	万	千	百	十	元	角	分	过账	贷方金额 千	百	十	万	千	百	十	元	角	分
购入固定资产	固定资产		√				2	4	0	0	0	0	0											
	银行存款													√				2	4	0	0	0	0	0
合　计						¥	2	4	0	0	0	0	0				¥	2	4	0	0	0	0	0

附件　张

财务主管：张平　　记账：李伟　　出纳：赵丹　　审核：胡伟　　制单：王芳

记账凭证

2013年12月11日　　　　记字第37号

摘要	总账科目	明细科目	过账	借方金额										过账	贷方金额									
				千	百	十	万	千	百	十	元	角	分		千	百	十	万	千	百	十	元	角	分
验收办公楼	固定资产	办公楼				7	0	0	0	0	0	0	0											
	在建工程	办公楼															7	0	0	0	0	0	0	0
合　计					¥	7	0	0	0	0	0	0	0			¥	7	0	0	0	0	0	0	0

附件　张

财务主管：张平　　记账：李伟　　出纳：赵丹　　审核：胡伟　　制单：王芳

记账凭证

2013年12月12日　　　　记字第38号

摘要	总账科目	明细科目	过账	借方金额										过账	贷方金额									
				千	百	十	万	千	百	十	元	角	分		千	百	十	万	千	百	十	元	角	分
计提折旧	管理费用						1	0	0	0	0	0	0											
	销售费用						1	0	0	0	0	0	0											
	其他业务成本						1	0	0	0	0	0	0											
	累计折旧																	3	0	0	0	0	0	0
合　计						¥	3	0	0	0	0	0	0				¥	3	0	0	0	0	0	0

附件　张

财务主管：张平　　记账：李伟　　出纳：赵丹　　审核：胡伟　　制单：王芳

记账凭证

2013年12月12日 记字第39号

摘要	总账科目	明细科目	过账	借方金额										过账	贷方金额									
				千	百	十	万	千	百	十	元	角	分		千	百	十	万	千	百	十	元	角	分
计提折旧	管理费用		√					2	3	7	5	0	0											
	累计折旧													√					2	3	7	5	0	0
合计							¥	2	3	7	5	0	0					¥	2	3	7	5	0	0

附件 张

财务主管：张平 记账：李伟 出纳：赵丹 审核：胡伟 制单：王芳

记账凭证

2013年12月13日 记字第40号

摘要	总账科目	明细科目	过账	借方金额										过账	贷方金额									
				千	百	十	万	千	百	十	元	角	分		千	百	十	万	千	百	十	元	角	分
购入材料	原材料		√				5	8	5	0	0	0	0											
	银行存款													√				5	8	5	0	0	0	0
合计						¥	5	8	5	0	0	0	0				¥	5	8	5	0	0	0	0

附件 张

财务主管：张平 记账：李伟 出纳：赵丹 审核：胡伟 制单：王芳

记账凭证

2013 年 12 月 13 日　　　　记字第 41 号

摘 要	总账科目	明细科目	过账	借方金额										过账	贷方金额									
				千	百	十	万	千	百	十	元	角	分		千	百	十	万	千	百	十	元	角	分
领用材料	开发成本		√				2	0	0	0	0	0	0											
	在建工程		√					5	0	0	0	0	0											
	原材料													√				2	5	0	0	0	0	0
合 计						¥	2	5	0	0	0	0	0				¥	2	5	0	0	0	0	0

附件 张

财务主管：张平　　记账：李伟　　出纳：赵丹　　审核：胡伟　　制单：王芳

记账凭证

2013 年 12 月 14 日　　　　记字第 42 号

摘 要	总账科目	明细科目	过账	借方金额										过账	贷方金额									
				千	百	十	万	千	百	十	元	角	分		千	百	十	万	千	百	十	元	角	分
交营业税	应交税费	应交营业税			1	8	9	0	0	0	0	0	0											
	银行存款															1	8	9	0	0	0	0	0	0
合 计				¥	1	8	9	0	0	0	0	0	0		¥	1	8	9	0	0	0	0	0	0

附件 张

财务主管：张平　　记账：李伟　　出纳：赵丹　　审核：胡伟　　制单：王芳

记账凭证

2013 年 12 月 14 日　　　　记字第 43 号

摘要	总账科目	明细科目	过账	借方金额										过账	贷方金额								
				千	百	十	万	千	百	十	元	角	分		千	百	十	万	千	百	十	元	角	分
交纳土地增值税	应交税费	应交土地增值税	√		2	5	9	5	0	0	0	0	0										
	银行存款													√		2	5	9	5	0	0	0	0	0
合计				¥	2	5	9	5	0	0	0	0	0		¥	2	5	9	5	0	0	0	0	0

附件　张

财务主管：张平　　记账：李伟　　出纳：赵丹　　审核：胡伟　　制单：王芳

记账凭证

2013 年 12 月 14 日　　　　记字第 44 号

摘要	总账科目	明细科目	过账	借方金额										过账	贷方金额								
				千	百	十	万	千	百	十	元	角	分		千	百	十	万	千	百	十	元	角	分
交纳房产税	应交税费	应交房产税	√			3	9	1	2	0	0	0	0										
	银行存款													√			3	9	1	2	0	0	0	0
合计					¥	3	9	1	2	0	0	0	0			¥	3	9	1	2	0	0	0	0

附件　张

财务主管：张平　　记账：李伟　　出纳：赵丹　　审核：胡伟　　制单：王芳

记账凭证

2013 年 12 月 14 日　　　　记字第 45 号

摘要	总账科目	明细科目	过账	借方金额										过账	贷方金额								
				千	百	十	万	千	百	十	元	角	分		千	百	十	万	千	百	十	元	角	分
交纳土地使用税	应交税费	应交土地使用税	√				2	0	0	0	0	0	0											
	银行存款													√				2	0	0	0	0	0	0
合　计						¥	2	0	0	0	0	0	0				¥	2	0	0	0	0	0	0

附件　张

财务主管：张平　　记账：李伟　　出纳：赵丹　　审核：胡伟　　制单：王芳

记账凭证

2013 年 12 月 14 日　　　　记字第 46 号

摘要	总账科目	明细科目	过账	借方金额										过账	贷方金额								
				千	百	十	万	千	百	十	元	角	分		千	百	十	万	千	百	十	元	角	分
交纳城建税和教育费附加	应交税费	应交城市维护建设税	√			1	3	2	3	0	0	0	0											
		应交教育费附加	√				5	6	7	0	0	0	0											
	银行存款													√			1	8	9	0	0	0	0	0
合　计					¥	1	8	9	0	0	0	0	0			¥	1	8	9	0	0	0	0	0

附件　张

财务主管：张平　　记账：李伟　　出纳：赵丹　　审核：胡伟　　制单：王芳

记账凭证

2013 年 12 月 14 日　　　　记字第 47 号

摘 要	总账科目	明细科目	过账	借方金额										过账	贷方金额									
				千	百	十	万	千	百	十	元	角	分		千	百	十	万	千	百	十	元	角	分
交印花税	管理费用		√				1	2	0	5	0	0	0											
	银行存款													√				1	2	0	5	0	0	0
合 计						¥	1	2	0	5	0	0	0				¥	1	2	0	5	0	0	0

附件　张

财务主管：张平　　记账：李伟　　出纳：赵丹　　审核：胡伟　　制单：王芳

记账凭证

2013 年 12 月 14 日　　　　记字第 48 号

摘 要	总账科目	明细科目	过账	借方金额										过账	贷方金额									
				千	百	十	万	千	百	十	元	角	分		千	百	十	万	千	百	十	元	角	分
交纳个人所得税	应交税费	应交个人所得税	√					3	0	0	0	0	0											
	银行存款													√					3	0	0	0	0	0
合 计							¥	3	0	0	0	0	0					¥	3	0	0	0	0	0

附件　张

财务主管：张平　　记账：李伟　　出纳：赵丹　　审核：胡伟　　制单：王芳

记账凭证

2013年12月18日　　　　　　记字第49号

摘要	总账科目	明细科目	过账	借方金额										过账	贷方金额									
				千	百	十	万	千	百	十	元	角	分		千	百	十	万	千	百	十	元	角	分
购入材料	原材料		√				5	8	5	0	0	0	0											
	应付票据													√				5	8	5	0	0	0	0
合　计						¥	5	8	5	0	0	0	0				¥	5	8	5	0	0	0	0

附件　张

财务主管：张平　　记账：李伟　　出纳：赵丹　　审核：胡伟　　制单：王芳

记账凭证

2013年12月18日　　　　　　记字第50号

摘要	总账科目	明细科目	过账	借方金额										过账	贷方金额									
				千	百	十	万	千	百	十	元	角	分		千	百	十	万	千	百	十	元	角	分
购买周转材料	周转材料	低值易耗品	√				5	8	5	0	0	0	0											
	应付账款													√				5	8	5	0	0	0	0
合　计						¥	5	8	5	0	0	0	0				¥	5	8	5	0	0	0	0

附件　张

财务主管：张平　　记账：李伟　　出纳：赵丹　　审核：胡伟　　制单：王芳

记账凭证

2013 年 12 月 19 日　　　　记字第 51 号

摘 要	总账科目	明细科目	过账	借方金额										过账	贷方金额									
				千	百	十	万	千	百	十	元	角	分		千	百	十	万	千	百	十	元	角	分
支付货款	应付账款		√				2	0	0	0	0	0	0											
	银行存款													√				2	0	0	0	0	0	0
合 计						¥	2	0	0	0	0	0	0				¥	2	0	0	0	0	0	0

附件　张

财务主管：张平　　记账：李伟　　出纳：赵丹　　审核：胡伟　　制单：王芳

记账凭证

2013 年 12 月 19 日　　　　记字第 52 号

摘 要	总账科目	明细科目	过账	借方金额										过账	贷方金额									
				千	百	十	万	千	百	十	元	角	分		千	百	十	万	千	百	十	元	角	分
支付预付款	预付账款		√			1	2	0	0	0	0	0	0											
	银行存款													√			1	2	0	0	0	0	0	0
合 计					¥	1	2	0	0	0	0	0	0			¥	1	2	0	0	0	0	0	0

附件　张

财务主管：张平　　记账：李伟　　出纳：赵丹　　审核：胡伟　　制单：王芳

记账凭证

2013 年 12 月 20 日　　　　记字第 53 号

摘 要	总账科目	明细科目	过账	借方金额										过账	贷方金额								
				千	百	十	万	千	百	十	元	角	分		千	百	十	万	千	百	十	元	角	分
收到材料	原材料		√			1	2	8	7	0	0	0	0											
	预付账款													√			1	2	8	7	0	0	0	0
合 计					¥	1	2	8	7	0	0	0	0			¥	1	2	8	7	0	0	0	0

附件　张

财务主管：张平　　记账：李伟　　出纳：赵丹　　审核：胡伟　　制单：王芳

记账凭证

2013 年 12 月 20 日　　　　记字第 54 号

摘 要	总账科目	明细科目	过账	借方金额										过账	贷方金额								
				千	百	十	万	千	百	十	元	角	分		千	百	十	万	千	百	十	元	角	分
补齐预付账款	预付账款		√					8	7	0	0	0	0											
	银行存款													√					8	7	0	0	0	0
合 计							¥	8	7	0	0	0	0					¥	8	7	0	0	0	0

附件　张

财务主管：张平　　记账：李伟　　出纳：赵丹　　审核：胡伟　　制单：王芳

记账凭证

2013 年 12 月 20 日　　　　记字第 55 号

摘 要	总账科目	明细科目	过账	借方金额										过账	贷方金额									
				千	百	十	万	千	百	十	元	角	分		千	百	十	万	千	百	十	元	角	分
开发产品验收	开发产品	丙土地	√		2	0	8	5	6	0	0	0	0											
	开发成本	土地开发成本（丙土地）												√		2	0	8	5	6	0	0	0	0
合　计				¥	2	0	8	5	6	0	0	0	0		¥	2	0	8	5	6	0	0	0	0

附件　张

财务主管：张平　　记账：李伟　　出纳：赵丹　　审核：胡伟　　制单：王芳

记账凭证

2013 年 12 月 20 日　　　　记字第 56 号

摘 要	总账科目	明细科目	过账	借方金额										过账	贷方金额									
				千	百	十	万	千	百	十	元	角	分		千	百	十	万	千	百	十	元	角	分
房屋开发完成	开发产品		√	1	0	0	0	0	0	0	0	0	0											
	开发成本	房屋开发成本												√	1	0	0	0	0	0	0	0	0	0
合　计				1	0	0	0	0	0	0	0	0	0		1	0	0	0	0	0	0	0	0	0

附件　张

财务主管：张平　　记账：李伟　　出纳：赵丹　　审核：胡伟　　制单：王芳

记账凭证

2013年12月20日　　　　记字第57号

摘要	总账科目	明细科目	过账	借方金额										过账	贷方金额								
				千	百	十	万	千	百	十	元	角	分		千	百	十	万	千	百	十	元	角	分
开发产品转为自用	固定资产		√			1	8	0	0	0	0	0	0											
	开发产品													√			1	8	0	0	0	0	0	0
合　计					¥	1	8	0	0	0	0	0	0			¥	1	8	0	0	0	0	0	0

附件　张

财务主管：张平　　记账：李伟　　出纳：赵丹　　审核：胡伟　　制单：王芳

记账凭证

2013年12月20日　　　　记字第58号

摘要	总账科目	明细科目	过账	借方金额										过账	贷方金额								
				千	百	十	万	千	百	十	元	角	分		千	百	十	万	千	百	十	元	角	分
分期销售商品房	分期收款开发产品	发出商品	√		3	0	0	0	0	0	0	0	0											
	开发产品	商品房												√		3	0	0	0	0	0	0	0	0
合　计				¥	3	0	0	0	0	0	0	0	0		¥	3	0	0	0	0	0	0	0	0

附件　张

财务主管：张平　　记账：李伟　　出纳：赵丹　　审核：胡伟　　制单：王芳

记账凭证

2013年12月20日　　　　记字第59号

摘要	总账科目	明细科目	过账	借方金额										过账	贷方金额									
				千	百	十	万	千	百	十	元	角	分		千	百	十	万	千	百	十	元	角	分
出租开发产品	投资性房地产	出租产品	√		4	0	0	0	0	0	0	0	0											
	开发产品													√		4	0	0	0	0	0	0	0	0
合　计				¥	4	0	0	0	0	0	0	0	0		¥	4	0	0	0	0	0	0	0	0

附件　张

财务主管：张平　记账：李伟　出纳：赵丹　审核：胡伟　制单：王芳

记账凭证

2013年12月21日　　　　记字第60号

摘要	总账科目	明细科目	过账	借方金额										过账	贷方金额									
				千	百	十	万	千	百	十	元	角	分		千	百	十	万	千	百	十	元	角	分
分配职工工资	开发成本	开发间接费用	√				5	0	0	0	0	0	0											
	销售费用		√				3	0	0	0	0	0	0											
	管理费用		√				2	0	0	0	0	0	0											
	应付职工薪酬	工资												√			1	0	0	0	0	0	0	0
合　计					¥	1	0	0	0	0	0	0	0			¥	1	0	0	0	0	0	0	0

附件　张

财务主管：张平　记账：李伟　出纳：赵丹　审核：胡伟　制单：王芳

记账凭证

2013年12月21日　　　　记字第 $61^{1}/_{2}$ 号

摘要	总账科目	明细科目	过账	借方金额										过账	贷方金额									
				千	百	十	万	千	百	十	元	角	分		千	百	十	万	千	百	十	元	角	分
支付补贴款	应付职工薪酬	职工福利	√				3	6	0	0	0	0	0											
	银行存款													√				3	6	0	0	0	0	0
合　计						¥	3	6	0	0	0	0	0				¥	3	6	0	0	0	0	0

附件　张

财务主管：张平　　记账：李伟　　出纳：赵丹　　审核：胡伟　　制单：王芳

记账凭证

2013年12月21日　　　　记字第 $61^{2}/_{2}$ 号

摘要	总账科目	明细科目	过账	借方金额										过账	贷方金额									
				千	百	十	万	千	百	十	元	角	分		千	百	十	万	千	百	十	元	角	分
分配职工福利	开发成本	开发间接费用	√				2	1	0	0	0	0	0											
	销售费用		√					9	0	0	0	0	0											
	管理费用		√					6	0	0	0	0	0											
	应付职工薪酬	职工福利												√				3	6	0	0	0	0	0
合　计						¥	3	6	0	0	0	0	0				¥	3	6	0	0	0	0	0

附件　张

财务主管：张平　　记账：李伟　　出纳：赵丹　　审核：胡伟　　制单：王芳

记账凭证

2013年12月21日　　　　　　　　　记字第 $62^1/_2$ 号

摘要	总账科目	明细科目	过账	借方金额										过账	贷方金额									
				千	百	十	万	千	百	十	元	角	分		千	百	十	万	千	百	十	元	角	分
计提社会保险和住房公积金	开发成本	开发间接费用	√				1	0	5	0	0	0	0											
	销售费用		√					6	3	0	0	0	0											
	管理费用		√					4	2	0	0	0	0											
	应付职工薪酬	社会保险												√					8	0	0	0	0	0
		住房公积金												√				1	3	0	0	0	0	0
合　计						¥	2	1	0	0	0	0	0				¥	2	1	0	0	0	0	0

附件　张

财务主管：张平　　记账：李伟　　出纳：赵丹　　审核：胡伟　　制单：王芳

记账凭证

2013年12月21日　　　　　　　　　记字第 $62^2/_2$ 号

摘要	总账科目	明细科目	过账	借方金额										过账	贷方金额									
				千	百	十	万	千	百	十	元	角	分		千	百	十	万	千	百	十	元	角	分
交纳保险和住房公积金	应付职工薪酬	社会保险费	√					8	0	0	0	0	0											
		住房公积金	√				1	3	0	0	0	0	0											
	银行存款													√				2	1	0	0	0	0	0
合　计						¥	2	1	0	0	0	0	0				¥	2	1	0	0	0	0	0

附件　张

财务主管：张平　　记账：李伟　　出纳：赵丹　　审核：胡伟　　制单：王芳

记账凭证

2013年12月21日　　　　记字第63号

摘要	总账科目	明细科目	过账	借方金额										过账	贷方金额									
				千	百	十	万	千	百	十	元	角	分		千	百	十	万	千	百	十	元	角	分
计提工会经费和职工教育经费	开发成本	开发间接费用	√					2	2	5	0	0	0											
	销售费用		√					1	3	5	0	0	0											
	管理费用		√						9	0	0	0	0											
	应付职工薪酬	工会经费												√					2	0	0	0	0	0
		职工教育经费												√					2	5	0	0	0	0
合计							¥	4	5	0	0	0	0					¥	4	5	0	0	0	0

附件　张

财务主管：张平　　记账：李伟　　出纳：赵丹　　审核：胡伟　　制单：王芳

记账凭证

2013年12月21日　　　　记字第64号

摘要	总账科目	明细科目	过账	借方金额										过账	贷方金额									
				千	百	十	万	千	百	十	元	角	分		千	百	十	万	千	百	十	元	角	分
发放职工工资	应付职工薪酬	工资	√			1	0	0	0	0	0	0	0											
	应交税费	个人所得税												√					2	0	0	0	0	0
	其他应付款	社会保险费												√					5	0	0	0	0	0
		住房公积金												√				1	3	0	0	0	0	0
	银行存款													√				8	0	0	0	0	0	0
合计					¥	1	0	0	0	0	0	0	0			¥	1	0	0	0	0	0	0	0

附件　张

财务主管：张平　　记账：李伟　　出纳：赵丹　　审核：胡伟　　制单：王芳

记账凭证

2013年12月22日　　　　记字第65号

摘要	总账科目	明细科目	过账	借方金额										过账	贷方金额									
				千	百	十	万	千	百	十	元	角	分		千	百	十	万	千	百	十	元	角	分
销售商品房	银行存款		√	3	5	3	0	0	0	0	0	0	0											
	主营业务收入	商品房销售收入												√	2	0	0	0	0	0	0	0	0	0
		土地转让收入												√			3	0	0	0	0	0	0	0
		代建工程结算收入												√	1	5	0	0	0	0	0	0	0	0
合　计				3	5	3	0	0	0	0	0	0	0		3	5	3	0	0	0	0	0	0	0

附件　张

财务主管：张平　　记账：李伟　　出纳：赵丹　　审核：胡伟　　制单：王芳

记账凭证

2013年12月22日　　　　记字第66号

摘要	总账科目	明细科目	过账	借方金额										过账	贷方金额									
				千	百	十	万	千	百	十	元	角	分		千	百	十	万	千	百	十	元	角	分
收到分期销售商品款	银行存款		√		2	5	0	0	0	0	0	0	0											
	主营业务收入	商品房销售收入												√		2	5	0	0	0	0	0	0	0
合　计				¥	2	5	0	0	0	0	0	0	0		¥	2	5	0	0	0	0	0	0	0

附件　张

财务主管：张平　　记账：李伟　　出纳：赵丹　　审核：胡伟　　制单：王芳

记账凭证

2013 年 12 月 22 日　　　　记字第 67 号

摘　要	总账科目	明细科目	过账	借方金额										过账	贷方金额								
				千	百	十	万	千	百	十	元	角	分		千	百	十	万	千	百	十	元	角	分
代建工程验收	应收账款	市政工程局	√			8	0	0	0	0	0	0	0											
	主营业务收入	代建工程结算收入												√			8	0	0	0	0	0	0	0
合　计					¥	8	0	0	0	0	0	0	0			¥	8	0	0	0	0	0	0	0

附件　张

财务主管：张平　　记账：李伟　　出纳：赵丹　　审核：胡伟　　制单：王芳

记账凭证

2013 年 12 月 22 日　　　　记字第 68 号

摘　要	总账科目	明细科目	过账	借方金额										过账	贷方金额								
				千	百	十	万	千	百	十	元	角	分		千	百	十	万	千	百	十	元	角	分
收到租金	银行存款		√				2	0	0	0	0	0	0											
	主营业务收入	出租商品租金收入												√				2	0	0	0	0	0	0
合　计						¥	2	0	0	0	0	0	0				¥	2	0	0	0	0	0	0

附件　张

财务主管：张平　　记账：李伟　　出纳：赵丹　　审核：胡伟　　制单：王芳

记账凭证

2013 年 12 月 22 日　　　　记字第 69 号

摘 要	总账科目	明细科目	过账	借方金额										过账	贷方金额								
				千	百	十	万	千	百	十	元	角	分		千	百	十	万	千	百	十	元	角	分
结转成本	主营业务成本	商品房销售成本	√		1	0	0	0	0	0	0	0	0											
		土地转让成本	√			1	0	0	0	0	0	0	0											
		代建工程结算成本	√			7	5	0	0	0	0	0	0											
	开发产品	房屋												√		1	0	0	0	0	0	0	0	0
		商品性土地												√			1	0	0	0	0	0	0	0
		代建工程												√			7	5	0	0	0	0	0	0
合 计				¥	1	8	5	0	0	0	0	0	0		¥	1	8	5	0	0	0	0	0	0

附件　张

财务主管：张平　记账：李伟　出纳：赵丹　审核：胡伟　制单：王芳

记账凭证

2013 年 12 月 22 日　　　　记字第 70 号

摘 要	总账科目	明细科目	过账	借方金额										过账	贷方金额								
				千	百	十	万	千	百	十	元	角	分		千	百	十	万	千	百	十	元	角	分
结转成本	主营业务成本		√		1	5	0	0	0	0	0	0	0											
	分期收款开发产品													√		1	5	0	0	0	0	0	0	0
合 计				¥	1	5	0	0	0	0	0	0	0		¥	1	5	0	0	0	0	0	0	0

附件　张

财务主管：张平　记账：李伟　出纳：赵丹　审核：胡伟　制单：王芳

记账凭证

2013年12月22日　　　　记字第71¹/₂号

摘要	总账科目	明细科目	过账	借方金额										过账	贷方金额									
				千	百	十	万	千	百	十	元	角	分		千	百	十	万	千	百	十	元	角	分
结转出租商品成本	主营业务成本	出租产品经营成本	√					6	3	3	3	0	0											
	投资性房地产	出租产品摊销												√					6	3	3	3	0	0
合计							¥	6	3	3	3	0	0					¥	6	3	3	3	0	0

附件 张

财务主管：张平　记账：李伟　出纳：赵丹　审核：胡伟　制单：王芳

记账凭证

2013年12月22日　　　　记字第72²/₂号

摘要	总账科目	明细科目	过账	借方金额										过账	贷方金额									
				千	百	十	万	千	百	十	元	角	分		千	百	十	万	千	百	十	元	角	分
摊销修理费	主营业务成本	出租产品经营成本	√					3	2	0	0	0	0											
	预付账款													√					3	2	0	0	0	0
合计							¥	3	2	0	0	0	0					¥	3	2	0	0	0	0

附件 张

财务主管：张平　记账：李伟　出纳：赵丹　审核：胡伟　制单：王芳

记账凭证

2013 年 12 月 23 日　　　　记字第 72 号

摘要	总账科目	明细科目	过账	借方金额										过账	贷方金额									
				千	百	十	万	千	百	十	元	角	分		千	百	十	万	千	百	十	元	角	分
收取管理费	银行存款		√				8	0	0	0	0	0	0											
	其他业务收入	商品房售后服务收入												√				8	0	0	0	0	0	0
合计						¥	8	0	0	0	0	0	0				¥	8	0	0	0	0	0	0

附件　张

财务主管：张平　　记账：李伟　　出纳：赵丹　　审核：胡伟　　制单：王芳

记账凭证

2013 年 12 月 23 日　　　　记字第 73 号

摘要	总账科目	明细科目	过账	借方金额										过账	贷方金额									
				千	百	十	万	千	百	十	元	角	分		千	百	十	万	千	百	十	元	角	分
收取租金	银行存款		√				3	0	0	0	0	0	0											
	其他业务收入	固定资产出租收入												√				3	0	0	0	0	0	0
合计						¥	3	0	0	0	0	0	0				¥	3	0	0	0	0	0	0

附件　张

财务主管：张平　　记账：李伟　　出纳：赵丹　　审核：胡伟　　制单：王芳

记账凭证

2013 年 12 月 23 日　　　　记字第 74 号

摘 要	总账科目	明细科目	过账	借方金额										过账	贷方金额								
				千	百	十	万	千	百	十	元	角	分		千	百	十	万	千	百	十	元	角	分
转让无形资产	银行存款		√				5	0	0	0	0	0	0											
	其他业务收入	无形资产转让收入												√				5	0	0	0	0	0	0
合 计						¥	5	0	0	0	0	0	0				¥	5	0	0	0	0	0	0

附件　张

财务主管：张平　　记账：李伟　　出纳：赵丹　　审核：胡伟　　制单：王芳

记账凭证

2013 年 12 月 23 日　　　　记字第 75 号

摘 要	总账科目	明细科目	过账	借方金额										过账	贷方金额								
				千	百	十	万	千	百	十	元	角	分		千	百	十	万	千	百	十	元	角	分
结转商品房售后服务成本	其他业务成本	商品房售后服务支出	√				1	3	2	0	0	0	0											
	应付职工薪酬	工资												√				1	0	0	0	0	0	0
		职工福利费												√					2	0	0	0	0	0
	原材料													√					1	2	0	0	0	0
合 计						¥	1	3	2	0	0	0	0				¥	1	3	2	0	0	0	0

附件　张

财务主管：张平　　记账：李伟　　出纳：赵丹　　审核：胡伟　　制单：王芳

记账凭证

2013 年 12 月 23 日　　　　　　　　记字第 76 号

摘要	总账科目	明细科目	过账	借方金额										过账	贷方金额								
				千	百	十	万	千	百	十	元	角	分		千	百	十	万	千	百	十	元	角	分
结转出租固定资产成本	其他业务成本	固定资产出租支出	√				1	2	0	0	0	0	0											
	累计折旧													√				1	2	0	0	0	0	0
合计						¥	1	2	0	0	0	0	0				¥	1	2	0	0	0	0	0

附件　张

财务主管：张平　　记账：李伟　　出纳：赵丹　　审核：胡伟　　制单：王芳

记账凭证

2013 年 12 月 23 日　　　　　　　　记字第 77 号

摘要	总账科目	明细科目	过账	借方金额										过账	贷方金额								
				千	百	十	万	千	百	十	元	角	分		千	百	十	万	千	百	十	元	角	分
支付转让费用	其他业务成本	无形资产转让支出	√					2	0	0	0	0	0											
	银行存款													√					2	0	0	0	0	0
合计							¥	2	0	0	0	0	0					¥	2	0	0	0	0	0

附件　张

财务主管：张平　　记账：李伟　　出纳：赵丹　　审核：胡伟　　制单：王芳

记账凭证

2013年12月24日 记字第78号

摘要	总账科目	明细科目	过账	借方金额										过账	贷方金额									
				千	百	十	万	千	百	十	元	角	分		千	百	十	万	千	百	十	元	角	分
支付办公费	管理费用	办公费	√				2	0	0	0	0	0	0											
		咨询费	√				1	0	0	0	0	0	0											
		业务招待费	√					2	0	0	0	0	0											
	银行存款													√				3	2	0	0	0	0	0
合 计						¥	3	2	0	0	0	0	0				¥	3	2	0	0	0	0	0

附件 张

财务主管：张平 记账：李伟 出纳：赵丹 审核：胡伟 制单：王芳

记账凭证

2013年12月24日 记字第79号

摘要	总账科目	明细科目	过账	借方金额										过账	贷方金额									
				千	百	十	万	千	百	十	元	角	分		千	百	十	万	千	百	十	元	角	分
计提低值易耗品摊销	管理费用	低值易耗品摊销	√					3	0	0	0	0	0											
	周转材料	低值易耗品												√					3	0	0	0	0	0
合 计							¥	3	0	0	0	0	0					¥	3	0	0	0	0	0

附件 张

财务主管：张平 记账：李伟 出纳：赵丹 审核：胡伟 制单：王芳

记账凭证

2013 年 12 月 24 日　　　　记字第 $80^{1}/_{3}$ 号

摘 要	总账科目	明细科目	过账	借方金额										过账	贷方金额								
				千	百	十	万	千	百	十	元	角	分		千	百	十	万	千	百	十	元	角	分
支付摊位使用费	销售费用	展览费	√				2	0	0	0	0	0	0										
	银行存款													√				2	0	0	0	0	0	0
合　计						¥	2	0	0	0	0	0	0				¥	2	0	0	0	0	0	0

附件　张

财务主管：张平　　记账：李伟　　出纳：赵丹　　审核：胡伟　　制单：王芳

记账凭证

2013 年 12 月 24 日　　　　记字第 $80^{2}/_{3}$ 号

摘 要	总账科目	明细科目	过账	借方金额										过账	贷方金额								
				千	百	十	万	千	百	十	元	角	分		千	百	十	万	千	百	十	元	角	分
支付广告宣传费	销售费用	广告宣传费	√				3	0	0	0	0	0	0										
	银行存款													√				3	0	0	0	0	0	0
合　计						¥	3	0	0	0	0	0	0				¥	3	0	0	0	0	0	0

附件　张

财务主管：张平　　记账：李伟　　出纳：赵丹　　审核：胡伟　　制单：王芳

记账凭证

2013年12月24日　　　　　　记字第$80^{3}/_{3}$号

摘要	总账科目	明细科目	过账	借方金额										过账	贷方金额									
				千	百	十	万	千	百	十	元	角	分		千	百	十	万	千	百	十	元	角	分
支付销售人员工资	销售费用	工资及福利费	√				5	0	0	0	0	0	0											
	应付职工薪酬													√				5	0	0	0	0	0	0
合计						¥	5	0	0	0	0	0	0				¥	5	0	0	0	0	0	0

附件　张

财务主管：张平　　记账：李伟　　出纳：赵丹　　审核：胡伟　　制单：王芳

记账凭证

2013年12月24日　　　　　　记字第81号

摘要	总账科目	明细科目	过账	借方金额										过账	贷方金额									
				千	百	十	万	千	百	十	元	角	分		千	百	十	万	千	百	十	元	角	分
发生利息收入	银行存款		√				1	2	0	0	0	0	0											
	财务费用													√				1	2	0	0	0	0	0
合计						¥	1	2	0	0	0	0	0				¥	1	2	0	0	0	0	0

附件　张

财务主管：张平　　记账：李伟　　出纳：赵丹　　审核：胡伟　　制单：王芳

记账凭证

2013年12月24日　　　　　　　　　　记字第82号

摘要	总账科目	明细科目	过账	借方金额										过账	贷方金额									
				千	百	十	万	千	百	十	元	角	分		千	百	十	万	千	百	十	元	角	分
支付手续费	财务费用		√					2	0	0	0	0	0											
	银行存款													√					2	0	0	0	0	0
合计							¥	2	0	0	0	0	0					¥	2	0	0	0	0	0

附件　张

财务主管：张平　　记账：李伟　　出纳：赵丹　　审核：胡伟　　制单：王芳

记账凭证

2013年12月24日　　　　　　　　　　记字第83号

摘要	总账科目	明细科目	过账	借方金额										过账	贷方金额									
				千	百	十	万	千	百	十	元	角	分		千	百	十	万	千	百	十	元	角	分
收取诚意金	银行存款		√			1	0	0	0	0	0	0	0											
	其他应付款	诚意金												√			1	0	0	0	0	0	0	0
合计					¥	1	0	0	0	0	0	0	0			¥	1	0	0	0	0	0	0	0

附件　张

财务主管：张平　　记账：李伟　　出纳：赵丹　　审核：胡伟　　制单：王芳

记账凭证

2013 年 12 月 26 日　　　　记字第 84 号

摘要	总账科目	明细科目	过账	借方金额										过账	贷方金额								
				千	百	十	万	千	百	十	元	角	分		千	百	十	万	千	百	十	元	角	分
退回诚意金	其他应付款	诚意金	√			1	0	0	0	0	0	0	0										
	预收账款	销售定金												√				8	0	0	0	0	0	0
	银行存款													√				2	0	0	0	0	0	0
合　计					¥	1	0	0	0	0	0	0	0			¥	1	0	0	0	0	0	0	0

附件　张

财务主管：张平　　记账：李伟　　出纳：赵丹　　审核：胡伟　　制单：王芳

记账凭证

2013 年 12 月 26 日　　　　记字第 85 号

摘要	总账科目	明细科目	过账	借方金额										过账	贷方金额								
				千	百	十	万	千	百	十	元	角	分		千	百	十	万	千	百	十	元	角	分
收到商业汇票	应收票据		√			1	0	0	0	0	0	0	0										
	预收账款													√			1	0	0	0	0	0	0	0
合　计					¥	1	0	0	0	0	0	0	0			¥	1	0	0	0	0	0	0	0

附件　张

财务主管：张平　　记账：李伟　　出纳：赵丹　　审核：胡伟　　制单：王芳

记账凭证

2013 年 12 月 27 日　　　　　　记字第 86 号

摘 要	总账科目	明细科目	过账	借方金额										过账	贷方金额									
				千	百	十	万	千	百	十	元	角	分		千	百	十	万	千	百	十	元	角	分
票据贴现	银行存款		√				9	8	5	0	0	0	0											
	财务费用		√					1	5	0	0	0	0											
	应收票据													√			1	0	0	0	0	0	0	0
合 计					¥	1	0	0	0	0	0	0	0			¥	1	0	0	0	0	0	0	0

附件　张

财务主管：张平　　记账：李伟　　出纳：赵丹　　审核：胡伟　　制单：王芳

记账凭证

2013 年 12 月 29 日　　　　　　记字第 87 号

摘 要	总账科目	明细科目	过账	借方金额										过账	贷方金额									
				千	百	十	万	千	百	十	元	角	分		千	百	十	万	千	百	十	元	角	分
确认委托代销商品款	应收账款		√			5	0	0	0	0	0	0	0											
	主营业务收入													√			5	0	0	0	0	0	0	0
合 计					¥	5	0	0	0	0	0	0	0			¥	5	0	0	0	0	0	0	0

附件　张

财务主管：张平　　记账：李伟　　出纳：赵丹　　审核：胡伟　　制单：王芳

记账凭证

2013 年 12 月 30 日　　　　　　　　记字第 88 号

摘　要	总账科目	明细科目	过账	借方金额										过账	贷方金额									
				千	百	十	万	千	百	十	元	角	分		千	百	十	万	千	百	十	元	角	分
计提营业税	营业税金及附加		√		1	9	3	5	0	0	0	0	0											
	应交税费	应交营业税												√		1	9	3	5	0	0	0	0	0
合　计				¥	1	9	3	5	0	0	0	0	0		¥	1	9	3	5	0	0	0	0	0

附件　张

财务主管：张平　　记账：李伟　　出纳：赵丹　　审核：胡伟　　制单：王芳

记账凭证

2013 年 12 月 30 日　　　　　　　　记字第 89 号

摘　要	总账科目	明细科目	过账	借方金额										过账	贷方金额									
				千	百	十	万	千	百	十	元	角	分		千	百	十	万	千	百	十	元	角	分
交纳印花税	管理费用		√				1	5	8	5	5	0	0											
	银行存款													√				1	5	8	5	5	0	0
合　计						¥	1	5	8	5	5	0	0				¥	1	5	8	5	5	0	0

附件　张

财务主管：张平　　记账：李伟　　出纳：赵丹　　审核：胡伟　　制单：王芳

记账凭证

2013 年 12 月 30 日　　　　记字第 90 号

摘 要	总账科目	明细科目	过账	借方金额										过账	贷方金额									
				千	百	十	万	千	百	十	元	角	分		千	百	十	万	千	百	十	元	角	分
计提土地增值税	营业税金及附加		√		2	3	7	0	0	0	0	0	0											
	应交税费	应交土地增值税												√		2	3	7	0	0	0	0	0	0
合 计				¥	2	3	7	0	0	0	0	0	0		¥	2	3	7	0	0	0	0	0	0

附件　张

财务主管：张平　　记账：李伟　　出纳：赵丹　　审核：胡伟　　制单：王芳

记账凭证

2013 年 12 月 30 日　　　　记字第 91 号

摘 要	总账科目	明细科目	过账	借方金额										过账	贷方金额									
				千	百	十	万	千	百	十	元	角	分		千	百	十	万	千	百	十	元	角	分
计提营业税	营业税金及附加		√				5	0	0	0	0	0	0											
	应交税费	应交营业税												√				5	0	0	0	0	0	0
合 计						¥	5	0	0	0	0	0	0				¥	5	0	0	0	0	0	0

附件　张

财务主管：张平　　记账：李伟　　出纳：赵丹　　审核：胡伟　　制单：王芳

记账凭证

2013年12月30日　　　　记字第92号

摘要	总账科目	明细科目	过账	借方金额										过账	贷方金额									
				千	百	十	万	千	百	十	元	角	分		千	百	十	万	千	百	十	元	角	分
计提营业税	营业税金及附加		√					1	0	0	0	0	0											
	应交税费	应交营业税												√					1	0	0	0	0	0
合计							¥	1	0	0	0	0	0					¥	1	0	0	0	0	0

附件　张

财务主管：张平　　记账：李伟　　出纳：赵丹　　审核：胡伟　　制单：王芳

记账凭证

2013年12月30日　　　　记字第93号

摘要	总账科目	明细科目	过账	借方金额										过账	贷方金额									
				千	百	十	万	千	百	十	元	角	分		千	百	十	万	千	百	十	元	角	分
计提营业税	营业税金及附加		√					9	0	0	0	0	0											
	应交税费	应交营业税												√					9	0	0	0	0	0
合计							¥	9	0	0	0	0	0					¥	9	0	0	0	0	0

附件　张

财务主管：张平　　记账：李伟　　出纳：赵丹　　审核：胡伟　　制单：王芳

记账凭证

2013 年 12 月 30 日　　　　记字第 94 号

摘要	总账科目	明细科目	过账	借方金额										过账	贷方金额								
				千	百	十	万	千	百	十	元	角	分		千	百	十	万	千	百	十	元	角	分
计提城建税和教育费附加	营业税金及附加		√			1	9	9	8	0	0	0	0											
	应交税费	应交城市维护建设税												√			1	3	9	8	6	0	0	0
		应交教育费附加												√				5	9	9	4	0	0	0
合计					¥	1	9	9	8	0	0	0	0			¥	1	9	9	8	0	0	0	0

附件　张

财务主管：张平　记账：李伟　出纳：赵丹　审核：胡伟　制单：王芳

记账凭证

2013 年 12 月 30 日　　　　记字第 95 号

摘要	总账科目	明细科目	过账	借方金额										过账	贷方金额								
				千	百	十	万	千	百	十	元	角	分		千	百	十	万	千	百	十	元	角	分
无法支付款项转销	其他应付款		√					8	0	0	0	0	0											
	营业外收入													√					8	0	0	0	0	0
合计							¥	8	0	0	0	0	0					¥	8	0	0	0	0	0

附件　张

财务主管：张平　记账：李伟　出纳：赵丹　审核：胡伟　制单：王芳

记账凭证

2013 年 12 月 30 日　　　　记字第 96 号

摘 要	总账科目	明细科目	过账	借方金额										过账	贷方金额									
				千	百	十	万	千	百	十	元	角	分		千	百	十	万	千	百	十	元	角	分
收到罚款	银行存款		√				1	0	0	0	0	0	0											
	营业外收入													√				1	0	0	0	0	0	0
合 计						¥	1	0	0	0	0	0	0				¥	1	0	0	0	0	0	0

附件　张

财务主管：张平　　记账：李伟　　出纳：赵丹　　审核：胡伟　　制单：王芳

记账凭证

2013 年 12 月 30 日　　　　记字第 97 号

摘 要	总账科目	明细科目	过账	借方金额										过账	贷方金额									
				千	百	十	万	千	百	十	元	角	分		千	百	十	万	千	百	十	元	角	分
支付滞纳金	营业外支出		√					5	0	0	0	0	0											
	银行存款													√					5	0	0	0	0	0
合 计							¥	5	0	0	0	0	0					¥	5	0	0	0	0	0

附件　张

财务主管：张平　　记账：李伟　　出纳：赵丹　　审核：胡伟　　制单：王芳

记账凭证

2013 年 12 月 31 日　　　　记字第 98 号

摘要	总账科目	明细科目	过账	借方金额										过账	贷方金额								
				千	百	十	万	千	百	十	元	角	分		千	百	十	万	千	百	十	元	角	分
结转投资收益	投资收益		√					9	5	8	0	0	0										
	本年利润													√					9	5	8	0	0	0
		合计					¥	9	5	8	0	0	0					¥	9	5	8	0	0	0

附件　张

财务主管：张平　　记账：李伟　　出纳：赵丹　　审核：胡伟　　制单：王芳

记账凭证

2013 年 12 月 31 日　　　　记字第 99 号

摘要	总账科目	明细科目	过账	借方金额										过账	贷方金额								
				千	百	十	万	千	百	十	元	角	分		千	百	十	万	千	百	十	元	角	分
结转本月收入	主营业务收入		√	3	9	1	2	0	0	0	0	0	0										
	其他业务收入		√		1	1	6	0	0	0	0	0	0										
	营业外收入		√				2	2	7	0	0	0	0										
	公允价值变动损益		√				1	0	0	0	0	0	0										
	本年利润													√	4	0	3	1	2	7	0	0	0	0
		合计		4	0	3	1	2	7	0	0	0	0		4	0	3	1	2	7	0	0	0	0

附件　张

财务主管：张平　　记账：李伟　　出纳：赵丹　　审核：胡伟　　制单：王芳

记账凭证

2013 年 12 月 31 日　　　　　　记字第 100 号

摘 要	总账科目	明细科目	过账	借方金额										过账	贷方金额									
				千	百	十	万	千	百	十	元	角	分		千	百	十	万	千	百	十	元	角	分
结转成本费用	本年利润		√		8	7	1	7	8	8	3	0	0											
	主营业务成本													√		3	3	5	9	5	3	3	0	0
	其他业务成本													√			5	1	8	4	5	0	0	0
	营业税金及附加													√		4	5	6	4	8	0	0	0	0
	销售费用													√			1	5	6	6	5	0	0	0
	管理费用													√			1	1	1	5	5	0	0	0
	财务费用													√					1	9	0	0	0	0
	营业外支出													√					5	0	0	0	0	0
合　计				¥	8	7	1	7	8	8	3	0	0		¥	8	7	1	7	8	8	3	0	0

附件　张

财务主管：张平　　记账：李伟　　出纳：赵丹　　审核：胡伟　　制单：王芳

记账凭证

2013 年 12 月 31 日　　　　　　记字第 101 号

摘 要	总账科目	明细科目	过账	借方金额										过账	贷方金额									
				千	百	十	万	千	百	十	元	角	分		千	百	十	万	千	百	十	元	角	分
计提所得税	所得税费用		√		7	9	0	1	0	9	9	2	5											
	应交税费	应交所得税												√		7	9	0	1	0	9	9	2	5
合　计				¥	7	9	0	1	0	9	9	2	5		¥	7	9	0	1	0	9	9	2	5

附件　张

财务主管：张平　　记账：李伟　　出纳：赵丹　　审核：胡伟　　制单：王芳

记账凭证

2013 年 12 月 31 日　　　　记字第 102 号

摘 要	总账科目	明细科目	过账	借方金额										过账	贷方金额								
				千	百	十	万	千	百	十	元	角	分		千	百	十	万	千	百	十	元	角	分
结转所得税费用	本年利润		√		7	9	0	1	1	7	4	2	5											
	所得税费用													√		7	9	0	1	1	7	4	2	5
合 计				¥	7	9	0	1	1	7	4	2	5		¥	7	9	0	1	1	7	4	2	5

附件　张

财务主管：张平　　记账：李伟　　出纳：赵丹　　审核：胡伟　　制单：王芳

记账凭证

2013 年 12 月 31 日　　　　记字第 103 号

摘 要	总账科目	明细科目	过账	借方金额										过账	贷方金额								
				千	百	十	万	千	百	十	元	角	分		千	百	十	万	千	百	十	元	角	分
净利润转入未分配利润	本年利润		√	2	3	7	0	3	2	9	7	7	5											
	利润分配	未分配利润												√	2	3	7	0	3	2	9	7	7	5
合 计				2	3	7	0	3	2	9	7	7	5		2	3	7	0	3	2	9	7	7	5

附件　张

财务主管：张平　　记账：李伟　　出纳：赵丹　　审核：胡伟　　制单：王芳

记账凭证

2013 年 12 月 31 日　　　　记字第 104 号

摘 要	总账科目	明细科目	过账	借方金额										过账	贷方金额								
				千	百	十	万	千	百	十	元	角	分		千	百	十	万	千	百	十	元	角	分
提取盈余公积	利润分配	提取法定盈余公积	√		2	3	7	0	3	2	9	7	8											
	盈余公积	法定盈余公积												√		2	3	7	0	3	2	9	7	8
合　计				¥	2	3	7	0	3	2	9	7	8		¥	2	3	7	0	3	2	9	7	8

附件　张

财务主管：张平　记账：李伟　出纳：赵丹　审核：胡伟　制单：王芳

记账凭证

2013 年 12 月 31 日　　　　记字第 105 号

摘 要	总账科目	明细科目	过账	借方金额										过账	贷方金额								
				千	百	十	万	千	百	十	元	角	分		千	百	十	万	千	百	十	元	角	分
将盈余公积转入未分配利润	利润分配	未分配利润	√		2	3	7	0	3	2	9	7	8											
	利润分配	提取法定盈余公积												√		2	3	7	0	3	2	9	7	8
合　计				¥	2	3	7	0	3	2	9	7	8		¥	2	3	7	0	3	2	9	7	8

附件　张

财务主管：张平　记账：李伟　出纳：赵丹　审核：胡伟　制单：王芳

二、登记明细分类账

现金日记账

2013年		凭证号数	摘要	对方科目	借方										核对	贷方										核对	借或贷	余额										核对
月	日				千	百	十	万	千	百	十	元	角	分		千	百	十	万	千	百	十	元	角	分			千	百	十	万	千	百	十	元	角	分	
			期初余额																								借				2	0	0	0	0	0	0	
12	1	1	提现					2	0	0	0	0	0	0																								
12	1	2	购买办公用品																		1	2	0	0	0													
12	1	3	现金短缺																		1	0	0	0	0													
12	2	5	存现																1	0	0	0	0	0	0													
			本月合计					2	0	0	0	0	0	0					1	0	2	2	0	0	0		借				2	9	7	8	0	0	0	
			过次页																																			

银行存款日记账

2013年		凭证号数	摘要	对方科目	借方										核对	贷方										核对	借或贷	余额										核对
月	日				千	百	十	万	千	百	十	元	角	分		千	百	十	万	千	百	十	元	角	分			千	百	十	万	千	百	十	元	角	分	
			期初余额																								借	6	7	1	6	5	0	0	0	0	0	
12	1	1	提现																2	0	0	0	0	0	0													
12	2	5	存现					1	0	0	0	0	0	0																								
12	2	6	支付网费																	2	0	0	0	0	0													
12	2	7	存入保证金																2	0	0	0	0	0	0													
12	2	9	接受投资			3	0	0	0	0	0	0	0	0																								

（续表）

2013年		凭证号数	摘要	对方科目	借方										核对	贷方										核对	借或贷	余额										核对
月	日				千	百	十	万	千	百	十	元	角	分		千	百	十	万	千	百	十	元	角	分			千	百	十	万	千	百	十	元	角	分	
12	4	12	借入短期借款				1	0	0	0	0	0	0	0																								
12	4	13	偿还借款															2	0	0	0	0	0	0	0													
12	4	14	借入长期借款				2	0	0	0	0	0	0	0																								
12	5	16	偿还借款															5	5	0	0	0	0	0	0													
12	6	17	支付借款利息																	1	2	0	0	0	0													
12	6	18	偿还借款															1	0	0	8	0	0	0	0													
12	6	19	购入股票																5	0	5	0	0	0	0													
12	8	21	购入投资性房地产															4	5	0	0	0	0	0	0													
12	8	$24^{1}/_{2}$	出售投资性房地产			1	0	0	0	0	0	0	0	0																								
12	9	25	购入股票															2	0	5	0	0	0	0	0													
12	9	26	转让股票					9	9	0	0	0	0	0																								
12	9	27	购入债券																2	0	0	0	0	0	0													
12	9	$28^{2}/_{2}$	收到本金及利息					1	9	0	8	0	0	0																								
12	9	29	支付拆迁补偿费														7	2	0	0	0	0	0	0	0													
12	10	30	支付前期工程费															2	4	0	0	0	0	0	0													
12	10	34	购入无形资产																5	2	0	0	0	0	0													
12	11	35	转让无形资产					6	0	0	0	0	0	0																								
12	11	36	购入固定资产																2	4	0	0	0	0	0													
12	13	40	购入材料																5	8	5	0	0	0	0													
12	14	42	交营业税														1	8	9	0	0	0	0	0	0													
12	14	43	交土地增值税														2	5	9	5	0	0	0	0	0													
12	14	44	交房产税															3	9	1	2	0	0	0	0													
12	14	45	交土地使用税																2	0	0	0	0	0	0													
12	14	46	交城建税和教育附加															1	8	9	0	0	0	0	0													
12	14	47	交印花税																1	2	0	5	0	0	0													
12	14	48	交个人所得税																	3	0	0	0	0	0													

（续表）

2013年		凭证号数	摘要	对方科目	借方										核对	贷方										核对	借或贷	余额										核对
月	日				千	百	十	万	千	百	十	元	角	分		千	百	十	万	千	百	十	元	角	分			千	百	十	万	千	百	十	元	角	分	
12	19	51	支付货款																2	0	0	0	0	0	0													
12	19	52	预付定金															1	2	0	0	0	0	0	0													
12	20	54	补齐预付款																	8	7	0	0	0	0													
12	21	61¹/₂	支付补贴款																3	6	0	0	0	0	0													
12	21	62²/₂	交纳保险和公积金																2	1	0	0	0	0	0													
12	21	64	发放工资																8	0	0	0	0	0	0													
12	22	65	销售商品房		3	5	3	0	0	0	0	0	0	0																								
12	22	66	收到商品款			2	5	0	0	0	0	0	0	0																								
12	22	68	收到租金					2	0	0	0	0	0	0																								
12	23	72	收取管理费					8	0	0	0	0	0	0																								
12	23	73	收取租金					3	0	0	0	0	0	0																								
12	23	74	转让无形资产					5	0	0	0	0	0	0																								
12	23	77	支付转让费用																	2	0	0	0	0	0													
12	24	78	支付办公费																3	2	0	0	0	0	0													
12	24	80¹/₃	支付摊位使用费																2	0	0	0	0	0	0													
12	24	80²/₃	支付广告宣传费																3	0	0	0	0	0	0													
12	24	81	取得利息收入					1	2	0	0	0	0	0																								
12	24	82	支付手续费																	2	0	0	0	0	0													
12	24	83	预收诚意金				1	0	0	0	0	0	0	0																								
12	26	84	退回诚意金																2	0	0	0	0	0	0													
12	27	86	票据贴现					9	8	5	0	0	0	0																								
12	30	89	交纳印花税																1	5	8	5	5	0	0													
12	30	96	收到罚款					1	0	0	0	0	0	0																								
12	30	97	支付滞纳金																	5	0	0	0	0	0													
			本月合计		4	2	6	8	8	5	8	0	0	0		1	4	7	0	6	8	0	5	0	0		借	9	5	1	4	6	7	7	5	0	0	
			过次页																																			

明细分类账

总账科目 其他货币资金

明细科目 ______

2013年		记账凭证号数	摘要	借方										贷方										借或贷	余额									
月	日			千	百	十	万	千	百	十	元	角	分	千	百	十	万	千	百	十	元	角	分		千	百	十	万	千	百	十	元	角	分
			期初余额																					借					2	8	0	0	0	0
12	2	7	存入保证金				2	0	0	0	0	0	0																					
12	2	8	支付业务招待费															3	0	0	0	0	0											
			本月合计				2	0	0	0	0	0	0					3	0	0	0	0	0	借				1	9	8	0	0	0	0

明细分类账

总账科日 应收票据

明细科目 ______

2013年		记账凭证号数	摘要	借方										贷方										借或贷	余额									
月	日			千	百	十	万	千	百	十	元	角	分	千	百	十	万	千	百	十	元	角	分		千	百	十	万	千	百	十	元	角	分
			期初余额																					借		3	5	8	0	0	0	0	0	0
12	26	85	收到票据			1	0	0	0	0	0	0	0																					
12	27	86	票据贴现													1	0	0	0	0	0	0	0											
			本月合计			1	0	0	0	0	0	0	0			1	0	0	0	0	0	0	0	借		3	5	8	0	0	0	0	0	0

明细分类账

总账科目 应收账款

明细科目 ______

2013年		记账凭证号数	摘要	借方										贷方										借或贷	余额									
月	日			千	百	十	万	千	百	十	元	角	分	千	百	十	万	千	百	十	元	角	分		千	百	十	万	千	百	十	元	角	分
			期初余额																					借	2	8	0	0	0	0	0	0	0	0
12	22	67	工程完工			8	0	0	0	0	0	0	0																					
12	29	87	销售款			5	0	0	0	0	0	0	0																					
			本月合计		1	3	0	0	0	0	0	0	0											借	2	9	3	0	0	0	0	0	0	0

明细分类账

总账科目 其他应收款

明细科目 ______

2013年		记账凭证号数	摘要	借方										贷方										借或贷	余额									
月	日			千	百	十	万	千	百	十	元	角	分	千	百	十	万	千	百	十	元	角	分		千	百	十	万	千	百	十	元	角	分
			期初余额																					借		3	6	2	1	3	0	0	0	0
12	2	4	处理现金短款							5	0	0	0																					
			本月合计							5	0	0	0											借		3	6	2	1	3	5	0	0	0

明细分类账

总账科目 应收股利

明细科目 ＿＿＿＿

2013年		记账凭证号数	摘要	借方										贷方										借或贷	余额									
月	日			千	百	十	万	千	百	十	元	角	分	千	百	十	万	千	百	十	元	角	分		千	百	十	万	千	百	十	元	角	分
12	6	19	购入股票					2	0	0	0	0	0																					
12	9	25	购入股票					8	0	0	0	0	0																					
			本月合计				1	0	0	0	0	0	0											借				1	0	0	0	0	0	0

明细分类账

总账科目 应收利息

明细科目 ＿＿＿＿

2013年		记账凭证号数	摘要	借方										贷方										借或贷	余额									
月	日			千	百	十	万	千	百	十	元	角	分	千	百	十	万	千	百	十	元	角	分		千	百	十	万	千	百	十	元	角	分
12	9	$28^{1}/_{2}$	确认利息收入					1	0	0	0	0	0																					
12	9	$28^{2}/_{2}$	收到利息															1	0	0	0	0	0											
			本月合计					1	0	0	0	0	0					1	0	0	0	0	0	平								0		

明细分类账

总账科目 预付账款

明细科目 ____________

2013年		记账凭证号数	摘要	借方										贷方										借或贷	余额									
月	日			千	百	十	万	千	百	十	元	角	分	千	百	十	万	千	百	十	元	角	分		千	百	十	万	千	百	十	元	角	分
			期初余额																					借	1	4	7	2	0	0	0	0	0	0
12	19	52	预付定金			1	2	0	0	0	0	0	0																					
12	20	53	购入材料													1	2	8	7	0	0	0	0											
12	20	54	补齐预付款					8	7	0	0	0	0																					
12	22	$71^{2}/_{2}$	摊销修理费															3	2	0	0	0	0											
			本月合计			1	2	8	7	0	0	0	0			1	3	1	9	0	0	0	0	借	1	4	7	1	6	8	0	0	0	0

明细分类账

总账科目 原材料

明细科目 ____________

2013年		记账凭证号数	摘要	借方										贷方										借或贷	余额									
月	日			千	百	十	万	千	百	十	元	角	分	千	百	十	万	千	百	十	元	角	分		千	百	十	万	千	百	十	元	角	分
			期初余额																					借		1	0	0	0	0	0	0	0	0
12	13	40	购入材料				5	8	5	0	0	0	0																					
12	13	41	领用原材料														2	5	0	0	0	0	0											
12	18	49	购进材料				5	8	5	0	0	0	0																					
12	20	53	收入材料			1	2	8	7	0	0	0	0																					
12	23	75	结转成本															1	2	0	0	0	0											
			本月合计			2	4	5	7	0	0	0	0				2	6	2	0	0	0	0	借		1	2	1	9	5	0	0	0	0

明细分类账

总账科目 开发产品

明细科目

2013年		记账凭证号数	摘要	借方										贷方										借或贷	余额									
月	日			千	百	十	万	千	百	十	元	角	分	千	百	十	万	千	百	十	元	角	分		千	百	十	万	千	百	十	元	角	分
			期初余额																					借	3	5	0	0	0	0	0	0	0	0
12	10	33	验收开发产品		8	0	0	0	0	0	0	0	0																					
12	20	55	产品验收		2	0	8	5	6	0	0	0	0																					
12	20	56	产品验收	1	0	0	0	0	0	0	0	0	0																					
12	20	57	转为自用													1	8	0	0	0	0	0	0											
12	20	58	分期销售												3	0	0	0	0	0	0	0	0											
12	20	59	出租商品房												4	0	0	0	0	0	0	0	0											
12	22	69	结转成本												1	8	5	0	0	0	0	0	0											
			本月合计	2	0	0	8	5	6	0	0	0	0		9	0	3	0	0	0	0	0	0	借	4	6	0	5	5	6	0	0	0	0

明细分类账

总账科目 分期收款开发产品

明细科目

2013年		记账凭证号数	摘要	借方										贷方										借或贷	余额									
月	日			千	百	十	万	千	百	十	元	角	分	千	百	十	万	千	百	十	元	角	分		千	百	十	万	千	百	十	元	角	分
12	20	58	分期销售		3	0	0	0	0	0	0	0	0																					
12	22	70	结转成本												1	5	0	0	0	0	0	0	0											
			本月合计		3	0	0	0	0	0	0	0	0		1	5	0	0	0	0	0	0	0	借		1	5	0	0	0	0	0	0	0

明细分类账

总账科目 周转材料

明细科目 ____

2013年		记账凭证号数	摘要	借方										贷方										借或贷	余额									
月	日			千	百	十	万	千	百	十	元	角	分	千	百	十	万	千	百	十	元	角	分		千	百	十	万	千	百	十	元	角	分
			期初余额																					借		1	4	5	3	2	3	6	0	0
12	18	50	购入周转材料				5	8	5	0	0	0	0																					
12	24	79	计提低值易耗品摊销															3	0	0	0	0	0											
			本月合计				5	8	5	0	0	0	0					3	0	0	0	0	0	借		1	5	0	8	7	3	6	0	0

明细分类账

总账科目 固定资产

明细科目 ____

2013年		记账凭证号数	摘要	借方										贷方										借或贷	余额									
月	日			千	百	十	万	千	百	十	元	角	分	千	百	十	万	千	百	十	元	角	分		千	百	十	万	千	百	十	元	角	分
			期初余额																					借	8	4	0	5	3	5	9	0	0	0
12	3	10	接受投资		1	2	0	0	0	0	0	0	0																					
12	8	23	收回投资性房产		1	0	0	0	0	0	0	0	0																					
12	11	36	购入固定资产				2	4	0	0	0	0	0																					
12	11	37	验收固定资产			7	0	0	0	0	0	0	0																					
12	20	57	转为自用			1	8	0	0	0	0	0	0																					
			本月合计		3	1	0	4	0	0	0	0	0											借	8	7	1	5	7	5	9	0	0	0

明细分类账

总账科目 累计折旧

明细科目 ＿＿＿＿

2013年		记账凭证号数	摘要	借方										贷方										借或贷	余额									
月	日			千	百	十	万	千	百	十	元	角	分	千	百	十	万	千	百	十	元	角	分		千	百	十	万	千	百	十	元	角	分
			期初余额																					贷		9	0	0	0	0	0	0	0	0
12	8	23	收回投资性房地产													2	0	0	0	0	0	0	0											
12	12	38	计提折旧														3	0	0	0	0	0	0											
12	12	39	计提折旧															2	3	7	5	0	0											
12	23	76	计提出租固定资产折旧														1	2	0	0	0	0	0											
			本月合计													2	4	4	3	7	5	0	0	贷		9	2	4	4	3	7	5	0	0

明细分类账

总账科目 在建工程

明细科目 ＿＿＿＿

2013年		记账凭证号数	摘要	借方										贷方										借或贷	余额									
月	日			千	百	十	万	千	百	十	元	角	分	千	百	十	万	千	百	十	元	角	分		千	百	十	万	千	百	十	元	角	分
			期初余额																					借			7	0	0	0	0	0	0	0
12	11	37	工程完工													7	0	0	0	0	0	0	0											
12	13	41	领用材料					5	0	0	0	0	0																					
			本月合计					5	0	0	0	0	0			7	0	0	0	0	0	0	0	借					5	0	0	0	0	0

明细分类账

总账科目 无形资产

明细科目 ____________

2013年		记账凭证号数	摘要	借方										贷方										借或贷	余额									
月	日			千	百	十	万	千	百	十	元	角	分	千	百	十	万	千	百	十	元	角	分		千	百	十	万	千	百	十	元	角	分
			期初余额																					借				7	0	0	0	0	0	0
12	10	34	购入无形资产				5	2	0	0	0	0	0																					
12	11	35	转让无形资产														6	2	0	0	0	0	0											
			本月合计				5	2	0	0	0	0	0				6	2	0	0	0	0	0	借				6	0	0	0	0	0	0

明细分类账

总账科目 累计摊销

明细科目 ____________

2013年		记账凭证号数	摘要	借方										贷方										借或贷	余额									
月	日			千	百	十	万	千	百	十	元	角	分	千	百	十	万	千	百	十	元	角	分		千	百	十	万	千	百	十	元	角	分
			期初余额																					贷				2	0	0	0	0	0	0
12	11	35	转让无形资产				1	0	0	0	0	0	0																					
			本月合计				1	0	0	0	0	0	0											贷				1	0	0	0	0	0	0

明细分类账

总账科目 待处理财产损溢

明细科目 ______

2013年		记账凭证号数	摘要	借方										贷方										借或贷	余额									
月	日			千	百	十	万	千	百	十	元	角	分	千	百	十	万	千	百	十	元	角	分		千	百	十	万	千	百	十	元	角	分
12	1	3	发生现金短缺						1	0	0	0	0																					
12	2	4	处理现金短款																1	0	0	0	0											
			本月合计						1	0	0	0	0						1	0	0	0	0	平								0		

明细分类账

总账科目 交易性金融资产

明细科目 ______

2013年		记账凭证号数	摘要	借方										贷方										借或贷	余额									
月	日			千	百	十	万	千	百	十	元	角	分	千	百	十	万	千	百	十	元	角	分		千	百	十	万	千	百	十	元	角	分
12	6	19	购入股票				4	8	0	0	0	0	0																					
12	8	20	股票升值				1	0	0	0	0	0	0																					
			本月合计				5	8	0	0	0	0	0											借				5	8	0	0	0	0	0

明细分类账

总账科目 投资性房地产

明细科目 ______________

2013年		记账凭证号数	摘要	借方										贷方										借或贷	余额									
月	日			千	百	十	万	千	百	十	元	角	分	千	百	十	万	千	百	十	元	角	分		千	百	十	万	千	百	十	元	角	分
			期初余额																					借		1	7	0	6	4	1	0	0	0
12	8	21	购入投资性房地产			4	5	0	0	0	0	0	0																					
12	8	23	收回												1	0	0	0	0	0	0	0	0											
12	8	$24^{2}/_{2}$	结转成本													5	0	0	0	0	0	0	0											
12	20	59	出租商品房		4	0	0	0	0	0	0	0	0																					
12	22	$71^{1}/_{2}$	结转成本															6	3	3	3	0	0											
			本月合计		4	4	5	0	0	0	0	0	0		1	5	0	6	3	3	3	0	0	借		4	6	5	0	0	7	7	0	0

明细分类账

总账科目 投资性房地产累计折旧

明细科目 ______________

2013年		记账凭证号数	摘要	借方										贷方										借或贷	余额									
月	日			千	百	十	万	千	百	十	元	角	分	千	百	十	万	千	百	十	元	角	分		千	百	十	万	千	百	十	元	角	分
			期初余额																					贷			3	1	6	4	1	0	0	0
12	8	22	计提折旧															1	2	5	0	0	0											
12	8	23	收回投资性房产			2	0	0	0	0	0	0	0																					
12	8	$24^{2}/_{2}$	结转成本				2	0	0	0	0	0	0																					
			本月合计			2	2	0	0	0	0	0	0					1	2	5	0	0	0	贷				9	7	6	6	0	0	0

明细分类账

总账科目 长期股权投资

明细科目

年		记账凭证号数	摘　要	借　方										贷　方										借或贷	余　额									
月	日			千	百	十	万	千	百	十	元	角	分	千	百	十	万	千	百	十	元	角	分		千	百	十	万	千	百	十	元	角	分
			期初余额																					借			1	0	0	0	0	0	0	0
12	9	25	购入股票			1	9	7	0	0	0	0	0																					
12	9	26	转让股票														9	0	0	0	0	0	0											
			本月合计			1	9	7	0	0	0	0	0				9	0	0	0	0	0	0	借			2	0	7	0	0	0	0	0

明细分类账

总账科目 持有至到期投资

明细科目 成本

年		记账凭证号数	摘　要	借　方										贷　方										借或贷	余　额									
月	日			千	百	十	万	千	百	十	元	角	分	千	百	十	万	千	百	十	元	角	分		千	百	十	万	千	百	十	元	角	分
			期初余额																					借			5	0	0	0	0	0	0	0
12	9	27	购入债券				2	1	0	0	0	0	0																					
12	9	$28^2/_2$	收到本金														1	8	0	8	0	0	0											
			本月合计				2	1	0	0	0	0	0				1	8	0	8	0	0	0	借			5	0	2	9	2	0	0	0

明细分类账

总账科目 持有至到期投资

明细科目 利息调整

2013年		记账凭证号数	摘要	借方										贷方										借或贷	余额									
月	日			千	百	十	万	千	百	十	元	角	分	千	百	十	万	千	百	十	元	角	分		千	百	十	万	千	百	十	元	角	分
12	9	27	购入债券															1	0	0	0	0	0											
12	9	$28^1/_2$	确认利息收入							8	0	0	0																					
			本月合计							8	0	0	0					1	0	0	0	0	0	贷						9	2	0	0	0

明细分类账

总账科目 短期借款

明细科目

2013年		记账凭证号数	摘要	借方										贷方										借或贷	余额									
月	日			千	百	十	万	千	百	十	元	角	分	千	百	十	万	千	百	十	元	角	分		千	百	十	万	千	百	十	元	角	分
			期初余额																					贷	1	0	0	0	0	0	0	0	0	0
12	4	12	借入短期借款													1	0	0	0	0	0	0	0											
12	4	13	偿还借款			2	0	0	0	0	0	0	0																					
12	6	18	偿还借款			1	0	0	0	0	0	0	0																					
			本月合计			3	0	0	0	0	0	0	0			1	0	0	0	0	0	0	0	贷		9	8	0	0	0	0	0	0	0

明细分类账

总账科目 应付票据

明细科目

2013年		记账凭证号数	摘要	借方										贷方										借或贷	余额									
月	日			千	百	十	万	千	百	十	元	角	分	千	百	十	万	千	百	十	元	角	分		千	百	十	万	千	百	十	元	角	分
			期初余额																					贷		5	6	4	8	8	2	4	0	0
12	18	49	购入材料														5	8	5	0	0	0	0											
			本月合计														5	8	5	0	0	0	0	贷		5	7	0	7	3	2	4	0	0

明细分类账

总账科目 应付账款

明细科目

2013年		记账凭证号数	摘要	借方										贷方										借或贷	余额									
月	日			千	百	十	万	千	百	十	元	角	分	千	百	十	万	千	百	十	元	角	分		千	百	十	万	千	百	十	元	角	分
			期初余额																					贷	4	0	0	0	0	0	0	0	0	0
12	10	31	确认工程款												1	2	0	0	0	0	0	0	0											
12	18	50	购入周转材料														5	8	5	0	0	0	0											
12	19	51	支付货款				2	0	0	0	0	0	0																					
			本月合计				2	0	0	0	0	0	0		1	2	5	8	5	0	0	0	0	贷	4	1	2	3	8	5	0	0	0	0

明细分类账

总账科目 应付利息

明细科目 ______

2013年		记账凭证号数	摘要	借方										贷方										借或贷	余额									
月	日			千	百	十	万	千	百	十	元	角	分	千	百	十	万	千	百	十	元	角	分		千	百	十	万	千	百	十	元	角	分
			期初余额																					贷				1	0	0	0	0	0	0
12	5	15	计提利息														1	0	0	0	0	0	0											
12	6	17	支付利息						8	0	0	0	0																					
12	6	18	偿还借款						8	0	0	0	0																					
			本月合计					1	6	0	0	0	0				1	0	0	0	0	0	0	贷				1	8	4	0	0	0	0

明细分类账

总账科目 预收账款

明细科目 ______

2013年		记账凭证号数	摘要	借方										贷方										借或贷	余额									
月	日			千	百	十	万	千	百	十	元	角	分	千	百	十	万	千	百	十	元	角	分		千	百	十	万	千	百	十	元	角	分
			期初余额																					贷	1	2	1	5	4	0	0	0	0	0
12	26	84	退回诚意金														8	0	0	0	0	0	0											
12	26	85	预收房屋款													1	0	0	0	0	0	0	0											
			本月合计													1	8	0	0	0	0	0	0	贷	1	2	3	3	4	0	0	0	0	0

明细分类账

总账科目 应付职工薪酬

明细科目

2013年		记账凭证号数	摘要	借方										贷方										借或贷	余额									
月	日			千	百	十	万	千	百	十	元	角	分	千	百	十	万	千	百	十	元	角	分		千	百	十	万	千	百	十	元	角	分
			期初余额																					贷		5	8	7	0	0	0	0	0	0
12	21	60	分配工资													1	0	0	0	0	0	0	0											
12	21	$61^1/_2$	支付补贴款				3	6	0	0	0	0	0																					
12	21	$61^2/_2$	分配职工福利														3	6	0	0	0	0	0											
12	21	$62^1/_2$	计提保险和公积金														2	1	0	0	0	0	0											
12	21	$62^2/_2$	交纳保险和公积金				2	1	0	0	0	0	0																					
12	21	63	计提工会和教育经费															4	5	0	0	0	0											
12	21	64	发放工资			1	0	0	0	0	0	0	0																					
12	23	75	分配工资														1	2	0	0	0	0	0											
12	24	$80^3/_3$	分配工资														5	0	0	0	0	0	0											
			本月合计			1	5	7	0	0	0	0	0			2	2	3	5	0	0	0	0	贷		5	9	3	6	5	0	0	0	0

明细分类账

总账科目 应交税费

明细科目 ________

2013年		记账凭证号数	摘要	借方										贷方										借或贷	余额									
月	日			千	百	十	万	千	百	十	元	角	分	千	百	十	万	千	百	十	元	角	分		千	百	十	万	千	百	十	元	角	分
			期初余额																					贷		5	0	8	8	2	0	0	0	0
12	11	35	转让无形资产															3	3	0	0	0	0											
12	14	42	交营业税		1	8	9	0	0	0	0	0	0																					
12	14	43	交土地增值税		2	5	9	5	0	0	0	0	0																					
12	14	44	交房产税			3	9	1	2	0	0	0	0																					
12	14	45	交土地使用税				2	0	0	0	0	0	0																					
12	14	46	交城建税和教育附加			1	8	9	0	0	0	0	0																					
12	14	48	交个人所得税					3	0	0	0	0	0																					
12	21	64	交纳个人所得税															2	0	0	0	0	0											
12	30	88	计提营业税												1	9	3	5	0	0	0	0	0											
12	30	90	计提土地增值税												2	3	7	0	0	0	0	0	0											
12	30	91	计提营业税														5	0	0	0	0	0	0											
12	30	92	计提营业税															1	0	0	0	0	0											
12	30	93	计提营业税															9	0	0	0	0	0											
12	30	94	计提城建税和教育附加													1	9	9	8	0	0	0	0											
12	31	101	计提所得税												7	9	0	1	0	9	9	2	5											
			本月合计		5	0	8	8	2	0	0	0	0	1	2	4	7	1	1	9	9	2	5	贷	1	2	4	7	1	1	9	9	2	5

明细分类账

总账科目 长期借款

明细科目 ____________

2013年		记账凭证号数	摘要	借方										贷方										借或贷	余额									
月	日			千	百	十	万	千	百	十	元	角	分	千	百	十	万	千	百	十	元	角	分		千	百	十	万	千	百	十	元	角	分
			期初余额																					贷		7	9	6	0	0	0	0	0	0
12	4	14	借入借款													2	0	0	0	0	0	0	0											
12	5	16	偿还借款			5	5	0	0	0	0	0	0																					
			本月合计			5	5	0	0	0	0	0	0			2	0	0	0	0	0	0	0	贷		7	6	1	0	0	0	0	0	0

明细分类账

总账科目 其他应付款

明细科目 ____________

年		记账凭证号数	摘要	借方										贷方										借或贷	余额									
月	日			千	百	十	万	千	百	十	元	角	分	千	百	十	万	千	百	十	元	角	分		千	百	十	万	千	百	十	元	角	分
			期初余额																					贷	1	4	8	2	0	0	0	0	0	0
12	21	64	发放工资														1	8	0	0	0	0	0											
12	24	83	收取诚意金													1	0	0	0	0	0	0	0											
12	26	84	退回诚意金			1	0	0	0	0	0	0	0																					
12	30	95	转销					8	0	0	0	0	0																					
			本月合计			1	0	8	0	0	0	0	0			1	1	8	0	0	0	0	0	贷	1	4	8	3	0	0	0	0	0	0

明细分类账

总账科目 开发成本

明细科目 ______

2013年		记账凭证号数	摘要	借方										贷方										借或贷	余额									
月	日			千	百	十	万	千	百	十	元	角	分	千	百	十	万	千	百	十	元	角	分		千	百	十	万	千	百	十	元	角	分
			期初余额																					借	1	3	7	6	0	0	0	0	0	0
12	9	29	支付拆迁补偿费		7	2	0	0	0	0	0	0	0																					
12	10	30	支付前期工程费			2	4	0	0	0	0	0	0																					
12	10	31	确认工程款		1	2	0	0	0	0	0	0	0																					
12	10	32	分配间接费用			2	4	0	0	0	0	0	0																					
12	10	33	开发产品验收												8	0	0	0	0	0	0	0	0											
12	13	41	领用材料				2	0	0	0	0	0	0																					
12	20	55	产品验收												2	0	8	5	6	0	0	0	0											
12	20	56	产品验收											1	0	0	0	0	0	0	0	0	0											
			本月合计		8	9	0	0	0	0	0	0	0	2	0	0	8	5	6	0	0	0	0	借		2	5	7	4	4	0	0	0	0

明细分类账

总账科目 开发成本

明细科目 开发间接费用

2013年		记账凭证号数	摘要	借方										贷方										借或贷	余额									
月	日			千	百	十	万	千	百	十	元	角	分	千	百	十	万	千	百	十	元	角	分		千	百	十	万	千	百	十	元	角	分
			期初余额																					借			2	4	0	0	0	0	0	0
12	10	32	分配间接费用													2	4	0	0	0	0	0	0											
12	21	60	分配工资				5	0	0	0	0	0	0																					
12	21	$61^{2}/_{2}$	分配工资				2	1	0	0	0	0	0																					
12	21	$62^{1}/_{2}$	计提保险和公积金				1	0	5	0	0	0	0																					
12	21	63	计提工会经费和教育经费					2	2	5	0	0	0																					
			本月合计				8	3	7	5	0	0	0			2	4	0	0	0	0	0	0	借				8	3	7	5	0	0	0

明细分类账

总账科目 主营业务收入

明细科目 ______

2013年		记账凭证号数	摘要	借方										贷方										借或贷	余额									
月	日			千	百	十	万	千	百	十	元	角	分	千	百	十	万	千	百	十	元	角	分		千	百	十	万	千	百	十	元	角	分
12	22	65	销售商品房											3	5	3	0	0	0	0	0	0	0											
12	22	66	收到商品款												2	5	0	0	0	0	0	0	0											
12	22	67	工程完工													8	0	0	0	0	0	0	0											
12	22	68	收到租金														2	0	0	0	0	0	0											
12	29	87	委托代销商品房款													5	0	0	0	0	0	0	0											
12	31	99	结转收入	3	9	1	2	0	0	0	0	0	0																					
			本月合计	3	9	1	2	0	0	0	0	0	0	3	9	1	2	0	0	0	0	0	0	平								0		

明细分类账

总账科目 主营业务成本

明细科目 ______

2013年		记账凭证号数	摘要	借方										贷方										借或贷	余额									
月	日			千	百	十	万	千	百	十	元	角	分	千	百	十	万	千	百	十	元	角	分		千	百	十	万	千	百	十	元	角	分
12	22	69	结转成本		1	8	5	0	0	0	0	0	0																					
12	22	70	结转成本		1	5	0	0	0	0	0	0	0																					
12	22	$71^1/_2$	结转成本					6	3	3	3	0	0																					
12	22	$71^2/_2$	摊销修理费					3	2	0	0	0	0																					
12	31	100	结转成本												3	3	5	9	5	3	3	0	0											
			本月合计		3	3	5	9	5	3	3	0	0		3	3	5	9	5	3	3	0	0	平								0		

明细分类账

总账科目 投资收益

明细科目 ________

2013年		记账凭证号数	摘 要	借 方										贷 方										借或贷	余 额									
月	日			千	百	十	万	千	百	十	元	角	分	千	百	十	万	千	百	十	元	角	分		千	百	十	万	千	百	十	元	角	分
12	6	19	购入股票						5	0	0	0	0																					
12	9	26	转让股票															9	0	0	0	0	0											
12	9	28 1/2	确认利息收入															1	0	8	0	0	0											
12	31	98	结转投资收益					9	5	8	0	0	0																					
			本月合计				1	0	0	8	0	0	0				1	0	0	8	0	0	0	平								0		

明细分类账

总账科目 公允价值变动损益

明细科目 ________

2013年		记账凭证号数	摘 要	借 方										贷 方										借或贷	余 额									
月	日			千	百	十	万	千	百	十	元	角	分	千	百	十	万	千	百	十	元	角	分		千	百	十	万	千	百	十	元	角	分
12	8	20	股票升值														1	0	0	0	0	0	0											
12	31	99	结转公允价值变动				1	0	0	0	0	0	0																					
			本月合计				1	0	0	0	0	0	0				1	0	0	0	0	0	0	平								0		

明细分类账

总账科目 营业税金及附加

明细科目 ____________

2013年		记账凭证号数	摘要	借方										贷方										借或贷	余额									
月	日			千	百	十	万	千	百	十	元	角	分	千	百	十	万	千	百	十	元	角	分		千	百	十	万	千	百	十	元	角	分
12	30	88	计提营业税		1	9	3	5	0	0	0	0	0																					
12	30	90	计提土地增值税		2	3	7	0	0	0	0	0	0																					
12	30	91	计提营业税				5	0	0	0	0	0	0																					
12	30	92	计提营业税					1	0	0	0	0	0																					
12	30	93	计提营业税					9	0	0	0	0	0																					
12	30	94	计提城建税和教育附加			1	9	9	8	0	0	0	0																					
12	31	100	结转成本费用												4	5	6	4	8	0	0	0	0											
			本月合计		4	5	6	4	8	0	0	0	0		4	5	6	4	8	0	0	0	0	平								0		

明细分类账

总账科目 销售费用

明细科目 ____________

2013年		记账凭证号数	摘要	借方										贷方										借或贷	余额									
月	日			千	百	十	万	千	百	十	元	角	分	千	百	十	万	千	百	十	元	角	分		千	百	十	万	千	百	十	元	角	分
12	12	38	计提折旧				1	0	0	0	0	0	0																					
12	21	60	分配工资				3	0	0	0	0	0	0																					
12	21	$61^{2}/_{2}$	分配职工福利					9	0	0	0	0	0																					
12	21	$62^{1}/_{2}$	计提保险和公积金					6	3	0	0	0	0																					
12	21	63	计提工会和教育经费					1	3	5	0	0	0																					
12	24	$80^{1}/_{3}$	支付摊位费				2	0	0	0	0	0	0																					
12	24	$80^{2}/_{3}$	支付宣传费				3	0	0	0	0	0	0																					
12	24	$80^{3}/_{3}$	支付工资				5	0	0	0	0	0	0																					
12	31	100	结转成本费用													1	5	6	6	5	0	0	0											
			本月合计			1	5	6	6	5	0	0	0			1	5	6	6	5	0	0	0	平								0		

明细分类账

总账科目 财务费用

明细科目 ＿＿＿＿

2013年		记账凭证号数	摘要	借方										贷方										借或贷	余额									
月	日			千	百	十	万	千	百	十	元	角	分	千	百	十	万	千	百	十	元	角	分		千	百	十	万	千	百	十	元	角	分
12	5	15	计提利息				1	0	0	0	0	0	0																					
12	6	17	支付利息						4	0	0	0	0																					
12	24	81	取得利息收入														1	2	0	0	0	0	0											
12	24	82	支付手续费					2	0	0	0	0	0																					
12	27	86	票据贴现					1	5	0	0	0	0																					
12	31	100	结转成本费用															1	9	0	0	0	0											
			本月合计				1	3	9	0	0	0	0				1	3	9	0	0	0	0	平								0		

明细分类账

总账科目 管理费用

明细科目 ＿＿＿＿

2013年		记账凭证号数	摘要	借方										贷方										借或贷	余额									
月	日			千	百	十	万	千	百	十	元	角	分	千	百	十	万	千	百	十	元	角	分		千	百	十	万	千	百	十	元	角	分
12	1	2	购买办公用品						1	2	0	0	0																					
12	2	4	处理现金短款							5	0	0	0																					
12	2	6	支付网费					2	0	0	0	0	0																					
12	2	8	支付业务招待费					3	0	0	0	0	0																					
12	12	38	计提折旧				1	0	0	0	0	0	0																					
12	12	39	计提折旧					2	3	7	5	0	0																					
12	14	47	交印花税				1	2	0	5	0	0	0																					
12	21	60	分配工资				2	0	0	0	0	0	0																					
12	21	$61^2/_2$	分配工资					6	0	0	0	0	0																					
12	21	$62^1/_2$	计提保险和公积金					4	2	0	0	0	0																					
12	21	63	计提工会和教育经费						9	0	0	0	0																					
12	24	78	支付办公费				3	2	0	0	0	0	0																					
12	24	79	计提低值易耗品摊销					3	0	0	0	0	0																					
12	30	89	交纳印花税				1	5	8	5	5	0	0																					
12	31	100	结转成本费用													1	1	1	5	5	0	0	0											
			本月合计			1	1	1	5	5	0	0	0			1	1	1	5	5	0	0	0	平								0		

明细分类账

总账科目 营业外收入

明细科目 ____________

2013年		记账凭证号数	摘要	借方										贷方										借或贷	余额									
月	日			千	百	十	万	千	百	十	元	角	分	千	百	十	万	千	百	十	元	角	分		千	百	十	万	千	百	十	元	角	分
12	11	35	转让无形资产															4	7	0	0	0	0											
12	30	95	转销应付款															8	0	0	0	0	0											
12	30	96	收到罚款														1	0	0	0	0	0	0											
12	31	99	结转收入				2	2	7	0	0	0	0																					
			本月合计				2	2	7	0	0	0	0				2	2	7	0	0	0	0	平								0		

明细分类账

总账科目 营业外支出

明细科目 ____________

2013年		记账凭证号数	摘要	借方										贷方										借或贷	余额									
月	日			千	百	十	万	千	百	十	元	角	分	千	百	十	万	千	百	十	元	角	分		千	百	十	万	千	百	十	元	角	分
12	30	97	支付滞纳金					5	0	0	0	0	0																					
12	31	100	结转成本费用															5	0	0	0	0	0											
			本月合计					5	0	0	0	0	0					5	0	0	0	0	0	平								0		

明细分类账

总账科目 其他业务收入

明细科目

2013年		记账凭证号数	摘要	借方										贷方										借或贷	余额									
月	日			千	百	十	万	千	百	十	元	角	分	千	百	十	万	千	百	十	元	角	分		千	百	十	万	千	百	十	元	角	分
12	8	$24^1/_2$	出售投资性房产												1	0	0	0	0	0	0	0	0											
12	23	72	收取管理费														8	0	0	0	0	0	0											
12	23	73	收取租金														3	0	0	0	0	0	0											
12	23	74	转让无形资产														5	0	0	0	0	0	0											
12	31	99	结转收入		1	1	6	0	0	0	0	0	0																					
			本月合计		1	1	6	0	0	0	0	0	0		1	1	6	0	0	0	0	0	0	平								0		

明细分类账

总账科目 其他业务成本

明细科目

2013年		记账凭证号数	摘要	借方										贷方										借或贷	余额									
月	日			千	百	十	万	千	百	十	元	角	分	千	百	十	万	千	百	十	元	角	分		千	百	十	万	千	百	十	元	角	分
12	8	22	计提折旧					1	2	5	0	0	0																					
12	8	$24^2/_2$	结转成本			4	8	0	0	0	0	0	0																					
12	12	38	计提折旧				1	0	0	0	0	0	0																					
12	23	75	结转成本				1	3	2	0	0	0	0																					
12	23	76	结转出租固定资产成本				1	2	0	0	0	0	0																					
12	23	77	支付转让费用					2	0	0	0	0	0																					
12	31	100	结转成本													5	1	8	4	5	0	0	0											
			本月合计			5	1	8	4	5	0	0	0			5	1	8	4	5	0	0	0	平								0		

明细分类账

总账科目 所得税费用

明细科目

2013年		记账凭证号数	摘要	借方										贷方										借或贷	余额									
月	日			千	百	十	万	千	百	十	元	角	分	千	百	十	万	千	百	十	元	角	分		千	百	十	万	千	百	十	元	角	分
12	31	101	计提所得税		7	9	0	1	0	9	9	2	5																					
12	31	102	结转所得税												7	9	0	1	0	9	9	2	5											
			本月合计		7	9	0	1	0	9	9	2	5		7	9	0	1	0	9	9	2	5	平								0		

明细分类账

总账科目 本年利润

明细科目

2013年		记账凭证号数	摘要	借方										贷方										借或贷	余额									
月	日			千	百	十	万	千	百	十	元	角	分	千	百	十	万	千	百	十	元	角	分		千	百	十	万	千	百	十	元	角	分
12	31	98	结转投资收益															9	5	8	0	0	0											
12	31	99	结转收入											4	0	3	1	2	7	0	0	0	0											
12	31	100	结转成本		8	7	1	7	8	8	3	0	0																					
12	31	102	结转所得税		7	9	0	1	0	9	9	2	5																					
12	31	103	转入未分配利润	2	3	7	0	3	2	9	7	7	5																					
			本月合计	4	0	3	2	2	2	8	0	0	0	4	0	3	2	2	2	8	0	0	0	平								0		

明细分类账

总账科目 利润分配

明细科目 ____________

年		记账凭证号数	摘要	借方										贷方										借或贷	余额									
月	日			千	百	十	万	千	百	十	元	角	分	千	百	十	万	千	百	十	元	角	分		千	百	十	万	千	百	十	元	角	分
			期初余额																					贷		1	8	0	0	0	0	0	0	0
12	31	103	结转本年利润											2	3	7	0	3	2	9	7	7	5											
12	31	104	计提盈余公积		2	3	7	0	3	2	9	7	8																					
12	31	105	将盈余公积转入		2	3	7	0	3	2	9	7	8		2	3	7	0	3	2	9	7	8											
			本月合计		4	7	4	0	6	5	9	5	6	2	6	0	7	3	6	2	7	5	3	贷	2	3	1	3	2	9	6	7	9	7

明细分类账

总账科目 盈余公积

明细科目 ____________

年		记账凭证号数	摘要	借方										贷方										借或贷	余额									
月	日			千	百	十	万	千	百	十	元	角	分	千	百	十	万	千	百	十	元	角	分		千	百	十	万	千	百	十	元	角	分
			期初余额																					贷	4	2	0	4	0	0	0	0	0	0
12	31	104	计提盈余公积												2	3	7	0	3	2	9	7	8											
			本月合计												2	3	7	0	3	2	9	7	8	贷	4	4	4	1	0	3	2	9	7	8

明细分类账

总账科目 实收资本

明细科目 ____________

2013年		记账凭证号数	摘要	借方											贷方											借或贷	余额										
月	日			亿	千	百	十	万	千	百	十	元	角	分	亿	千	百	十	万	千	百	十	元	角	分		亿	千	百	十	万	千	百	十	元	角	分
			期初余额																							贷	1	0	0	0	0	0	0	0	0	0	0
12	2	9	接受投资														2	5	0	0	0	0	0	0	0												
12	3	10	接受投资														1	0	0	0	0	0	0	0	0												
12	3	11	转增资本															2	0	0	0	0	0	0	0												
			本月合计														3	7	0	0	0	0	0	0	0	贷	1	0	3	7	0	0	0	0	0	0	0

明细分类账

总账科目 资本公积

明细科目 ____________

2013年		记账凭证号数	摘要	借方										贷方										借或贷	余额									
月	日			千	百	十	万	千	百	十	元	角	分	千	百	十	万	千	百	十	元	角	分		千	百	十	万	千	百	十	元	角	分
			期初余额																					贷			9	6	4	9	0	2	0	0
12	2	9	接受投资													5	0	0	0	0	0	0	0											
12	3	10	接受投资													2	0	0	0	0	0	0	0											
12	3	11	转增资本			2	0	0	0	0	0	0	0																					
			本月合计			2	0	0	0	0	0	0	0			7	0	0	0	0	0	0	0	贷		1	4	6	4	9	0	2	0	0

三、登记总分账

总 分 类 账

科目名称 库存现金

2013年		记账凭证号数	摘要	借方										贷方										借或贷	余额									
月	日			千	百	十	万	千	百	十	元	角	分	千	百	十	万	千	百	十	元	角	分		千	百	十	万	千	百	十	元	角	分
			期初余额																					借				2	0	0	0	0	0	0
12	31		汇总 1-105 号凭证				2	0	0	0	0	0	0				1	0	2	2	0	0	0	借				2	9	7	8	0	0	0

总 分 类 账

科目名称 银行存款

2013年		记账凭证号数	摘要	借方										贷方										借或贷	余额									
月	日			千	百	十	万	千	百	十	元	角	分	千	百	十	万	千	百	十	元	角	分		千	百	十	万	千	百	十	元	角	分
			期初余额																					借	6	7	1	6	5	0	0	0	0	0
12	31		汇总 1-105 号凭证	4	2	6	8	8	5	8	0	0	0	1	4	7	0	6	8	0	5	0	0	借	9	5	1	4	6	7	7	5	0	0

总 分 类 账

科目名称 其他货币资金

2013年		记账凭证号数	摘要	借方										贷方										借或贷	余额									
月	日			千	百	十	万	千	百	十	元	角	分	千	百	十	万	千	百	十	元	角	分		千	百	十	万	千	百	十	元	角	分
			期初余额																					借					2	8	0	0	0	0
12	31		汇总 1–105 号凭证				2	0	0	0	0	0	0					3	0	0	0	0	0	借				1	9	8	0	0	0	0

总 分 类 账

科目名称 应收票据

年		记账凭证号数	摘要	借方										贷方										借或贷	余额									
月	日			千	百	十	万	千	百	十	元	角	分	千	百	十	万	千	百	十	元	角	分		千	百	十	万	千	百	十	元	角	分
			期初余额																					借		3	5	8	0	0	0	0	0	0
12	31		汇总 1–105 号凭证			1	0	0	0	0	0	0	0			1	0	0	0	0	0	0	0	借		3	5	8	0	0	0	0	0	0

总分类账

科目名称 应收账款

2013年		记账凭证号数	摘要	借方										贷方										借或贷	余额									
月	日			千	百	十	万	千	百	十	元	角	分	千	百	十	万	千	百	十	元	角	分		千	百	十	万	千	百	十	元	角	分
			期初余额																					借	2	8	0	0	0	0	0	0	0	0
12	31		汇总 1–105 号凭证		1	3	0	0	0	0	0	0	0											借	2	9	3	0	0	0	0	0	0	0

总分类账

科目名称 其他应收款

2013年		记账凭证号数	摘要	借方										贷方										借或贷	余额									
月	日			千	百	十	万	千	百	十	元	角	分	千	百	十	万	千	百	十	元	角	分		千	百	十	万	千	百	十	元	角	分
			期初余额																					借		3	6	2	1	3	0	0	0	0
12	31		汇总 1–105 号凭证							5	0	0	0											借		3	6	2	1	3	5	0	0	0

总分类账

科目名称 应收股利

2013年		记账凭证号数	摘要	借方										贷方										借或贷	余额									
月	日			千	百	十	万	千	百	十	元	角	分	千	百	十	万	千	百	十	元	角	分		千	百	十	万	千	百	十	元	角	分
12	31		汇总 1–105 号凭证				1	0	0	0	0	0	0											借				1	0	0	0	0	0	0

总分类账

科目名称 应收利息

2013年		记账凭证号数	摘要	借方										贷方										借或贷	余额									
月	日			千	百	十	万	千	百	十	元	角	分	千	百	十	万	千	百	十	元	角	分		千	百	十	万	千	百	十	元	角	分
12	31		汇总 1–105 号凭证					1	0	0	0	0	0					1	0	0	0	0	0	平								0		

总 分 类 账

科目名称 预付账款

年		记账凭证号数	摘 要	借 方										贷 方										借或贷	余 额									
月	日			千	百	十	万	千	百	十	元	角	分	千	百	十	万	千	百	十	元	角	分		千	百	十	万	千	百	十	元	角	分
			期初余额																					借	1	4	7	2	0	0	0	0	0	0
12	31		汇总 1–105 号凭证			1	2	8	7	0	0	0	0			1	3	1	9	0	0	0	0	借	1	4	7	1	6	8	0	0	0	0

总 分 类 账

科目名称 原材料

2013 年		记账凭证号数	摘 要	借 方										贷 方										借或贷	余 额									
月	日			千	百	十	万	千	百	十	元	角	分	千	百	十	万	千	百	十	元	角	分		千	百	十	万	千	百	十	元	角	分
			期初余额																					借		1	0	0	0	0	0	0	0	0
12	31		汇总 1–105 号凭证			2	4	5	7	0	0	0	0				2	6	2	0	0	0	0	借		1	2	1	9	5	0	0	0	0

总 分 类 账

科目名称 开发产品

2013年		记账凭证号数	摘要	借方										贷方										借或贷	余额									
月	日			千	百	十	万	千	百	十	元	角	分	千	百	十	万	千	百	十	元	角	分		千	百	十	万	千	百	十	元	角	分
			期初余额																					借	3	5	0	0	0	0	0	0	0	0
12	31		汇总 1–105 号凭证	2	0	0	8	5	6	0	0	0	0		9	0	3	0	0	0	0	0	0	借	4	6	0	5	5	6	0	0	0	0

总 分 类 账

科目名称 分期收款开发产品

2013年		记账凭证号数	摘要	借方										贷方										借或贷	余额									
月	日			千	百	十	万	千	百	十	元	角	分	千	百	十	万	千	百	十	元	角	分		千	百	十	万	千	百	十	元	角	分
12	31		汇总 1–105 号凭证		3	0	0	0	0	0	0	0	0		1	5	0	0	0	0	0	0	0	借		1	5	0	0	0	0	0	0	0

总 分 类 账

科目名称 周转材料

2013年		记账凭证号数	摘要	借方										贷方										借或贷	余额									
月	日			千	百	十	万	千	百	十	元	角	分	千	百	十	万	千	百	十	元	角	分		千	百	十	万	千	百	十	元	角	分
			期初余额																					借		1	4	5	3	2	3	6	0	0
12	31		汇总 1-105 号凭证				5	8	5	0	0	0	0					3	0	0	0	0	0	借		1	5	0	8	7	3	6	0	0

总 分 类 账

科目名称 固定资产

年		记账凭证号数	摘要	借方										贷方										借或贷	余额									
月	日			千	百	十	万	千	百	十	元	角	分	千	百	十	万	千	百	十	元	角	分		千	百	十	万	千	百	十	元	角	分
			期初余额																					借	8	4	0	5	3	5	9	0	0	0
12	31		汇 1-105		3	1	0	4	0	0	0	0	0											借	8	7	1	5	7	5	9	0	0	0

总　分　类　账

科目名称 累计折旧

2013年		记账凭证号数	摘　要	借　方										贷　方										借或贷	余　额									
月	日			千	百	十	万	千	百	十	元	角	分	千	百	十	万	千	百	十	元	角	分		千	百	十	万	千	百	十	元	角	分
			期初余额																					贷		9	0	0	0	0	0	0	0	0
12	31		汇总 1–105 号凭证													2	4	4	3	7	5	0	0	贷		9	2	4	4	3	7	5	0	0

总　分　类　账

科目名称 在建工程

2013年		记账凭证号数	摘　要	借　方										贷　方										借或贷	余　额									
月	日			千	百	十	万	千	百	十	元	角	分	千	百	十	万	千	百	十	元	角	分		千	百	十	万	千	百	十	元	角	分
			期初余额																					借			7	0	0	0	0	0	0	0
12	31		汇总 1–105 号凭证					5	0	0	0	0	0			7	0	0	0	0	0	0	0	借					5	0	0	0	0	0

总 分 类 账

科目名称 无形资产

2013年		记账凭证号数	摘 要	借 方										贷 方										借或贷	余 额									
月	日			千	百	十	万	千	百	十	元	角	分	千	百	十	万	千	百	十	元	角	分		千	百	十	万	千	百	十	元	角	分
			期初余额																					借				7	0	0	0	0	0	0
12	31		汇总 1–105 号凭证				5	2	0	0	0	0	0				6	2	0	0	0	0	0	借				6	0	0	0	0	0	0

总 分 类 账

科目名称 累计摊销

2013年		记账凭证号数	摘 要	借 方										贷 方										借或贷	余 额									
月	日			千	百	十	万	千	百	十	元	角	分	千	百	十	万	千	百	十	元	角	分		千	百	十	万	千	百	十	元	角	分
			期初余额																					贷				2	0	0	0	0	0	0
12	31		汇总 1–105 号凭证				1	0	0	0	0	0	0											贷				1	0	0	0	0	0	0

总 分 类 账

科目名称 待处理财产损溢

2013年		记账凭证号数	摘要	借方										贷方										借或贷	余额									
月	日			千	百	十	万	千	百	十	元	角	分	千	百	十	万	千	百	十	元	角	分		千	百	十	万	千	百	十	元	角	分
12	31		汇总 1-105 号凭证						1	0	0	0	0						1	0	0	0	0	平								0		

总 分 类 账

科目名称 交易性金融资产

2013年		记账凭证号数	摘要	借方										贷方										借或贷	余额									
月	日			千	百	十	万	千	百	十	元	角	分	千	百	十	万	千	百	十	元	角	分		千	百	十	万	千	百	十	元	角	分
12	31		汇总 1-105 号凭证				5	8	0	0	0	0	0											借				5	8	0	0	0	0	0

总 分 类 账

科目名称 投资性房地产

年		记账凭证号数	摘 要	借 方										贷 方										借或贷	余 额									
月	日			千	百	十	万	千	百	十	元	角	分	千	百	十	万	千	百	十	元	角	分		千	百	十	万	千	百	十	元	角	分
			期初余额																					借		1	7	0	6	4	1	0	0	0
12	31		汇总 1–105 号凭证		4	4	5	0	0	0	0	0	0		1	5	0	6	3	3	3	0	0	借		4	6	5	0	0	7	7	0	0

总 分 类 账

科目名称 投资性房地产累计折旧

年		记账凭证号数	摘 要	借 方										贷 方										借或贷	余 额									
月	日			千	百	十	万	千	百	十	元	角	分	千	百	十	万	千	百	十	元	角	分		千	百	十	万	千	百	十	元	角	分
			期初余额																					贷			3	1	6	4	1	0	0	0
12	31		汇总 1–105 号凭证			2	2	0	0	0	0	0	0					1	2	5	0	0	0	贷				9	7	6	6	0	0	0

总 分 类 账

科目名称 长期股权投资

年		记账凭证号数	摘 要	借 方										贷 方										借或贷	余 额									
月	日			千	百	十	万	千	百	十	元	角	分	千	百	十	万	千	百	十	元	角	分		千	百	十	万	千	百	十	元	角	分
			期初余额																					借			1	0	0	0	0	0	0	0
12	31		汇总 1–105 号凭证			1	9	7	0	0	0	0	0				9	0	0	0	0	0	0	借			2	0	7	0	0	0	0	0

总 分 类 账

科目名称 持有至到期投资

年		记账凭证号数	摘 要	借 方										贷 方										借或贷	余 额									
月	日			千	百	十	万	千	百	十	元	角	分	千	百	十	万	千	百	十	元	角	分		千	百	十	万	千	百	十	元	角	分
			期初余额																					借			5	0	0	0	0	0	0	0
12	31		汇总 1–105 号凭证				2	1	0	8	0	0	0				1	9	0	8	0	0	0	借			5	0	2	0	0	0	0	0

总 分 类 账

科目名称 短期借款

2013年		记账凭证号数	摘要	借方										贷方										借或贷	余额									
月	日			千	百	十	万	千	百	十	元	角	分	千	百	十	万	千	百	十	元	角	分		千	百	十	万	千	百	十	元	角	分
			期初余额																					贷	1	0	0	0	0	0	0	0	0	0
12	31		汇总 1-105 号凭证			3	0	0	0	0	0	0	0			1	0	0	0	0	0	0	0	贷		9	8	0	0	0	0	0	0	0

总 分 类 账

科目名称 应付票据

2013年		记账凭证号数	摘要	借方										贷方										借或贷	余额									
月	日			千	百	十	万	千	百	十	元	角	分	千	百	十	万	千	百	十	元	角	分		千	百	十	万	千	百	十	元	角	分
			期初余额																					贷		5	6	4	8	8	2	4	0	0
12	31		汇总 1-105 号凭证														5	8	5	0	0	0	0	贷		5	7	0	7	3	2	4	0	0

总 分 类 账

科目名称　应付账款

2013年		记账凭证号数	摘要	借方										贷方										借或贷	余额									
月	日			千	百	十	万	千	百	十	元	角	分	千	百	十	万	千	百	十	元	角	分		千	百	十	万	千	百	十	元	角	分
			期初余额																					贷	4	0	0	0	0	0	0	0	0	0
12	31		汇总 1–105 号凭证				2	0	0	0	0	0	0		1	2	5	8	5	0	0	0	0	贷	4	1	2	3	8	5	0	0	0	0

总 分 类 账

科目名称 应付利息

2013年		记账凭证号数	摘要	借方										贷方										借或贷	余额									
月	日			千	百	十	万	千	百	十	元	角	分	千	百	十	万	千	百	十	元	角	分		千	百	十	万	千	百	十	元	角	分
			期初余额																					贷				1	0	0	0	0	0	0
12	31		汇总 1–105 号凭证					1	6	0	0	0	0				1	0	0	0	0	0	0	贷				1	8	4	0	0	0	0

总 分 类 账

科目名称 预收账款

2013年		记账凭证号数	摘要	借方										贷方										借或贷	余额									
月	日			千	百	十	万	千	百	十	元	角	分	千	百	十	万	千	百	十	元	角	分		千	百	十	万	千	百	十	元	角	分
			期初余额																					贷	1	2	1	5	4	0	0	0	0	0
12	31		汇总 1–105 号凭证													1	8	0	0	0	0	0	0	贷	1	2	3	3	4	0	0	0	0	0

总 分 类 账

科目名称 应付职工薪酬

2013年		记账凭证号数	摘要	借方										贷方										借或贷	余额									
月	日			千	百	十	万	千	百	十	元	角	分	千	百	十	万	千	百	十	元	角	分		千	百	十	万	千	百	十	元	角	分
			期初余额																					贷		5	8	7	0	0	0	0	0	0
12	31		汇总 1–105 号凭证			1	5	7	0	0	0	0	0			2	2	3	5	0	0	0	0	贷		5	9	3	6	5	0	0	0	0

总 分 类 账

科目名称 应交税费

2013年		记账凭证号数	摘要	借方										贷方										借或贷	余额									
月	日			千	百	十	万	千	百	十	元	角	分	千	百	十	万	千	百	十	元	角	分		千	百	十	万	千	百	十	元	角	分
			期初余额																					贷		5	0	8	8	2	0	0	0	0
12	31		汇总1–105号凭证		5	0	8	8	2	0	0	0	0	1	2	4	7	1	1	9	9	2	5	贷	1	2	4	7	1	1	9	9	2	5

总 分 类 账

科目名称 长期借款

2013年		记账凭证号数	摘要	借方										贷方										借或贷	余额									
月	日			千	百	十	万	千	百	十	元	角	分	千	百	十	万	千	百	十	元	角	分		千	百	十	万	千	百	十	元	角	分
			期初余额																					贷		7	9	6	0	0	0	0	0	0
12	31		汇总1–105号凭证			5	5	0	0	0	0	0	0			2	0	0	0	0	0	0	0	贷		7	6	1	0	0	0	0	0	0

总 分 类 账

科目名称 其他应付款

2013年		记账凭证号数	摘要	借方										贷方										借或贷	余额									
月	日			千	百	十	万	千	百	十	元	角	分	千	百	十	万	千	百	十	元	角	分		千	百	十	万	千	百	十	元	角	分
			期初余额																					贷	1	4	8	2	0	0	0	0	0	0
12	31		汇总 1-105 号凭证			1	0	8	0	0	0	0	0			1	1	8	0	0	0	0	0	贷	1	4	8	3	0	0	0	0	0	0

总 分 类 账

科目名称 开发成本

2013年		记账凭证号数	摘要	借方										贷方										借或贷	余额									
月	日			千	百	十	万	千	百	十	元	角	分	千	百	十	万	千	百	十	元	角	分		千	百	十	万	千	百	十	元	角	分
			期初余额																					借	1	4	0	0	0	0	0	0	0	0
12	31		汇总 1-105 号凭证		8	9	8	3	7	5	0	0	0	2	0	3	2	5	6	0	0	0	0	借		2	6	5	8	1	5	0	0	0

总 分 类 账

科目名称 主营业务收入

2013年		记账凭证号数	摘 要	借 方										贷 方										借或贷	余 额									
月	日			千	百	十	万	千	百	十	元	角	分	千	百	十	万	千	百	十	元	角	分		千	百	十	万	千	百	十	元	角	分
12	31		汇总 1–105 号凭证	3	9	1	2	0	0	0	0	0	0	3	9	1	2	0	0	0	0	0	0	平								0		

总 分 类 账

科目名称 主营业务成本

2013年		记账凭证号数	摘 要	借 方										贷 方										借或贷	余额									
月	日			千	百	十	万	千	百	十	元	角	分	千	百	十	万	千	百	十	元	角	分		千	百	十	万	千	百	十	元	角	分
12	31		汇总 1–105 号凭证		3	3	5	9	5	3	3	0	0		3	3	5	9	5	3	3	0	0	平								0		

总 分 类 账

科目名称 投资收益

2013年		记账凭证号数	摘 要	借 方										贷 方										借或贷	余 额									
月	日			千	百	十	万	千	百	十	元	角	分	千	百	十	万	千	百	十	元	角	分		千	百	十	万	千	百	十	元	角	分
12	31		汇总 1–105 号凭证				1	0	0	8	0	0	0				1	0	0	8	0	0	0	平								0		

总 分 类 账

科目名称 公允价值变动损益

2013年		记账凭证号数	摘 要	借 方										贷 方										借或贷	余 额									
月	日			千	百	十	万	千	百	十	元	角	分	千	百	十	万	千	百	十	元	角	分		千	百	十	万	千	百	十	元	角	分
12	31		汇总 1–105 号凭证				1	0	0	0	0	0	0				1	0	0	0	0	0	0	平								0		

总分类账

科目名称 营业税金及附加

2013年		记账凭证号数	摘要	借方										贷方										借或贷	余额									
月	日			千	百	十	万	千	百	十	元	角	分	千	百	十	万	千	百	十	元	角	分		千	百	十	万	千	百	十	元	角	分
12	31		汇总1–105号凭证		4	5	6	4	8	0	0	0	0		4	5	6	4	8	0	0	0	0	平								0		

总分类账

科目名称 销售费用

2013年		记账凭证号数	摘要	借方										贷方										借或贷	余额									
月	日			千	百	十	万	千	百	十	元	角	分	千	百	十	万	千	百	十	元	角	分		千	百	十	万	千	百	十	元	角	分
12	31		汇总1–105号凭证			1	5	6	6	5	0	0	0			1	5	6	6	5	0	0	0	平								0		

总 分 类 账

科目名称 财务费用

年		记账凭证号数	摘 要	借 方										贷 方										借或贷	余 额									
月	日			千	百	十	万	千	百	十	元	角	分	千	百	十	万	千	百	十	元	角	分		千	百	十	万	千	百	十	元	角	分
12	31		汇总 1-105 号凭证				1	3	9	0	0	0	0				1	3	9	0	0	0	0	平								0		

总 分 类 账

科目名称 管理费用

年		记账凭证号数	摘 要	借 方										贷 方										借或贷	余 额									
月	日			千	百	十	万	千	百	十	元	角	分	千	百	十	万	千	百	十	元	角	分		千	百	十	万	千	百	十	元	角	分
12	31		汇总 1-105 号凭证			1	1	1	5	5	0	0	0			1	1	1	5	5	0	0	0	平								0		

总 分 类 账

科目名称 营业外收入

2013年		记账凭证号数	摘要	借方										贷方										借或贷	余额									
月	日			千	百	十	万	千	百	十	元	角	分	千	百	十	万	千	百	十	元	角	分		千	百	十	万	千	百	十	元	角	分
12	31		汇总1-105号凭证				2	2	7	0	0	0	0				2	2	7	0	0	0	0	平								0		

总 分 类 账

科目名称 营业外支出

年		记账凭证号数	摘要	借方																				借或贷	余额									
月	日			千	百	十	万	千	百	十	元	角	分	千	百	十	万	千	百	十	元	角	分		千	百	十	万	千	百	十	元	角	分
12	31		汇总1-105号凭证					5	0	0	0	0	0					5	0	0	0	0	0	平								0		

总分类账

科目名称 其他业务收入

2013年		记账凭证号数	摘要	借方										贷方										借或贷	余额									
月	日			千	百	十	万	千	百	十	元	角	分	千	百	十	万	千	百	十	元	角	分		千	百	十	万	千	百	十	元	角	分
12	31		汇总 1-105 号凭证		1	1	6	0	0	0	0	0	0		1	1	6	0	0	0	0	0	0	平								0		

总分类账

科目名称 其他业务成本

2013年		记账凭证号数	摘要	借方										贷方										借或贷	余额									
月	日			千	百	十	万	千	百	十	元	角	分	千	百	十	万	千	百	十	元	角	分		千	百	十	万	千	百	十	元	角	分
12	31		汇 1-105			5	1	8	4	5	0	0	0			5	1	8	4	5	0	0	0	平								0		

总 分 类 账

科目名称 所得税费用

2013年		记账凭证号数	摘要	借方										借方										借或贷	余额									
月	日			千	百	十	万	千	百	十	元	角	分	千	百	十	万	千	百	十	元	角	分		千	百	十	万	千	百	十	元	角	分
12	31		汇总 1-105 号凭证		7	9	0	1	0	9	9	2	5		7	9	0	1	0	9	9	2	5	平								0		

总 分 类 账

科目名称 本年利润

2013年		记账凭证号数	摘要	借方										贷方										借或贷	余额									
月	日			千	百	十	万	千	百	十	元	角	分	千	百	十	万	千	百	十	元	角	分		千	百	十	万	千	百	十	元	角	分
12	31		汇总 1-105 号凭证	4	0	3	2	2	2	8	0	0	0	4	0	3	2	2	2	8	0	0	0	平								0		

总 分 类 账

科目名称 利润分配

2013年		记账凭证号数	摘要	借方										贷方										借或贷	余额									
月	日			千	百	十	万	千	百	十	元	角	分	千	百	十	万	千	百	十	元	角	分		千	百	十	万	千	百	十	元	角	分
			期初余额																					贷		1	8	0	0	0	0	0	0	0
12	31		汇总 1-105 号凭证		4	7	4	0	6	5	9	5	6	2	6	0	7	3	6	2	7	5	3	贷	2	3	1	3	2	9	6	7	9	7

总 分 类 账

科目名称 盈余公积

2013年		记账凭证号数	摘要	借方										贷方										借或贷	余额									
月	日			千	百	十	万	千	百	十	元	角	分	千	百	十	万	千	百	十	元	角	分		千	百	十	万	千	百	十	元	角	分
			期初余额																					贷	4	2	0	4	0	0	0	0	0	0
12	31		汇总 1-105 号凭证												2	3	7	0	3	2	9	7	8	贷	4	4	4	1	0	3	2	9	7	8

总 分 类 账

科目名称 实收资本

2013年		记账凭证号数	摘要	借方										贷方										借或贷	余额										
月	日			千	百	十	万	千	百	十	元	角	分	千	百	十	万	千	百	十	元	角	分		亿	千	百	十	万	千	百	十	元	角	分
			期初余额																					贷	1	0	0	0	0	0	0	0	0	0	0
12	31		汇总 1–105 号凭证												3	7	0	0	0	0	0	0	0	贷	1	0	3	7	0	0	0	0	0	0	0

总 分 类 账

科目名称 资本公积

2013年		记账凭证号数	摘要	借方										贷方										借或贷	余额									
月	日			千	百	十	万	千	百	十	元	角	分	千	百	十	万	千	百	十	元	角	分		千	百	十	万	千	百	十	元	角	分
			期初余额																					贷			9	6	4	9	0	2	0	0
12	31		汇总 1–105 号凭证			2	0	0	0	0	0	0	0			7	0	0	0	0	0	0	0	贷		1	4	6	4	9	0	2	0	0

第八章　会计报表

一、会计报表的概述

（一）会计报表的定义

会计报表是指根据日常会计核算资料定期编制的，综合反映企业某一特定日期财务状况和某一会计期间经营成果、现金流量的总结性书面报告。

（二）会计报表的作用

会计报表的作用如图 8-1 所示

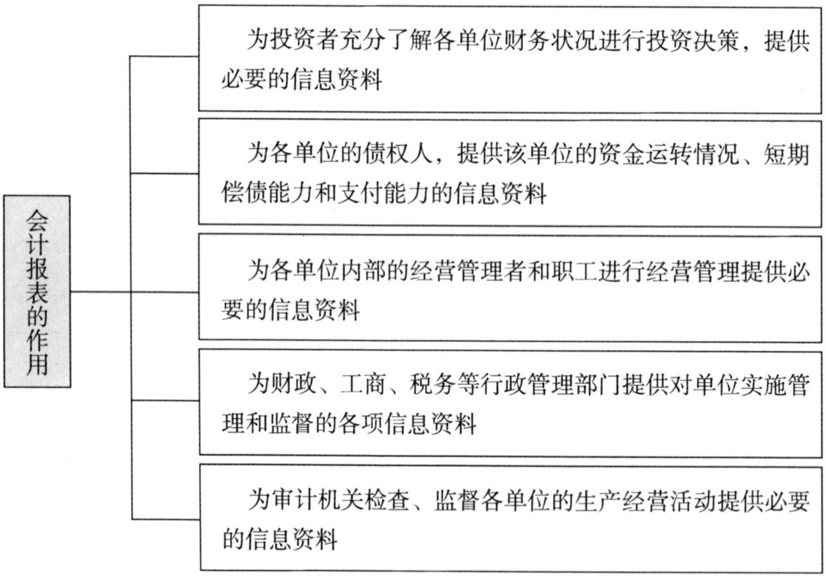

图 8-1　会计报表的作用

（三）会计报表的分类

会计报表的分类如表 8-1 所示。

表 8-1　会计报表的分类

分类标准	类别	具体说明
按反映的经济内容	资产负债表	主要从企业的资产、负债、所有者权益方面反映企业的财务状况是否良好，属于静态报表
	利润表	主要从企业的收入、费用、利润方面提供企业的利润或亏损情况等经营业绩，属于动态报表
	现金流量表	主要反映企业现金及现金等价物的来源、运用及增减变动的情况
	所有者权益变动表	主要反映构成所有者权益的各组成部分当期的增减变动情况
按报送时间	中期财务报表	指短于一个会计年度的会计期间，反映该期间财务状况和经营成果及现金流量情况的财务报表，月份、季度、半年度财务报表都属于中期财务报表
	年度财务报表	是指在年末编制的，反映企业全年的财务状况、经营成果和现金流量状况的报表
按服务对象	对内财务报表	是指为企业的经营决策及职能部门提供的、不对外公布的财务报表
		对内财务报表的格式、数量、内容、报送时间，由单位根据需要自行确定，以便及时向企业管理者反馈经营信息，为其提供决策服务
	对外财务报表	是指专门为投资者、债权人、政府部门等提供的报表，此报表必须定期对外公布，以便企业外部相关人员了解企业状况
		对外财务报表的种类、格式、内容、编制时间等，均应执行国家有关制度的统一规定，企业不得擅自改动
		资产负债表、利润表、现金流量表及所有者权益变动表均属于对外财务报表
按反映财务活动方式	静态会计报表	是指反映企业某一特定时期资产、负债和所有者权益情况的会计报表，如资产负债表
	动态会计报表	是指反映企业一定期间资金耗用和资金收回的会计报表，如利润表

（续表）

分类标准	类别	具体说明
按编制单位	单位报表	是指独立核算单位编制的财务报表
	汇总报表	是指单位的上级部门根据各单位提供的财务报表和上级部门本身的报表汇总编制而成的财务报表，汇总报表的编制，通常是按照隶属关系，采取逐级上报汇总的办法
按所包括会计主体范围	个别会计报表	个别会计报表只反映企业投资或被投资企业本身的经营成果、财务状况等方面情况
	合并会计报表	合并会计报表是指在投资企业拥有被投资企业半数以上的表决权资本的控制权情况下，将被投资企业与本企业视为一个整体而编制的会计报表

（四）会计报表的编制要求

会计报表的编制要求如表 8-2 所示。

表 8-2　会计报表的编制要求

具体要求	相关说明
数字真实	为使会计报表使用者通过报表了解企业真实情况，会计报表上反映的财务状况、经营成果必须真实发生，所以会计报表上的数字必须是发生经济业务时的真实数字
计算准确	会计报表必须在保证账实、账证、账账相符的基础上编制，认真计算保证账表相符
内容完整	会计报表必须全面的反映企业财务状况、经营成果，所以财务报表上的内容必须填写完整，所体现的每一项重要经济业务必须完整
编制及时	为使企业的投资者、债权人和政府管理部门（财政部门、税务部门）及时了解企业的财务状况和经营成果，会计报表必须及时编制、上报

二、资产负债表

（一）资产负债表的填列方法

资产负债表的填列方法如表 8–3 所示。

表 8–3　资产负债表填列方法

项目	具体说明
根据总账科目余额填列	“交易性金融资产”“工程物资”“固定资产清理”“短期借款”“交易性金融负债”“应付票据”“应付职工薪酬”“应交税费”“实收资本”“资本公积”“盈余公积”等项目，应根据有关总账科目的余额填列
	“货币资金”项目，应根据“库存现金”“银行存款”“其他货币资金”三个总账科目的期末余额的合计数填列
	“其他非流动资产”“其他流动负债”项目，应根据有关科目的期末余额分析填列
根据明细科目余额计算填列	“开发支出”项目应根据研发支出科目中所属的“资本化支出”明细科目期末余额填列
	“应付账款”项目，应根据“应付账款”和“预付账款”两个科目所属的相关明细科目的期末贷方余额合计数填列
	“预收款项”项目，应根据“预收账款”和“应收账款”科目所属各明细科目的期末贷方余额合计数填列
	“一年内到期的非流动资产”“一年内到期的非流动负债”项目，应根据有关非流动资产或非流动负债项目的明细科目余额分析填列
	“未分配利润”项目，应根据 “利润分配”科目中所属的“未分配利润”明细科目期末余额填列
根据总账科目和明细账科目余额分析计算填列	“长期借款”项目，应根据“长期借款”总账科目余额扣除“长期借款”科目所属的明细科目中将在资产负债表日起一年内到期且企业不能自主地将清偿义务延期的长期借款后的金额计算填列
	“长期待摊费用”项目，应根据“长期待摊费用”科目的期末余额减去将于一年内(含一年)摊销的数额后的金额填列
	“其他非流动负债”项目，应根据有关科目的期末余额减去将于一年内(含一年)到期偿还数后的金额填列

（续表）

项目	具体说明
根据有关科目余额减去其备抵科目余额后的净额填列	“可供出售金融资产”“持有至到期投资”“长期股权投资”“在建工程”“商誉”项目，应根据相关科目的期末余额填列，已计提减值准备的，还应扣减相应的减值准备
	“固定资产”“无形资产”“投资性房地产”项目，应根据相关科目的期末余额扣减相关的累计折旧（或摊销、折耗）填列，已计提减值准备的，还应扣减相应的减值准备
	“长期应收款”项目，应根据“长期应收款”科目的期末余额，减去相应的“未实现融资收益”科目和“坏账准备”科目所属相关明细科目期末余额后的金额填列
	“长期应付款”项目，应根据“长期应付款”科目的期末余额，减去相应的“未确认融资费用”科目期末余额后的金额填列
综合分析填列	“应收票据”“应收利息”“应收股利”“其他应收款”项目，应根据相关科目的期末余额，减去“坏账准备”科目中有关坏账准备期末余额后的金额填列
	“应收账款”项目，应根据“应收账款”和“预收账款”科目所属各明细科目的期末借方余额合计数，减去“坏账准备”科目中有关应收账款计提的坏账准备期末余额后的金额填列
	“预付账款”项目，应根据“预付账款”和“应付账款”科目所属各明细科目的期末借方余额合计数，减去“坏账准备”科目中有关预付账款计提的坏账准备期末余额后的金额填列
	“存货”项目，应根据“材料采购”“原材料”“发出商品”“库存商品”“周转材料”“委托加工物资”“生产成本”“受托代销商品”等科目的期末余额合计，减去“受托代销商品款”“存货跌价准备”科目期末余额后的金额，加或减材料成本差异、商品进销差价后的金额填列

（二）资产负债表项目的填列说明

资产负债表项目的填列说明如表 8-4 所示。

表 8–4　资产负债表项目的填列说明

项目	反映内容	填列说明
货币资金	反映企业库存现金、银行存款、外埠存款、银行汇票存款、银行本票存款、信用卡存款、信用证保证金存款等的合计数	本项目应根据“库存现金”“银行存款”“其他货币资金”科目期末余额的合计数填列
交易性金融资产	反映企业持有的以公允价值计量且其变动计入当期损益的为交易目的所持有的债券投资、股票投资、基金投资、权证投资等金融资产	本项目应当根据“交易性金融资产”科目的期末余额填列
应收票据	反映企业因销售商品、提供劳务等而收到的商业汇票，包括银行承兑汇票和商业承兑汇票	本项目应根据“应收票据”科目的期末余额，减去“坏账准备”科目中有关应收票据计提的坏账准备期末余额后的金额填列
应收账款	反映企业因销售商品、提供劳务等经营活动应收取的款项	本项目应根据“应收账款”和“预收账款”科目所属各明细科目的期末借方余额合计减去“坏账准备”科目中有关应收账款计提的坏账准备期末余额后的金额填列 如“应收账款”科目所属明细科目期末有贷方余额的，应在资产负债表“预收账款”项目内填列
预付款项	反映企业按照购货合同规定预付给供应单位的款项	本项目应根据“预付账款”和“应付账款”科目所属各明细科目的期末借方余额合计数，减去“坏账准备”科目中有关预付款项计提的坏账准备期末余额后的金额填列 如“预付账款”科目所属明细科目期末有贷方余额的，应在资产负债表“应付账款”项目内填列
应收利息	反映企业应收取的债券投资等的利息	本项目应根据“应收利息”科目的期末余额，减去“坏账准备”科目中有关应收利息计提的坏账准备期末余额后的金额填列
应收股利	反映企业应收取的现金股利和应收取其他单位分配的利润	本项目应根据“应收股利”科目的期末余额，减去“坏账准备”科目中有关应收股利计提的坏账准备期末余额后的金额填列

（续表）

项目	反映内容	填列说明
其他应收款	反映企业除应收票据、应收账款、预付账款、应收股利、应收利息等经营活动以外的其他各种应收、暂付的款项	本项目应根据“其他应收款”科目的期末余额，减去“坏账准备”科目中有关其他应收款计提的坏账准备期末余额后的金额填列
存货	反映企业期末在库、在途和在加工中的各种存货的可变现净值	存货包括各种材料、商品、在产品、半成品、包装物、低值易耗品、委托代销商品等。本项目应根据“材料采购”“原材料”“低值易耗品”“库存商品”“周转材料”“委托加工物资”“委托代销商品”“生产成本”等科目的期末余额合计，减去“代销商品款”“存货跌价准备”科目期末余额后的金额填列
一年内到期的非流动资产	反映企业将于一年内到期的非流动资产项目金额	本项目应根据有关科目的期末余额填列
长期股权投资	反映企业持有的对于公司、联营企业和合营企业的长期股权投资	本项目应根据“长期股权投资”科目的期末余额，减去“长期股权投资减值准备”科目的期末余额后的金额填列
固定资产	反映企业各种固定资产原价减去累计折旧和累计减值准备后的净额	本项目应根据“固定资产”科目的期末余额，减去“累计折旧”和“固定资产减值准备”科目期末余额后的金额填列
在建工程	反映企业期末各项未完工程的实际支出，包括交付安装的设备价值、未完建筑安装工程已经耗用的材料、工资和费用支出、预付出包工程的价款等的可收回金额	本项目应根据“在建工程”科目的期末余额，减去“在建工程减值准备”科目期末余额后的金额填列
工程物资	反映企业尚未使用的各项工程物资的实际成本	本项目应根据“工程物资”科目的期末余额填列
固定资产清理	反映企业因出售、毁损、报废等原因转入清理但尚未清理完毕的固定资产的净值，以及固定资产清理过程中所发生的清理费用和变价收入等各项金额的差额	本项目应根据“固定资产清理”科目的期末借方余额填列，如“固定资产清理”科目期末为贷方余额，以“-”号填列

（续表）

项目	反映内容	填列说明
无形资产	反映企业持有的无形资产，包括专利权、非专利技术、商标权、著作权、土地使用权等	本项目应根据“无形资产”科目的期末余额，减去“累计摊销”和“无形资产减值准备”科目期末余额后的金额填列
开发支出	反映企业开发无形资产过程中能够资本化形成无形资产成本的支出部分	本项目应当根据“研发支出”科目中所属的“资本化支出”明细科目期末余额填列
长期待摊费用	反映企业已经发生但应由本期和以后各期负担的分摊期限在一年以上的各项费用	长期待摊费用中在一年内（含一年）摊销的部分，在资产负债表“一年内到期的非流动资产”项目填列 本项目应根据“长期待摊费用”科目的期末余额减去将于一年内（含一年）摊销的数额后的金额填列
其他非流动资产	反映企业除长期股权投资、固定资产、在建工程、工程物资、无形资产等以外的其他非流动资产	本项目应根据有关科目的期末余额填列
短期借款	反映企业向银行或其他金融机构等借入的期限在一年以下（含一年）的各种借款	本项目应根据“短期借款”科目的期末余额填列
应付票据	反映企业因购买材料、商品和接受劳务供应等而开出、承兑的商业汇票，包括银行承兑汇票和商业承兑汇票	本项目应根据“应付票据”科目的期末余额填列
应付账款	反映企业因购买材料、商品和接受劳务供应等经营活动应支付的款项	本项目应根据“应付账款”和“预付账款”科目所属各明细科目的期末贷方余额合计数填列 如“应付账款”科目所属明细科目期末有借方余额的，应在资产负债表“预付账款”项目内填列

（续表）

项目	反映内容	填列说明
预收款项	反映企业按照购货合同规定预收购货单位的款项	本项目应根据“预收账款”和“应收账款”科目所属各明细科目的期末贷方余额合计数填列
		如“预收账款”科目所属明细科目期末有借方余额的，应在资产负债表“应收账款”项目内填列
应付职工薪酬	反映企业根据有关规定应付给职工的工资、职工福利、社会保险费、住房公积金、工会经费、职工教育经费、非货币性福利、辞退福利等各种薪酬	本项目应根据“应付职工薪酬”科目期末贷方余额填列。如“应付职工薪酬”科目期末为借方余额，以“-”号填列
应交税费	反映企业按照税法规定计算应交纳的各种税费，包括增值税、消费税、营业税、所得税、资源税、土地增值税、城市维护建设税、房产税、土地使用税、车船税、教育费附加、矿产资源补偿费等	企业代扣代交的个人所得税，也通过本项目列示
		企业所交纳的税金不需要预计应交数的，如印花税、耕地占用税等，不在本项目列示
		本项目应根据“应交税费”科目的期末贷方余额填列；如“应交税费”科目期末为借方余额，应以“-”号填列
应付利息	反映企业按照规定应当支付的利息，包括分期付息到期还本的长期借款应支付的利息、企业发行的企业债券应支付的利息等	本项目应根据“应付利息”科目的期末余额填列
应付股利	反映企业分配的现金股利或利润	企业分配的股票股利，不通过本项目列示
		本项目应根据“应付股利”科目的期末余额填列
其他应付款	反映企业除应付票据、应付账款、预收账款、应付职工薪酬、应付股利、应付利息、应交税费等经营活动以外的其他各项应付、暂收的款项	本项目应根据“其他应付款”科目的期末余额填列
一年内到期的非流动负债	反映企业非流动负债中将于资产负债表日后一年内到期部分的金额，如将于一年内偿还的长期借款	本项目应根据有关科目的期末余额填列

（续表）

项目	反映内容	填列说明
长期借款	反映企业向银行或其他金融机构借入的期限在一年以上（不含一年）的各项借款	本项目应根据“长期借款”科目的期末余额填列
应付债券	反映企业为筹集长期资金而发行的债券本金和利息	本项目应根据“应付债券”科目的期末余额填列
其他非流动负债	反映企业除长期借款、应付债券等项目以外的其他非流动负债	其他非流动负债项目应根据有关科目期末余额减去将于一年内（含一年）到期偿还数后的余额填列
		非流动负债各项目中将于一年内（含一年）到期的非流动负债，应在“一年内到期的非流动负债”项目内单独反映
实收资本（或股本）	反映企业各投资者实际投入的资本（或股本）总额	本项目应根据“实收资本（或股本）”科目的期末余额填列
资本公积	反映企业资本公积的期末余额	本项目应根据“资本公积”科目的期末余额填列
盈余公积	反映企业盈余公积的期末余额	本项目应根据“盈余公积”科目的期末余额填列
未分配利润	反映企业尚未分配的利润	本项目应根据“本年利润”科目和“利润分配”科目的余额计算填列。未弥补的亏损在本项目内以“-”号填列

（三）编制资产负债表的业务举例

根据北京宏泰房地产有限公司 2013 年 12 月份业务编制的资产负债表如表 8–5 所示。

表 8–5 资产负债表

编制单位：北京宏泰房地产有限公司 2013 年 12 月 31 日 单位：元

资产	期初数	期末数	负债及所有者权益	期初数	期末数
流动资产：			流动负债：		
货币资金	67 187 800.00	95 196 355.00	短期借款	10 000 000.00	9 800 000.00
交易性金融资产	–	58 000.00	交易性金融负债	–	–
应收票据	3 580 000.00	3 580 000.00	应付票据	5 648 824.00	5 707 324.00
应收账款	28 000 000.00	29 300 000.00	应付账款	40 000 000.00	41 238 500.00
预付账款	14 720 000.00	14 716 800.00	预收账款	12 154 000.00	12 334 000.00
应收利息	–	–	应付职工薪酬	5 870 000.00	5 936 500.00
应收股利	–	10 000.00	应交税费	5 088 200.00	12 471 199.25
其他应收款	3 621 300.00	3 621 350.00	应付利息	10 000.00	18 400.00
存货	51 453 236.00	52 941 986.00	其他应付款	14 820 000.00	14 830 000.00
其他流动资产	–	–	一年内到期的非流动负债	–	
流动资产合计：	168 562 336.00	199 424 491.00	其他流动负债	–	
非流动资产：			流动负债合计：	93 591 024.00	102 335 923.25
可供出售金融资产	–		非流动负债：		
持有至到期投资	500 000.00	502 000.00	长期借款	7 960 000.00	7 610 000.00
长期应收款	–	–	应付债券	–	–
长期股权投资	100 000.00	207 000.00	长期应付款	–	
投资性房地产	1 390 000.00	4 552 417.00	专项应付款	–	–
固定资产	75 053 590.00	77 913 215.00	预计负债	–	–
在建工程	700 000.00	5 000.00	递延所得税负债	–	–
工程物资	–	–	其他非流动负债	–	
固定资产清理	–	–	非流动负债合计：	7 960 000.00	7 610 000.00
生产性生物资产	–	–	负债合计	101 551 024.00	109 945 923.25
油气资产	–	–	所有者权益：		
无形资产	50 000.00	50 000.00	实收资本	100 000 000.00	103 700 000.00
开发支出	–	–	资本公积	964 902.00	1 464 902.00
商誉	–	–	减：库存股		
长期待摊费用	–	–	盈余公积	42 040 000.00	44 410 329.78
递延所得税资产			未分配利润	1 800 000.00	23 132 967.97
其他非流动资产			所有者权益合计：	144 804 902.00	172 708 199.75
非流动资产合计	77 793 590.00	83 229 632.00			
资产总计	246 355 926.00	282 654 123.00	负债和所有者权益总计	246 355 926.00	282 654 123.00

三、利润表

（一）利润表的定义

利润表是指反映企业在一定会计期间的经营成果的报表。通过提供利润表，可以反映企业在一定会计期间收入、费用、利润（或亏损）的数额及构成情况，帮助财务报表使用者全面了解企业的经营成果，分析企业的获得能力及盈利能力，从而为其做出经济决策提供依据。

（二）利润表计算步骤

利润表计算步骤如图 8-2 所示。

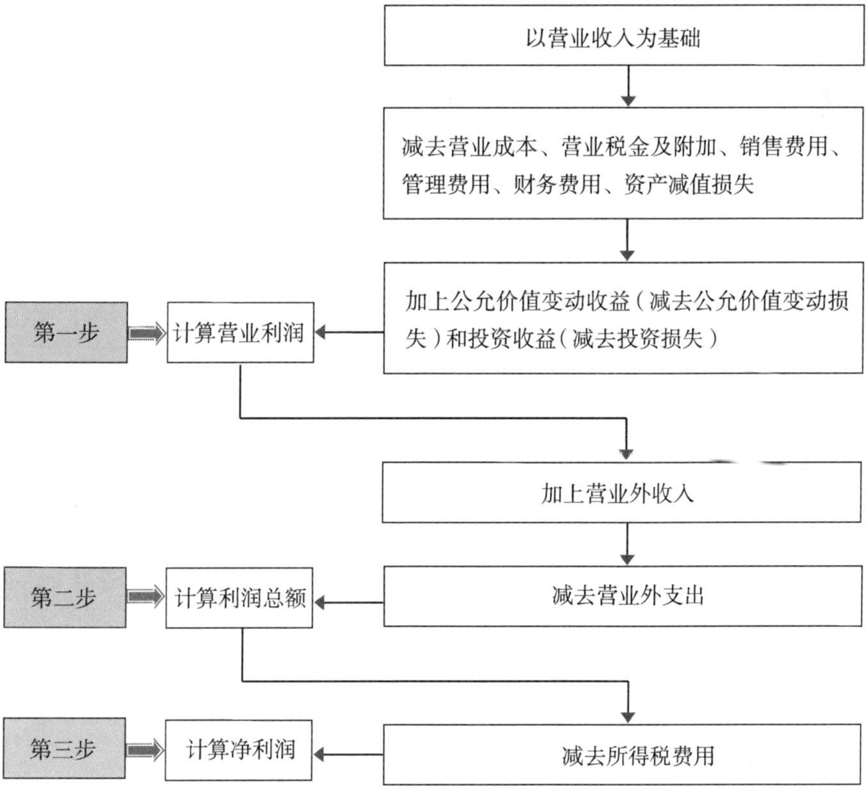

图 8-2　利润表计算步骤

（三）利润表的编制方法

利润表的编制方法如表 8-6 所示。

表 8-6 利润表的编制方法

项目	反映内容	填列说明
营业收入	反映企业经营主要业务和其他业务所确认的收入总额	本项目应根据“主营业务收入”和“其他业务收入”科目的发生额分析填列
营业成本	反映企业经营主要业务和其他业务所发生的成本总额	本项目应根据“主营业务成本”和“其他业务成本”科目的发生额分析填列
营业税金及附加	反映企业经营业务应负担的消费税、营业税、城市维护建设税、资源税、土地增值税和教育费附加等	本项目应根据“营业税金及附加”科目的发生额分析填列
销售费用	反映企业在销售商品过程中发生的包装费、广告费等费用和为销售本企业商品而专设的销售机构的职工薪酬、业务费等经营费用	本项目应根据“销售费用”科目的发生额分析填列
管理费用	反映企业为组织和管理生产经营发生的管理费用	本项目应根据“管理费用”科目的发生额分析填列
财务费用	反映企业筹集生产经营所需资金等而发生的筹资费用	本项目应根据“财务费用”科目的发生额分析填列
资产减值损失	反映企业各项资产发生的减值损失	本项目应根据“资产减值损失”科目的发生额分析填列
公允价值变动收益	反映企业应当计入当期损益的资产或负债公允价值变动收益	本项目应根据“公允价值变动损益”科目的发生额分析填列，如为净损失，本项目以“-”号填列
投资收益	反映企业以各种方式对外投资所取得的收益	本项目应根据“投资收益”科目的发生额分析填列。如为投资损失，本项目以“-”号填列
营业利润	反映企业实现的营业利润	如为亏损，本项目以“-”号填列
营业外收入	反映企业发生的与经营业务无直接关系的各项收入	本项目应根据“营业外收入”科目的发生额分析填列
营业外支出	反映企业发生的与经营业务无直接关系的各项支出	本项目应根据“营业外支出”科目的发生额分析填列
利润总额	反映企业实现的利润	如为亏损，本项目以“-”号填列
所得税费用	反映企业应从当期利润总额中扣除的所得税费用	本项目应根据“所得税费用”科目的发生额分析填列
净利润	反映企业实现的净利润	如为亏损，本项目以“-”号填列

（四）利润表编制业务举例

根据北京宏泰房地产有限公司 2013 年 12 月份业务编制的利润表如表 8–7 所示。

表 8–7　利润表

编制单位：北京宏泰房地产有限公司　2013 年 12 月　单位：元

项目	本月数	本年累计数
一、营业收入	40 280 000.00	
减：营业成本	3 877 983.00	
营业税金及附加	4 564 800.00	
销售费用	156 650.00	
管理费用	111 550.00	
财务费用	1 900.00	
资产减值损失		
加：公允价值变动收益（损失以“–”号填列）	10 000.00	
投资收益（损失以“–”号填列）	9 580.00	
其中：对联营企业和合营企业的投资收益		
二、营业利润（亏损以“–”号填列）	31 586 697.00	
加：营业外收入	22 700.00	
减：营业外支出	5 000.00	
其中：非流动资产处置损失		
三、利润总额（亏损总额以“–”号填列）	31 604 397.00	
减：所得税费用	7 901 099.25	
四、净利润（净亏损以“–”号填列）	23 703 297.75	
五、每股收益		
（一）基本每股收益		
（二）稀释每股收益		